101가지
고해성사
이야기

101 INSPIRATIONAL STORIES OF THE SACRAMENT OF RECONCILIATION

Sister Patricia Proctor, OSC

Copyright © 2006 by Franciscan Monastery of Saint Clare, Spokane, Washington
Korean translation copyright © 2009 by ST PAULS, Seoul, Korea

ST PAULS
20, Ohyeon-ro 7-gil, Gangbuk-gu, Seoul, Korea
Tel 02-944-8300, 02-986-1361 Fax 02-986-1365

국립중앙도서관 출판시도서목록(CIP)

101가지 고해성사 이야기 / 엮은이: 파트리시아 프락터 ; 옮긴이: 장말희. — 서울 : 성바오로, 2009
p. ;   cm

원표제: 101 inspirational stories of the sacrament of reconciliation : i came that they may have life and have it to the full
원저자명: Sr. Patricia Proctor
영어 원작을 한국어로 번역
ISBN 978-89-8015-691-7 03230

천주교[天主敎]
고백 성사[告白聖事]

238.27—KDC4
282—DDC21   CIP2008003847

101가지 고해성사 이야기

파트리시아 프락터 수녀 엮음
장말희 옮김

헌정사

이 책을 조지 모벡 신부님에게 바칩니다.
수도원에 들어가기 전, 제가 다니던 본당의 주임 신부님이 모벡 신부님이었습니다. 확고한 믿음과 한 치의 주저함도 없이 하느님의 말씀을 선포하시는 모벡 신부님에게서 깊은 인상을 받았습니다. 신부님은 어떤 주제라도 언제나 확고한 가톨릭 가르침을 알려 주셨습니다. 언젠가 신부님은 일곱 성사에 관한 강론을 준비하고, 매주 한 가지 성사에 대해 자세히 설명해 주셨습니다. 저도 지금 그렇게 하기 위해 한 가지 성사를 한 권의 책으로 담아 보았습니다.
제가 수도자의 삶을 생각하게 되었을 때 신부님을 찾아뵙고 말씀드렸습니다. 신부님은 큰 도움이 되는 여러 가지 말씀을 해 주셨습니다. 이야기를 마치고 자리에서 일어날 때, 제가 가지고 있는 기적의 메달을 축복받아야 한다는 생각이 떠올라 말씀드렸고 신부님께서는 축복해 주셨습니다. 그런데 저는 또 "아, 신부님. 저에게도 강복을 주십사 하고 부탁드린다는 걸 깜빡했어요."라고 말씀드렸더니 신부님께서는 "벌써 했어. 아까 한꺼번에 세트로 강복했거든." 하고 말씀하셨습니다.
가톨릭교회에는 수많은 훌륭한 신부님들이 계십니다. 언제나 깊은 신앙심으로 충실하고 고요한 삶을 사는 강한 분들입니다. 조지 신부님도 그런 분들 가운데 한 분이라고 생각합니다.
조지 모벡 신부님, 감사합니다.

감사의 기도를 드리며

어렸을 때 빨간 암탉 이야기를 읽은 적이 있습니다. 이 작고 빨간 암탉은 밀 농사를 지으려고 오리와 고양이, 개에게 도와달라고 부탁했습니다. 그런데 운이 없었는지 부탁한 동물들이 전부 "아니, 난 못해."라고 말했습니다. 아무리 사정해도 다른 동물들은 부탁을 들어 주지 않았습니다. 그래서 암탉은 "할 수 없지, 뭐. 그럼 나 혼자서 할 거야!"라고 말했고 결국 해냈습니다.

이 책을 만들면서 저에게 위의 내용 같은 경우는 없었습니다! 제가 일을 진행하는 데 따라 모든 분들이 "물론이지. 기쁘게 도와줄게." 또는 "문제없어. 그건 내가 할 수 있어." 혹은 "기회를 줘서 고마워요. 도울 수 있어서 정말 기뻐요!" 하고 말씀해 주셨습니다.

지면을 빌어 이 책을 만들 수 있게 도와주신 모든 분들께 깊은 감사를 드립니다.

함께 지내는 수녀님들은 세상에서 제일 마음씨 착하고 사랑이 깊은 아름다운 여인들입니다. '성녀 클라라의 가난한 자매 수도회'의 일원으로 지내게 된 것은 저에게 은총입니다!

제가 보낸 메일에 수시로 원고와 제안과 정보로 답해 주시고, 무엇보다 많은 기도로 응원해 주신 친구들이 계십니다. 수많은 좋은 분들이 원고를 보내 주셨습니다. 비록 그분들의 원고를 다 싣지는 못했지만, 한 분 한 분께 깊이 감사드립니다. 보내 주신 원고를 전부 실을 수 없다는 사실이 제일 괴로웠습니다. 여러분 모두 참으로 특별한 분이고 원고를 쓰는 데 많은 기도와 공을 들이셨습니다. 그래서 어느 원고에 "좋아.", "아니야."라고 말해야 할 때 저는 배신자가 된 기분이었습니다. 하지만 제 마음을 편안하게 해 준 것은 원고를 싣지 못하게 되었다는 연락을 받고도 저에게 보내 주신 사랑과 이해심은 물론, 기도해 주시고 다른 도움을 주셨다는 것이었습니다. 얼마나 감사한 일인지요! 여러분은 이 책에 이름 없는 주인공입니다. 다음 번에 여러분의 글을 싣게 되기를 간절히 바랍니다.

이 책을 제작하는 데 시작부터 끝까지 도움을 준 친구들이 있습니다. 바브 라이스, 앤 마리 슈레더, 버지니아 슈머크, 대일 덩컨, 그리고 신시아 랜딘, 이들은 일정에 맞춰 책이 나올 수 있도록 저보다 더 많은 일을 했습니다.

멋진 표지 그림과 삽화를 그려 주신 테오도르 슐런더프리츠, 인쇄를 맡아 주신 케이시 체코와 모든 분들께 감사드립니다!

성 안토니오 메신저 출판사와 오하이오의 프란치스코회 가족 여러분께 주님의 은총을 빕니다. 제가 제안한 새로운 아이디어와 함께 여러분의 도움과 지원, 배려와 의지로 이 책을 만들 수 있었습니다! 모든 가톨릭 출판사들이 주님의 일을 하고 있습니다. 그러나 여러분은 이 책에서 그 누구보다 빛나고 있습니다.

깊은 감사를 드리며, 주님께서 여러분 모두에게 '완전한 평화와 완전한 행복'을 은총으로 내려 주시기를 기도합니다.

| 파트리시아 프락터 수녀, '성녀 클라라의 가난한 자매 수도회'

차 례

헌정사 | **05**
감사의 기도를 드리며 | **06**
추천사 | **12**
일러두기 | **14**
서론 | **15**

여기서 뭘 하고 있느냐? | **21**
신비로운 자석처럼 죄를 빨아들이다 | **22**
두 번째 진찰 | **23**
엄마한테 물어봐 | **25**
카페테리아 신자 | **26**
또 다른 빛으로 | **29**
영적 품질보증서 | **31**
고백을 하지 않겠소 | **36**
특별한 기억 | **37**
돌아올 시간 | **38**
하늘을 날다 | **40**
30일간의 보속 기간 | **41**
한 달에 한 번 청소 | **43**
고해소 | **44**
얼마나 멋진 선물인가 | **45**
아름다운 카드 한 장 | **46**
무거운 짐 | **48**
오늘날의 죄란 무엇인가 | **51**

조 신부님과 고해성사 | 63
완전한 사랑과 용서 | 64
고해성사의 선물 | 65
아빠의 귀향 | 67
3천4백만 달러를 잃고 | 68
기쁨과 위안 | 71
나 기억해? | 73
어른이 되어 처음 본 고해성사 | 74
우리는 주님의 일을 하고 있습니다 | 76
주님께서는 저를 포기하지 않으셨습니다 | 83
많은 시간 | 84
돌아왔구나! | 86
사랑의 보속 | 87
좀 더 열심히 생각해 봐 | 87
돌아오고 싶어요 | 88
죄 사함을 받다 | 90
외할아버지 | 91
치유받았다! | 94

나의 결정 | 95
고해성사, 하느님의 용서를 축하하는 것 | 96
그 무엇과도 비교할 수 없는 벅찬 느낌 | 108
가톨릭 신자라서 정말 좋다 | 109
특별한 꿈 | 110
그 순간부터 | 112
중대한 문제 | 113
그 이상의 뭔가를 원했다 | 114
천국은 따스한 곳이다 | 116
예수님과 마주 보며 | 118
가톨릭으로 개종한 신자의 고해성사 | 119
선과 악 사이에서 | 125
죄를 없애 주는 기계 | 126
하늘의 선물에 감동하다 | 127
십계명 노래 | 129
새로운 결혼 | 130
하느님의 깜짝 놀랄 선물 | 132
공항에서 고해성사를 | 133

낙태 후에 고해성사를 보다 | 134
고해성사를 준비하면서 - 영적 체온을 재다 | 137
고해성사를 볼 용기 | 147
고통 없는 고해성사 | 148
첫 속죄 기도회 | 149
위대한 시 | 150
은총이 가득한 | 152
성공적인 선교 | 154
치유하는 사랑 | 155
아무것도 바뀌지 않은 동시에 모든 것이 바뀌었다 | 158
그렇게 큰 죄는 없다 | 160
숨어 있는 죄를 고백하다 | 161
오직 나를 위해 | 167
아주 긴 목록 | 168
변화된 태도 | 170
스카프를 입에 물고 | 171
가톨릭의 보물 | 172
변화를 위한 용기 | 174

기쁘게 춤을! | 175
마지막 선물 | 177
절대로 말하면 안 돼 | 178
환영합니다 | 179
고해소의 다른 쪽 | 181
모범이 되는 부모 | 186
매주 받는 치료 | 187
뭐 하러 성당에 가? | 189
어려운 장애물 | 191
우리 영혼을 항상 깨끗하게 | 192
주님과 솔직한 대화를 | 196
따뜻한 황금빛 | 198
삶의 새로운 의미 | 199
조금씩 나아지는 | 201
고해성사를 위한 지침 | 202
곤란에 처하다 | 207
요점을 놓치고 있구나 | 208
용서의 어려움 | 210

고해성사를 보지 않을 거야 | 211

판단 착오 | 213

고해성사의 두려움 | 216

늦지 않았다 | 217

완전히 깨끗한 | 219

고해성사와 자신의 삶에 책임을 지는 일 | 221

제 손을 잡아 주세요 | 226

빠른 출세 | 229

식탁에서 고해성사를 | 230

평화로운 소년 | 232

명쾌한 생각 | 234

성스러운 순간 | 235

예수님과 담소를 | 236

나만의 불신 | 240

영혼과 정신의 청소 | 241

널 위해 여기 있다 | 242

공기보다 가벼운 | 244

마음의 변화 | 245

아이들에게 고해성사의 선물을 알려 주기 | 248

거룩한 문 | 262

나는 용서받았다 | 266

반짝이는 눈동자 | 268

주님의 평화를 청하며 | 269

잊을 수 없는 날 | 271

왼쪽 고해소 | 272

이제 모든 게 끝났습니다! | 274

약상자 | 275

장미 향기 | 276

5분 | 278

결코 포기하지 않으셨다 | 280

신비로운 방법으로 용기를 주시다 | 282

올빼미 대장에게 공동 참회를 | 284

추천사

상담 실습으로 고해성사에서 고해자와의 상담은 나에게 무척 놀라운 경험이었다. 그것도 공짜로! 지금은 로마 교황청 성서 연구소에서 일하고 있지만, 전에 로마에서 고백을 듣는 겸손한 의무를 시행하면서 나는 고해성사에서 얻는 이로움을 보아 왔다. 내가 태어난 인도에서, 내가 공부한 독일과 미국에서, 여러 해 동안 사목했던 아프리카 잠비아에서도 그러했다.

많은 가톨릭 신자들이 '고해를 하지 않으면 영성체를 할 수 없다'는 엄격한 관념을 떠나, 사제에게 사죄를 받으려 하지 않고 홀로 하느님께 죄에 대한 용서를 구하는 쪽으로 옮아가고 있다. 여기에 대해서 어느 개종한 사제가 라디오에서 신자들에게 했던 말을 반복하고 싶다.

"하느님께서 당신을 용서하셨다고 해도, 당신은 친구 한 사람을 찾을 필요가 있습니다. 그 친구가 아무리 멀리 있다 해도 그를 찾아가 그에게 당신이 한 행동을 말하십시오. 그래야만 하느님께 용서를 받을 뿐 아니라 공동체의 용서도 받는 것입니다."

그리스도께서 베드로에게 땅과 하늘에서 매고 푸는 권한을 주시고 하느님의 이름으로 용서하라는 말씀에 근거한 가톨릭의 가르침은, 하느님의 용서라는 개념과 고백 예절을 통해 공동체에서 일어나는 용서라는 개념을 하나로 통합하고 있다.

고해성사는 제2차 바티칸 공의회로 고무된 덕분에 현대에 오면서 그

외적 형식에서 많은 변화를 가져왔다. 기존의 고해소를 지양하고 보다 사목적이고 마주 보는 형식을 받아들이면서 많은 교육이 진행 중이다. 그런데 많은 가톨릭 신자들이 이러한 변화의 요점을 간과하고 있으며, 가정과 일터에서의 더 나은 삶을 위해서뿐만 아니라 영적 성장을 위해서 고해성사가 주는 엄청난 선물의 이로움을 받지 못하고 있다.

'성녀 클라라의 가난한 자매 수도회'의 파트리시아 수녀님은 이 책에서 고해성사를 봄으로써 오늘날 그리스도인의 삶에서 실제로 어떤 일이 일어나는가에 주목한다. 이는 개인적인 이야기와 지침을 모아 신학적인 관점으로 보게 하는 작업을 통해서 이루어지고 있다. 이것으로 이들 이야기에서 자신의 삶을 깊이 생각하면서 보다 풍성한 그리스도인의 삶을 살려는 사람들, 또 그런 삶을 갈구하는 사람들에게 도움이 될 것이다. 또한 성사가 그들에게 자신의 영혼 상태를 더 밝은 빛 안에서 보게 하여 변화를 가져오게 할 것이다.

이 책을 읽는 모든 사람들에게 주님의 은총이 함께하기를 빌며, 평화와 기쁨과 사랑 안의 일치를 이루기를 빈다. 그것이 바로 고해성사가 주는 선물이다.

| 로마 교황청 성서 연구소
에우스타시오 세케이라 신부, 예수회

일러두기

주님과 여러분 자신, 그리고 다른 모든 사람들과 완벽하게 올바른 관계 안에 있기를 원한 적이 있습니까?

이 책은 예수 그리스도께서 우리에게 주시고 가톨릭교회가 우리 전 생애에 걸쳐 베풀어 주는 고해성사를 통해 느낄 수 있는 평화의 빛을 선사합니다.

많은 것을 느끼게 해 주는 이야기를 싣고 고해성사로 얻어 누리는 은총을 담는 일에 '성녀 클라라의 가난한 자매 수도회'와 특히 파트리시아 프락터 수녀님은 기쁘게 임했습니다.

여러분의 삶에 이제부터 쏟아져 내릴 평화의 원천을 새로이 발견하신다면, 이 책을 위해 수고하신 분들에게 그 이상의 성취감은 없을 것입니다!

| 워싱턴 스포캔의 수도원에서 리타 루이스 맥클린 수녀
'성녀 클라라의 가난한 자매 수도회'

서론

고해성사를 본 기억은 우리 모두에게 깊이 남아 있을 것이다. 나는 지금도 첫 고해성사를 생생하게 기억한다. 어머니께서는 늘 우리 형제들에게 자주 고해성사를 보라는 말씀을 잊지 않으셨다. 우리는 어머니의 가르침을 마음에 새겼고 그 점에 감사드린다. 신학교 생활 12년 동안 신학생들은 일주일에 두 번, 수요일과 토요일 오후에 자습실에서 고해성사를 보곤 했다.

성품을 받고 사제로 또 주교로 지내 오면서, 죄와 잘못을 고백하는 신자들에게 고해 사제로서 겸허한 역할을 수행하는 데 오히려 많은 힘을 얻었다. 삶의 거룩함에 대해 말한다는 것은 언제나 큰 도전이며, 우리를 진정한 화해의 성사로 이끄시는 성령의 인도를 언제 받을지는 아무도 알 수 없는 일이다. 여행할 때 나는 사제복을 입는 경우가 많은데, 공항에서 내게 다가와 고해성사를 보고 싶다고 말하는 신자들을 만나는 것은 드문 일이 아니다.

최근 들어 고해성사가 감소하고 있다. 우리 삶에 작용하는 이 성사의 힘을 우리는 재발견해야 한다. 좀 더 주의 깊게 살펴보면 이 성사가 우리의 영적 성장에 얼마나 중요한 것인가를 확실히 알게 될 것이다.

첫째, 우리에게는 용서가 필요하다. 우리 모두는 죄인이며 우리는 그것을 잘 알고 있다. 성찬 전례에 앞서 우리는 자신의 죄악을 인정하고 몇 가지 참회 양식 중 한 가지를 택해서 주님의 자비를 구한다.

주님의 기도에서 우리는 이렇게 기도한다. "저희에게 잘못한 이를 저희가 용서하오니 저희 죄를 용서하시고…." 우리를 구원하시고 용서하시는 예수님의 현존은 언제나 우리와 함께하신다. 우리는 감사하고 기뻐하는 마음으로 용서와 치유를 구하며, 이 아름다운 은총의 성사로 다시 돌아갈 수 있으며 돌아가야 한다.

둘째, 우리의 죄악에는 항상 공동체적 차원이 있다는 점을 기억해야 한다. 우리가 작은 것이라도 뭔가 호의적인 일을 할 때마다 전체 신앙 공동체와 우리의 주변 세상이 고양되고 향상된다. 반대의 경우도 마찬가지다. 내가 죄를 지을 때마다 나를 둘러싼 공동체의 영적 삶의 질이 손상되는 것이다. 고해성사의 두 번째 형식은 개별 고해와 사죄를 포함하는 공동 참회이다. 함께 모여 성사를 받으면서 우리 서로가 죄인이며 용서받아야 한다는 데서 우리는 일치감을 갖는다. 각 성당에는 고해성사를 하는 방이 따로 마련되어 있으며, 이 공간은 공동체의 모든 구성원이 눈으로 볼 수 있는 표지이다.

셋째, 우리는 삶과 죄와 그 밖의 모든 것이 명백한 실재라는 점을 깨달아야 한다. 고해성사에 필요한 준비 과정에서 우리는 영적 여정을 혼란스럽게 하는 영적 무분별, 죄악, 비인간적 행태 등과 맞설 수 있게 된다. 고해성사를 할 때마다 우리는 잠시 자신의 영혼 상태를 점검하기 위한 시간을 가져야 한다. 자신에게 정직하고 성실하게 이렇게 물어야 한다. '나는 어떤 점을 용서받아야 하는가?' 양심 성찰을 하는 시간은 솔직한 시간이며 은혜와 은총의 시간이다.

넷째, 고해성사는 우리를 지속적인 겸손 안에 있게 한다. 교황님부터 모든 신자에 이르기까지 누구나 죄를 고백할 필요가 있다. 얼마 전 주교 모임에서 오후에 기도와 성찰의 시간을 가졌다. 이 시간에는 거의 언제나 고해성사를 받을 기회를 갖는데, 주로 성시간에 하게 된다. 주교들은 한 사람씩 차례로 성사를 받기 위해 고해 사제가 기다리고 있는 고해소로 들어간다. 우리의 삶에 필요한 성사로 우리 모두가 다가가는 모습에서 공통된 인식을 보며 나는 감동을 느낀다. 나는 종종 이런 의문을 갖는다. '만일 우리가 좀 더 정기적으로 고해성사를 받는다면 가톨릭 가족들이 성냄, 부족함, 괴로움을 덜 갖게 되지 않을까?' 고해성사에는 치유의 은총이 있다. 성사는 진지한 기도의 한 형태이며 예수님과의 만남이다. 우리가 정기적으로 성사에 임한다면 거룩함을 청하는 우리의 기도는 분명히 더 많은 응답을 받을 것이라 생각한다.

"저희가 지속적인 고해성사로 주님의 자비와 용서 안에서 항상 기뻐하게 하소서! 그 자비와 용서가 우리 삶에 끝없는 힘이 되게 하소서!" 주님께 감사합시다!

| 스포캔 교구 주교 윌리엄 S. 스킬스타드

죄는 어둠의 벽이다.

그 벽은 세례의 신비가 발하는

광채를 차단해 버린다.

그러나 화해의 성사가 있어,

죄에 떨어진 우리가 그 벽을 허물고

빛이신 그리스도가 계신 곳으로

나오도록 해 준다.

여기서 뭘 하고 있느냐?

내 경험을 나누면서 특별히 형제 사제들과 고해성사를 준비하는 사람들에게 도움이 되기를 희망한다.

지난 33년 동안 사제직을 수행하면서 본당 사목과 피정 지도를 해 왔다. 성품 받은 첫해에 시골 작은 본당에서 사목하게 된 나는 어느 토요일 오후, 당시 우리 표현대로 '고백을 들으러' 성당으로 갔다. 성당은 비어 있었다. 왜 아무도 오지 않을까 궁금해 하며 좁고 어두운 고해소에 앉아 기다리다가 성무일도를 펴고 기도를 시작했다. 그렇게 한참이 지났지만 고해소에 들어오는 사람은 아무도 없었다. 아무도 '고해하기를' 원하지 않는 것 같아 약간 실망할 수밖에 없었다. 그런데 그때 이런 목소리가 들려왔다.

"여기서 뭘 하고 있느냐?"

아주 분명한 그 목소리에 고해소 밖에서 누군가 내게 말을 건넸다는 생각이 들어 커튼을 젖히고 내다보았지만 아무도 보이지 않았다. 성당 안은 여전히 텅 비어 있었다. 내가 다시 자리에 앉았을 때 그 목소리가 또 들려왔다.

"여기서 뭘 하고 있느냐? 너는 네가 들으려고 하는 것을 들을 권한이 없다. 이곳에서 말하는 것을 들을 권한은 오직 나에게만 있다."

그 순간 내게 말씀하시는 분이 누구신지 깨달았다.

"그들은 나에게 오는 것이지 너에게 오는 것이 아니다. 오직 나만이 그들의 죄를 용서할 수 있다. 너는 나와 내 백성 사이의 가장 친밀한 순간을 함께 나눌 중대한 권한을 받았다."

이 말씀을 듣는 순간, 내 마음은 깊은 평화로 가득 차오르면서 말로 표현할 수 없는 경외심을 느꼈다. 그리고 고해성사를 주는 것은 사제가 하는 '일'이 아니라 막중한 의무이며 권한이라는 사실을 깨달았다.

그날 이후 지금까지 나는 고해성사 주는 일을 좋아한다. 내가 하느님의 도구로 쓰이면서 이를 통해 하느님에 대해 더 많이, 더 깊이 알게 되었음을 안다.

하느님께서 고해성사에서 나를 당신의 도구로 쓰시고, 믿음과 희망으로 성사에 임하는 사람들에게 내리시는 축복에 놀라울 뿐이다.

| 뉴욕 아일랜드 하이츠 쉼터에서 에드워드 R. 올랜스키 신부, 예수고난회

신비로운 자석처럼 죄를 빨아들이다

나는 펜실베이니아의 필라델피아에 있는 카푸친 작은 형제회의 청원자다. 지금까지 내 삶에서 가장 행복했던 날은 아마도 1999년 부활 성야일 것이다. 그날 나는 가톨릭으로 개종했고 그것은 또한 가장 겸손한 일이기도 했다.

세례를 받은 다음, 성체를 받아 모시고 세례식을 계속하는 내내 너무나도 기쁜 나머지 얼굴에서는 웃음이 떠나지 않았다. 그토록 충만한 기쁨은 내 일생에 처음 느끼는 일이라 숨이 막힐 지경이었다. 미사에 이어 모든 새 영세자와 그 가족, 친지들을 위한 환영회가 있었다. 우리는 조촐한 파티를 하고 집으로 향했다.

그렇게 행복하게 집으로 돌아오는 길에 기쁜 만큼 진정으로 회개를 해야겠다고 생각했다. 그런 마음은 처음이었다. 예비신자 교리반에서 웨일런 신부님이 내게 반드시 고백을 할 필요는 없다고 하신 말씀이 기억났다. 그때 얼마나 안심이 되었던지. 나는 고백을 한 적이 없었기에 무척 두려웠다.

마침내 처음으로 고해성사를 해야겠다고 마음먹었을 때, 나는 스튜번빌 프란치스칸 대학교의 청년협의회에 있었다. 그곳은 두 번째 방문이었지만 가톨릭 신자가 되고 나서는 처음이었다. 그때까지 내 영혼의 어두운 면을 누구에게도 말한 적이 없었기 때문에 무척 두려웠다. 이제 그것을 고백할 때가 되었고 쉽지 않은 일이었다.

나는 숨을 한번 몰아쉬고 (거의 눈을 감은 채) 임시 고해소로 쓰이는 텐트로 곧바로 걸어 들어가서 의자에 앉아 신부님께 죄를 고백했다. 신부님께서 죄를 사하신다는 말씀을 하시는 순간, 놀라운 평화가 나를 감싸는 것을 느꼈고 나는 형언할 수 없는 감명을 받았다. 그것은 너무나 큰 힘이었고 너무나 평화로운 것이었다. 마치 하느님께서 내 안에서 활동하시는 듯한 느낌이었다. 그분께서 마치 **신비로운 자석**처럼 나의 더러움을 빨아들이시고 그분의 거룩한 불꽃으로 나를 채워 주시는 것 같았다.

"와! 굉장해!"

고해소를 나오는 순간 나도 모르게 감탄사가 터져 나왔다. 다음 고해성사 때도 하느님께서 같은 느낌을 주실 거라 생각했지만, 그렇지 않아 잠시 실망했다. 그러나 돌이켜 생각해 보면서, 하느님은 재주를 부리는 쇼맨이 아니라는 것을 지금은 안다. 그분은 살아 계시는 주님이시며 언제나 우리 영혼에 가장 좋은 것만을 해 주신다.

| 펜실베이니아 필라델피아의 크래이그 N. 글랜츠

두 번째 진찰

마흔 몇 번째 생일이었다. 언제나 그랬듯이 부모님께 감사하고자 (아버지는 돌아가셨지만) 엄마에게 전화를 걸었다. 전화 통화를 하던 중에 엄마는 말씀하셨다.

"네가 세상에 못 나올 뻔했던 걸 생각하면…."

뭔가 잘못 들은 것이 아닌가 싶어 무슨 말씀인지 다시 한 번 해 달라고 말했다.

"내가 너한테 이런 얘기 안 했니?"

그와 비슷한 말을 들은 것 같기도 하다고 말씀드리자 엄마는 내가 세상에 나오게 된 사연을 이야기해 주셨다.

1950년대 중반, 엄마는 이미 여섯 아들을 낳아 기르고 계셨는데 그때 일종의 '부인병' 징후가 있어서 진찰을 받으셨다. 의사는 엄마에게 약간의 하혈이 있고, 이미 아이를 여섯이나 두었으니 자궁을 들어내는 것이 좋겠다는 말과 함께 원한다면 수술 날짜를 잡아 주겠다고 했다. 그래서 몇 주 후 펜실베이니아 존스타운에서 자궁 적출 수술이 예정되었다.

토요일에 엄마는 본당의 존 콜핸 신부님에게 고해성사를 하러 가서 수술을 받게 되었다는 말씀을 드렸다. 신부님은 가톨릭 신자인 의사를 찾아가 다른 의견을 구해 보라는 조언을 하셨다. 엄마는 곧 이모에게 전화해서 가톨릭 신자 의사를 소개받았다. 그 의사는 진찰하고 나서 엄마의 상태가 자궁 적출 수술을 받을 정도는 아니라는 진단을 내렸고, 하혈이 멈추도록 치료해 주었다.

일주일 후 수술이 예정되었던 병원에서 연락이 왔고 엄마는 당연히 수술을 취소하셨다. 그리고 한 달 후 나를 임신하셨던 것이다! 나의 생명은 부모님뿐만 아니라 고해성사와 펜실베이니아 트윈 록스의 작은 탄광 마을에 있는 세인트 찰스 성당의 경건하고 훌륭한 신부님께도 은혜를 입고 있는 것이다.

│ 오하이오 세일럼에서 메리 K. 소이카

제 생각엔…

'행복 선언'은 금방 생각납니다. 참행복에 일치하지 않는 행위를 하지는 않았습니까? 밤마다 하는 성찰은 참 좋습니다. 우리에게 매일 회개하기 위해 무엇이 필요한지를 깨닫게 해 줍니다. 또한 두 가지 계명인 주님을 사랑하라, 이웃을 사랑하라. 이들 계명에 어긋나는 행위를 하지는 않았습니까?

저는 교만이 저의 가장 큰 죄임을 압니다. 사람들은 쉽게 교만해집니다. 매일 밤마다 하는 성찰은 똑같은 잘못을 수없이 저지르는 제가 어떤 점을 회개해야 하는지 식별하는 데 도움이 됩니다.

고해성사를 하기 전에 신부님께 말씀드리고 싶은 내용을 종이에 적습니다. 그것을 신부님께 드리는 일은 어렵지 않습니다. 그런 다음, 신부님과 저는 어떤 이야기도 나눌 수 있습니다.
이 방법은 제게 큰 도움이 됩니다. 다른 사람들에게도 그랬으면 좋겠습니다.

| 메리 로 덩컨

엄마한테 물어봐

다섯 아이를 키우면서 일주일에 한 번 보는 고해성사가 큰 도움이 된다는 것을 알았다. 매주 토요일 오후가 되면 우리 가족은 단정한 옷차림을 하고 파티마의 성모 성당으로 가곤 했다.

콜먼 몬시뇰께서 당시 우리 본당 신부님이셨다. 성당에 들어가기 전에 아이들에게 지난 일주일을 뒤돌아보고 어떤 죄를 범했는지 잘 살피라고 말했다. 사실 "어떤 죄를 지었는지 생각나지 않으면 엄마한테 물어봐. 엄마가 알려 줄게."라고 말했다.

고해성사가 우리 가족과 서로의 관계에 얼마나 큰 영향력을 갖는지 나는 잘 알고 있다. 고해성사로 우리 아이들은 다음 한 주 동안 더 잘 생활해야겠다는 마음가짐을 갖게 되었다.

| 워싱턴 스포캔에서 조안 L. 맥골드릭

카페테리아 신자

나는 가톨릭 신자로 자랐다. 우리 집안에서는 주로 훌륭한 기독교인의 삶을 살아야 한다고 강조했고, 매주 성당에 가거나 교리를 충실히 따르는 것은 일종의 선택 사항이었다. 우리 가족의 신앙은 그리스도의 사랑을 행동으로 드러내 보이는 것이었기에, 도움이 필요한 사람들에게 봉사 활동을 하던 나는 신앙생활을 열심히 하고 있다고 믿었다. 여건이 되면 미사 참례를 했고 몇 군데 가톨릭 학교에서 아이들을 가르치는 일에 전념하고 있었다. 그러던 중 한 학교에서 친한 친구 로렌을 만나게 되었다.
내가 보기에 로렌은 좀 이상한 가톨릭 신자였다. 그녀는 틈만 나면 내게 여러 성인들의 이야기를 해 주었고, 내 신앙에 애정을 담아 가르쳐 주기 위해 그 이야기를 예로 들곤 했다. 나는 그녀가 좀 색다르다고 생각했다.
"그 이야기가 사실인지 어떻게 알아? 그런 얘기를 어디서 들은 거야?"
이런 내 물음에 로렌은 참을성 있게 대답해 주었고 나는 그런 태도에 감탄했다. 마침내 로렌은 의무 축일에 대해 말을 꺼냈다. 주일미사와 마찬가지로 의무 축일도 선택 사항이라고 생각했던 나는, 평일 미사에 참례하는 것은 위선이라고 여겼다. 그래서 평일 미사에 참례한 적은 없었다. 그리고 우리 아버지는 이렇게 말씀하시곤 했다.
"미사에 참례해서 다른 사람들에게 너를 보여 준다고 네가 거룩해지는 것이 아니라, 어떻게 사는가가 너를 거룩하게 만드는 거란다."
불쌍한 로렌은 내 이야기를 듣자 궁지에 몰리고 말았다. '신앙에 대해 아무것도 모르는 그대 가톨릭 신자 선생님, 난 이토록 그대보다 더 거룩하다오. 나는 그런 믿음 안에 살고 있기 때문에 그런 것을 알 필요도 없다고 확신하오. 그대에게 주님의 은총이 내리기를.'
그러나 로렌은 나를 포기하지 않았다. 그녀는 나에게 스코트 한과 킴벌리 한 부부의 개종 이야기를 해 주었다. 여러분은 내가 엄청난 감동을 받았을 거라 생각하시는가? 천만에 말씀! 분명 정말 굉장한 이야기였지만 나는 이미 가톨릭 신자였다.

같은 학교에서 생활하면서 로렌은 어느 날 내게 방과 후에 함께 기도하는 시간을 갖자고 청했다. 내겐 참으로 곤란한 일이었다. 기도란 혼자 하는, 지극히 사적인 것인데 친구와 함께 기도를 하다니! 하지만 그 친구를 좋아했고 친구가 좋아하는 것을 함께해야 한다는 것을 알고 있었기에 그러자고 했다.

아, 그날의 기도 시간은 얼마나 색다른 경험이었는지! 로렌은 묵주기도를 가르쳐 주었고 하느님 아버지가 아닌 예수님과 이야기를 나누는 방법을 알려 주었으며, 성령의 도움으로 은총을 구하는 길을 가르쳐 주었다. 나는 깊이 빠져들었다. 로렌이 삼위일체이신 하느님과 성모님께서 내 안에서 활동하시도록 기도하자 내 눈이 뜨이기 시작했다.

어느 날 로렌이 내게 어떤 이야기를 하던 중에 '카페테리아 신자'라는 말을 사용했다. 그게 뭐냐고 묻자, 카페테리아 신자란 자신이 동의하는 교회의 규정만 따르고 나머지는 개의치 않는 사람을 말하는 것이라고 설명해 주었다. 하긴, 나도 규정을 따르기로는 누구 못지않았지만 그런 표현은 마음에 들지 않아서 이런저런 것들을 물어보기 시작했다.

우리는 교리와 성경에 대해 많은 이야기를 나누고 함께 묵주기도를 했고, 그러면서 많은 것을 깨닫게 되었다! 나는 카페테리아 신자가 분명했음에도 그때까지 그 사실조차 모르고 있었던 것이다. 결정을 내려야 할 시간이었다. '메리, 어떻게 할래? 너 가톨릭 신자야, 아니야?'

나는 여러 달 동안 심사숙고했고 그러던 중 임신을 했다. 임신은 내게 큰 영향을 미쳤다. '내 아이들을 카페테리아 신자로 키울 것인가?' 가슴이 아파 오면서 내게 열망이 솟는 것을 느꼈다. 마침내 로렌의 조언을 받아 성 가롤로 성당에서 고해성사를 받기로 결정했다. 무척 두려웠다. 잘못된 행동이나 태도 등 내가 기억하는 죄를 일일이 적었다. 내가 범한 가장 큰 죄는 우리 부부가 여러 해 동안 피임 도구를 사용한 것이었다. 이것은 변명의 여지가 없는 죄였다. 남편이 내게 유일한 남자였다고 해도 그것은 죄였다. '남편이 유일한 남자였는

데 괜찮지 않을까? 그렇지? 아니야!'
토요일 오후 세 시가 가까워 오자 두려움에 몸까지 떨려 왔다. 나는 팻 신부님을 고해 신부님으로 정했다. 정말 따뜻하고 배려가 깊은 분이어서 내가 모든 것을 말씀드릴 수 있을 것 같아 두려움을 이기고 고해소로 들어갔다.
"마주 보고 성사를 볼 건지, 아니면 커튼을 치고 할지 결정해요."
나는 신부님과 마주 보기로 했다. 신부님이 미소 지으며 말씀하셨다.
"앉아요, 메리."
나는 정신을 잃을 것만 같아 죄목을 전부 적어 왔으며 오랫동안 고해성사를 하지 않았다고 얼른 말씀드렸다. 팻 신부님은 정말 자상하셨다. 내 무릎에 살짝 손을 대고 나서 말씀하셨다.
"기도로 시작합시다."
우리는 기도했다. 그러자 내 마음이 진정되는 것을 느낄 수 있었다. 신부님이 고백하라고 말씀하셔서 적어온 내용을 전부 읽었다. 내가 가톨릭 신자로서 어떤 가르침을 받고 자랐으며 어떤 이유로 변화되었는지 말씀드렸고, 남편과 나에 대해서도 말씀드렸다. 마음에 있는 것을 전부 쏟아 냈다.
신부님의 반응은? 실망하신 것 같지는 않았다. 내가 얼마나 큰 잘못을 저질렀는지를 말씀하시지 않았으며, 나를 죄인이라 부르시지도 않았고, 교회를 떠나라고 하시지도 않았다. 놀랍게도 그분은 이렇게 말씀하셨다.
"메리, 당신은 회개했어요. 하느님께서 당신을 그분 곁으로 더 가까이 부르셨고 당신의 삶은 이제부터 더 나은 방향으로 변화하게 된 거예요."
나는 너무나 놀랍고 안심이 되어서 소리 내어 웃기 시작했다. 신부님도 따라 웃으셨다. 얼마나 좋은 분이신지!
신부님은 내게 보속으로 착하고 신앙심이 깊은 가톨릭 신자로 살면서 힘과 용기를 위한 환희의 신비를 외우라고 하셨다. 우리 부부는 지금 가톨릭 신자로 살면서 아이들도 가톨릭 신자로 키우고 있다. 그날 내 삶은 변했고, 로렌과 팻 신부님을 위해 주님께 찬미와 감사를 드린다.

| 워싱턴 타코마에서 '메리'

또 다른 빛으로

개신교 신자로 자란 나는 대학에 들어가기 전까지 교회에서 활동적으로 생활했다. 남편을 만날 때까지는 다른 종교에 전혀 관심을 두지 않았다.

남편 조는 신심 깊은 가톨릭 공동체에서 성장한 사람이어서 나는 그의 신앙에 대해 알려고 애썼다. 그래서 미사 참례를 하기 시작했다. 나는 약혼식 때 가톨릭 신자가 되기로 결정했는데, 주된 이유는 조와 그의 가족에게 그것이 중요한 일이었기 때문이다. 사실 그때는 마음이 아니라 머리로 가톨릭 신자가 되었다. 우리가 결혼한 직후에 매사가 그런 식으로 뒤틀리기 시작했던 이유가 바로 그 때문이라고 생각된다.

결혼 생활 일 년이 되기 전, 아들 리가 태어났을 때 친정 엄마가 난소암 판정을 받았다. 그리고 그때부터 **고통이 시작되었다.** 무척 혼란스러웠던 나는 모든 일에 화를 냈고 남편과 의사, 그리고 하느님께도 화가 나서 견딜 수가 없었다. 교회에서뿐만 아니라 어느 곳에 가도 고통만 눈에 들어왔고 나는 그것을 피할 수가 없었다.

하느님께서 우리 모두를 버리셨다고 느낀 나는 결국 성당에 나가지 않았다. 그리고 내 행동과 태도는 죄로 물들기 시작했다. 가정생활을 팽개치고 나도 모르는 사이에 심각한 우울증에 빠져들었다.

친정 엄마가 돌아가신 지 몇 해가 지난 1997년, 유방암 진단을 받았을 때 나는 완전히 바닥으로 추락하고 말았다. 내 생애 그처럼 두려움에 떨었던 적은 없었다. 게다가 내게는 신앙이 없었다. 수술을 받기 전에 병원에서는 내게 종교가 있는지 물었다. 나는 아무 대답도 하지 않았다. 사실 그때는 하느님께 버림받았다고 느꼈지만, 그분께서는 나를 지켜보고 계셨다. 한순간도 내 곁을 떠나지 않았던 남편과 함께.

수술 후 병실에서 두려움을 가라앉히려고 텔레비전을 틀었는데 병원 기도실의 십자가를 카메라로 비추고 있는 채널을 우연히 보게 되었다. 나는 그 채널을 밤새 고정시켜 놓았다. 잠에서 깰 때마다 텔레비전 화면에서 내뿜는 부드러운 빛이 병실을 가득 채운 가운데 십자가의 예수님이 그곳에 계셨다. 그렇게 거기 계신 그분을 바라보면서 그분의 고통을 다른 빛으로 보기 시작했다. 내 마음속에 있는, 십자가에 못 박히신 우리 구세주의 아름다움과 사랑을 처음으로 보게 된 것이다. 그리고 내 삶은 변화되었다. 시어머니께서 주신 묵주기도 테이프를 틀어 놓고, 남편과 나는 두려움을 느낄 때마다 함께 기도하고 또 기도했다.

이 시기에 그 무엇보다 위대한 치유의 힘을 고해성사를 통해 경험했다. 내게는 15년 전에 성당에 처음 가서 받았던 단 한 번의 고해성사가 전부였다. 개신교 신자였던 나는 하느님께 지은 죄에 대해 잘못했다고 말씀드리기만 하면 그분께서 용서해 주신다고 배웠다. 그래서 수술 후 거듭해서 용서를 빌었지만, 그동안 범한 너무나 많은 죄에 대한 죄책감을 떨쳐 버릴 수가 없었다.

결국 당시 우리 본당 신부님이셨고 현재 스튜번빌의 주교님이신 다니엘 콘론 신부님과 고해성사 날짜를 약속했다. 참으로 부끄러운 죄를 범하고 신부님을 마주해야 한다는 사실이 두려웠지만, 고해성사를 하기 전에 생각나는 모든 죄를 적었다. 성령께서 강하게 이끄신다고 느껴졌고 도저히 거역할 수 없었다. 화장지로 눈물을 닦아 가며 지난날을 전부 쏟아 냈다. 신부님은 성사를 주신 후에 일어나서 내 머리에 손을 얹고 기도하셨다. 그분은 예수님의 이름으로 내 죄가 용서를 받았다고 말씀하셨다. 고해실을 나설 때 나는 멍한 느낌이었다.

그날 이후 내게 변화가 일어나기 시작했다. 괴로운 지난날이 떠오를 때마다 내 의식은 곧바로 다른 곳으로 돌려지곤 했다. 죄책감에 사로잡혀 시간을 보내지 않게 된 것이었다. 이전에는 어떻게 할 수 없다고 느꼈던 생각과 감정이 내 마음에서 깨끗이 지워지고 있었다. 나의 지난날이 완전히 또 영원히 사라졌다!

| 오하이오 뉴브레멘에서 린다 L. 록트펠드

영적 품질보증서 | 비니 플린

고해성사가 무엇이냐고 묻는다면 어떻게 대답하시겠습니까? 아마 많은 사람들의 마음에 제일 먼저 떠오르는 생각은 **죄를 용서받는 것**이겠지요. 그런데 바로 그것이 문제라고 생각합니다. 고해로 우리는 죄를 용서받습니다. 맞습니다. **그러나 고해는 그 이상의 것**입니다.

고해는 **성사**입니다. 이는 그리스도께서 우리에게 은총을 주시려고 세우셨다는 의미입니다. 아주 오래 전에 이것을 알고도 지금까지 잊고 지냈습니다. 우리는 단순히 어떤 구체적인 죄를 용서받으려고 고해성사를 보러 가서는 안 됩니다. **은총을 받으러** 가야 합니다.

우리 대부분은 고해성사를 미루다가 큰 죄를 짓고 나서야 죄 사함을 받으러 가곤 합니다. 지난 세월 동안 저도 특정한 죄에 빠져서 고해성사가 필요하다는 것을 깨닫고서야 고해성사를 보곤 했습니다.

"아, 또 죄를 지었네. 고해성사를 봐야겠다."

- **'수리 작업' 이 아닙니다**

많은 사람들이 고해성사를 카센터에 자동차를 수리하러 가는 것처럼 생각하는 경향이 있다고 봅니다. 우리 자신이 정밀 검사를 받을 필요가 있을 때 고해성사를 해야 한다고 생각하는 것입니다. 잘 달리지 못하고 있으니 **고치러** 가야겠다는 것입니다. 그러나 고해성사는 '수리' 가 아니라 '점검' 으로 생각해야 합니다. **고해성사를 오일 교환이라고 생각해야 한다**는 것입니다.

처음 자동차를 갖게 되었을 때가 생각납니다. 겨우 1만9천km밖에 안 달린

2년 된 차였는데, 친구가 말했습니다.

"한 가지만 명심해. 5천km 달렸을 때마다 반드시 오일을 바꿔. 그러면 오래 탈 수 있을 거야."

그 말은 사실이었습니다.

• **그리스도와 맺은 품질보증서**

최근에 가전제품을 사셨다면 아마 '품질보증서'를 받았을 것입니다. 제품에 문제가 생기면 보증서에 의거한 수리를 받을 수 있습니다. 부품비가 무료일 때도 있고, 부품비와 인건비 전부가 무료일 때도 있습니다. 그래서 고해성사를 그리스도와 우리가 맺은 품질보증서의 일부라고 저는 생각하고 싶습니다.

우리는 일생을 보증받았습니다. 만일 어딘가 잘못되면 그리스도께서 공짜로 고쳐 주실 것입니다. 부품비와 인건비가 전부 무료입니다. 게다가 정해진 기한도 없이 영원히. 이것이 우리의 보증서입니다. 한 푼도 낼 필요가 없는 것이지요. 우리는 그저 잘 이용만 하면 됩니다. 품질보증서의 일부로 고해성사를 보는 것입니다.

우리가 새 차를 샀을 때 보증 기간은 8만km까지 또는 5년까지로 되어 있습니다. 그러나 이 보증서는 제조상 결함이 있거나 정상 작동이 되지 않을 때에 한합니다. 여러분이 제품을 잘못 사용해서 생긴 문제라면 보증은 받을 수 없습니다. 그러나 하느님께서는 우리가 제품을 잘못 사용해도 우리 생애를 보증해 주십니다. 하지만 상식적으로 반드시 필요한 것은 자동차 보증서에 있는 내용과 같습니다.

'정기 점검을 받아라.'

만약에 정기 점검을 받지 않는다면 제품에 이상이 생긴다는 사실을 제품 생산자는 알고 있습니다. 그러면 회사는 보증서의 내용에 따라 이상이 생긴 부분을 고쳐 줍니다. 그렇게 되지 않게 하기 위해 여러분은 정기적인 **예비 점검**을 해야 합니다.

• 예비 점검

자동차가 잘 달리고 있다 해도 오일 교환 시기가 지나 오일 점검을 해 보면 불순물이 들어갔다는 것을 알 수 있습니다. 오일에 불순물이 섞이면 탁하고 검은 빛이 되며 제 역할을 잘 해내지 못합니다. 결국에는 자동차가 잘 달리지 못하고 부품 마모도 빨라집니다. 하지만 5천km를 달렸을 때마다 오일을 **교환**해 주고 필터를 갈아 주면, 심각한 문제가 발생하기 전에 불순물이 제거됩니다.

이 개념을 고해성사에 대입시켜 봅시다. 우리에게 지금 '대죄' 라는 불순물은 없다고 합시다. 우리는 여전히 잘 '달리고' 있고 '고장 난' 데도 없습니다. 그러나 적은 양의 불순물이 서서히 쌓여 가고 우리 자신은 점차 마모되어 갑니다. 오일 교환과 마찬가지로 우리는 '매 5천km마다' 고해성사를 보아야 합니다. 즉, 정기적으로!

요한 바오로 2세 교황님께서 일주일에 한 번 고해성사를 보신다는 기사를 읽고 무척 놀랐던 기억이 납니다. 다른 사람들은 어떤지 모르겠지만 저는 그분의 고결함에 경외심을 느꼈습니다. 제게는 무척 놀라운 사실이었습니다. 교황님께서 일주일에 한 번 고해성사를 보신다니 왜일까요? 말 그대로 수만 km를 달리고 계시기 때문입니다. 그래서 그분은 자기 삶의 '오일' 을 깨끗하게 유지하기 위해 규칙적으로 고해성사를 보시면서 깨끗한 은총의 '새 삶' 을 주입하시는 것입니다.

흙먼지와 더러움이 끼기 시작했다는 느낌이 들면 다른 때보다 더 자주 고해성사를 받아야 한다는 것을 알고 있습니다. 일이 잘 풀리지 않기 때문입니다. 만일 심각하게 느껴지지 않더라도 방심하지 않고 '오일을 교환할 필요가 있다'고 생각되면, 그때는 죄가 슬며시 들어오는 때이므로 곧 수리가 필요합니다.

- **뿌리내린 죄**

고해성사를 받으러 가서 죄를 고백하지만 **죄의 뿌리**는 고백하지 않는 경우가 많습니다. 그렇게 하면 죄는 용서받지만 죄를 짓게 하는 근원은 치유되지 않고 남습니다. 우리는 죄가 문제라고 생각하지만 정작 문제는 우리의 태도, 습관, 죄짓는 경향, 약점, 인간적 조건 등으로 **우리 내면에 뿌리내리고 있는 것들**입니다. 여기에는 **주님의 은총이 정기적으로 주입**되어야 합니다.

우리는 성령께 이렇게 청하면서 자신의 내면을 좀 더 깊이 들여다보아야 합니다.

"오소서, 성령이시여. 제 마음을 살펴 주소서. 저의 근본 문제를 드러내 보여 주소서. 죄에 이르게 하는 것이 무엇입니까? 문제가 되는 저의 태도는 무엇입니까? 저에게 가장 자비가 필요한 부분은 어디입니까? 제가 치유해야 할 부분은 어디입니까? 제 마음 가장 깊은 곳에 치유해야 할 곳은 어디입니까?"

우리는 이러한 '정기 점검'을 받아야 하며, 그래야만 은총에서 멀어지지 않습니다.

- **자주 가라**

「가톨릭교회 교리서 The Catechism of the Catholic Church」는 이렇게 적고 있습니다.

"반드시 해야 하는 것은 아니지만, **일상적인 잘못**(소죄)도 고백하도록 교회는 크게 장려한다. 왜냐하면 정기적으로 소죄를 고백하는 것은 양심을 기르고, 나쁜 성향과 싸우며, 그리스도를 통해 치유하고, 성령의 생명 안에서 성장하도록 도와주기 때문이다. 이 성사를 통해서 자비로우신 성부의 은총을 더욱 자주 받으면 성부와 같이 자비로워지는 힘을 얻는다." (1458항)

가톨릭교회는 대죄를 범하지 않았더라도 정기적으로 고해성사를 받기를 권고합니다. 그래야만 하늘에 계신 우리 아버지께서 자비로우신 것처럼 우리도 자비로워질 수 있으며, 우리라는 제품을 만드신 분께서 의도하신 대로 오래 잘 달릴 수 있습니다.

[영적 품질보증서A Spiritual Maintenance Agreement©Congregation of Marians of the Immaculate Conception, Stockbridge, MA 01263.]

고백을 하지 않겠소

나는 잉글랜드 플리머스 교구 소속 사제로 7년 동안 규모가 큰 병원에서 지도 신부로 사목했다. 어느 날 환자들을 방문하는 중에 어떤 남자 환자가 더 이상 자신을 방문하지 말아 달라고 했다.
"알았습니다. 그렇게 하지요."
이렇게 대답한 후, 나는 그의 병상을 지나갈 때면 가볍게 인사만 했다. 그런데 어느 날 그가 나를 부르더니 이렇게 말하는 것이었다.
"내가 60년이나 지난 지금 영성체를 하자면 고해를 해야 한다는 건 알지만 난 그렇게 할 수가 없소."
고해성사를 하는 것은 아주 쉽다고 그를 안심시키고 몇 가지를 물었다. 그는 한참 동안 여러 가지 이야기를 하고 나서 마침내 고해성사를 하겠다고 했다. 우리는 3일 후에 성사를 하기로 약속했다. 그런데 다음 날, 내가 그의 병상을 지나갈 때 그가 말했다.
"미안하지만 지난 세월 동안 내가 한 일들을 전부 신부님께 말할 수 없을 것 같소. 난 고백을 하지 않겠소."
그의 침대 발치에 앉아 그에게 물었다.
"저에게 말하기 두려워하시는 게 뭡니까?"
그러자 그는 놀랍게도 말할 수 없을 거라고 생각했던 모든 죄를 내게 말하는 것이었다! 그가 말을 마쳤을 때 내가 물었다.
"제게 말씀하실 게 더 있습니까?"
"아니오. 그게 전부요."
나는 그가 고백한 모든 잘못과 부족함을 진심으로 뉘우치는지 물었다. 그리고 하느님께서 그와 우리 모두를 사랑하신다고 말했다. 그리고 그의 죄를 사하고 성유를 발라 주었다. 그는 굉장히 행복해 했다! 다음 날 병원에 갔을 때 그가 전날 밤에 세상을 떠났다는 이야기를 들었다. 나는 이렇게 말할 수밖에 없었다.

"하느님께서는 참으로 위대하십니다! 당신의 사랑은 가늠할 수가 없습니다."

| 잉글랜드 데본의 시드머스에서 다니엘 A. 롱랜드 신부

특별한 기억

성 베드로 성당은 6년 전 내가 가톨릭 신자가 된 이래 마음의 고향 같은 곳이다. 몇 년 전의 일이다. 1996년, 제일 친한 친구와 그 친구의 가족이 사우스캐롤라이나의 뷰포트로 이사했다. 그 친구 집을 방문하고 미사에 참례하면서 성 베드로 성당과 친숙해졌다. 지금 생각해 보면 그 당시 미사 참례를 할 때면 집에 온 듯 편안했던 것을 알 수 있다. 일리노이에서 사우스캐롤라이나로 이사를 한다면 가톨릭 신자가 될 거라는 것을 나는 알고 있었던 것 같다.

29세의 나이로 나의 유일한 친구인 애완 고양이와 함께 1만4천5백km를 용감하게 여행하고, 1999년 8월 31일에 뷰포트에 도착했다. 당시 집도, 직업이라 할 것도 없었지만 새로운 삶을 시작할 열정은 지니고 있었다.

그곳에 도착한 지 5개월 되던 2000년 봄에 나는 첫영성체를 했고 부활 성야에 견진성사를 받았다. 그 시기에는 내가 사랑받지 못하는 하찮은 존재라는 느낌에 빠져 있었다. 주님께서 나를 보시듯이 나도 나 자신을 제대로 보고자 무진 애를 쓰고 있었고, 그분의 사랑을 더 깊이 이해하고 싶은 마음이 간절했다. 또한 성모님의 사랑도 확인하고 싶었다.

그러던 어느 날 고해성사를 마치고 나서 잊지 못할 경험을 하게 되었다. 다른 때와 마찬가지로 그날도 사죄를 받고 가벼워진 마음으로 고해소를 나와, 우리 성당의 아름다운 십자가 앞에 무릎을 꿇고 보속으로 기도를 하고 있었다. 그 다음에 일어난 일은 지금까지도 잊히지 않는 아주 특별한 기억이다.

성 베드로 성당에는 정말 아름다운 성모상이 있는데, 항상 그 성모상 앞에 무릎 꿇고 기도하고 싶은 마음이 간절했다. 그러나 어떤 예의를 차려 기도해야 하는지 알지 못해서, 행여 무슨 실수라도 할까 봐 두려워서 감히 용기를 내지 못했다. 나중에 알고 보니 참 단순한 경배 의식을 나는 그때 무지에서 오는 두려움으로 남겨 두었던 것이다.

그 잊을 수 없는 날, 고해성사 후에 그리스도상 앞에서 무릎 꿇고 기도하고 있을 때, 성모님께서 나를 부르신다는 느낌이 들었다. 그래서 성모상으로 다가가 촛불을 켜고 무릎을 꿇고 기도했다. 기도 중에 성모님의 따뜻한 팔이 나를 감싸는 것이 느껴졌고, 그 따뜻한 포옹을 느끼는 순간 내 삶에서 성모님이 실재하신다는 것을 확실히 깨닫게 되었다. 그 품에서 성모님이 당신의 아들이시며 나의 주님이신 예수 그리스도께로 더욱 가까이 이끌어 주시기 위해 도와주실 것임을 알게 되었다.

아직도 어려움과 부족함으로 힘들지만 내가 살아있는 한 고해성사의 은총은 계속될 것이다.

| 사우스캐롤라이나 뷰포트에서 아만다 S. 애보트

돌아올 시간

제2차 바티칸 공의회 전에 나는 마지막 고해성사를 했다. 당시 어두운 고해소에서 신부님께 죄를 고백했다. 고해소에 들어가 신부님이 작은 창을 여는 소리가 들리면 젊은 시절의 일상적인 죄들을 시시콜콜 고백하곤 했다. 고해성사는 두려웠다. 그것은 고해소의 어두움 때문이라기보다는 내 안에 숨어 있는 어두움 때문이었다.

소란스러웠던 1960년대에 대학교에 다니면서 신앙에서 멀어졌다. 교회는 내게 진정한 인간적 혹은 영적 관련성이 전혀 없는 건물에 불과했다. 가톨릭교회가 내게 준 것이 아무것도 없다고 확신하면서 미련 없이 떠났고, 이후 학업과 성공적인 사회 경력과 세상의 온갖 즐거움을 추구하며 살았다.

그렇게 30여 년이 흘렀다. 교회 밖에서 결혼을 했고 본질적인 내면의 영성에도 불구하고 나와 남편은 교회를 거부했다. 가톨릭교회와 관련된 그 모든 것이 우리와 아무 상관이 없는 것처럼 보였다.

우리 부부는 잘 살았다. 세계 여러 곳을 자주 여행하며 그 다양한 풍광風光을 감상했다. 그런데 묘하게도 여행하면서 성당을 자주 찾곤 했다. 건축 양식과 스테인드글라스 창문에 감탄하는 척하면서. 하지만 내가 정말 감탄했던 것은 그런 건축물들을 세울 수 있었던 신앙과 열정이라는 사실을 나는 결코 인정하지 않았다. 또한 믿음 그리고 하느님과 나의 열정적인 관계를 찾고 있다는 사실도 결코 인정하려 들지 않았다. 그러나 결국 하느님께 돌아올 때가 된 것이 분명해지고 있었다. 가톨릭교회는 친숙했고 편안했다. 내게 돌아오라고 부르는 곳은 바로 그곳이었다.

내가 떠나 있던 몇 십 년 동안 교회는 많이 변해 있었다. 어쩌면 냉담했던 세월을 보충할 수도 있다는 생각을 하며 몇 주에 걸쳐 고해성사를 볼 성당과 신부님을 찾았다. 그리고 말 그대로 지구 반대편에 계신 어떤 친절한 주교님께서 어느 교구를 지정해 주셨다.

나는 인터넷에서 고해성사를 잘 보기 위한 조언들을 찾아보았다. 몇날 며칠 잠을 이루지 못하고 내 의식을 찬찬히 들여다보며, 지난 30년 세월 동안 지은 죄를 낱낱이 생각해 냈다. 그 무엇보다 분명한 것은 내가 주님께 등을 돌린 정말 큰 죄를 지었다는 것이었다.

20세기가 시작되는 시점에서 고해성사의 순서조차 잘 알지 못한 채로 고해소 앞에 줄을 서서 마음을 졸이고 있었다. 아주 오래 전, 어린 시절에 주일마다 고해성사를 받았던 일이 생각났다.

그리고 고해소에 들어갔을 때 짐 신부님께서 처음 하신 말씀은 '평화'였다. 마음을 진정시키고 지난 30년이 넘는 세월 동안 범한 죄들을 차례로 말씀드렸다. 그리고 **제일 큰 죄**를 고백할 때가 왔다.

그 훌륭한 신부님께 그토록 오랜 시간 내가 어떤 태도로 주님을 거부했는지 말씀드렸다. 신부님은 내 죄를 사해 주셨고 은총을 빌어 주셨다. 그리고 마지막으로 상냥하게 용기를 북돋아 주셨다. 신부님은 내가 성인이 되어 범한 죄를 전부 고백한 것과 교회로 돌아온 것이 무척 기쁘다고 말씀하셨다.

신부님께서 내 이야기를 듣고도 나를 큰 죄인으로 여기지 않으시고 내가 범한 대죄를 잘 깨닫고 있는 것을 오히려 기뻐하시는 태도에 나는 안도감을 느꼈다. 그 점이 내가 고해성사를 성실하게 잘 볼 수 있는 데 도움이 되었다.

내가 받은 보속은 주님을 다시 내 삶의 중심에 두게 된 생활을 잘 받아들여 줄, 가톨릭 신자가 아닌 내 남편을 위해 기도하는 것이었다.

그날이 그리스도 왕 대축일이었으며 연중 마지막 주일이었다는 것을 나중에 알았다. 그래서 매년 그날을 내가 다시 태어난 날로 기념하고 있다.

| 캘리포니아 에스콘디도에서 캔디스 프란시스

하늘을 날다

어렸을 때 뉴욕 로체스터에 있는 원죄 없는 잉태 Immaculate Conception 초등학교에 다녔다. 그곳에서는 매주 고해성사를 보는 것이 권고 사항이었다. 그때 우드 신부님은 활동적인 사목자이셨고 던 신부님과 로치 신부님 그리고 카메론 몬시뇰 같은 다른 본당 신부님들도 우리가 사랑하는 신부님들이셨다.

우리 집은 학교에서 1.6km 정도 떨어져 있었고 하루에 네 번이나 집과 학교를 걸어서 오가야 했다. 어느 토요일에 엄마는 내게 성당에 가서 고해성사를 보라고 하셨다. 나는 걸어서 성당에 갔지만 너무나 두려운 나머지 돌아서서 집으로 되돌아오고 말았다. 그러자 어머니는 다시 가라고 하셨고 할 수 없이 성당까지 걸어갔다. 그리고 신부님께 고해를 하자 그분이 얼마나 친절하고 이해심 많은 태도로 내 고해를 끝까지 들어주시는지, 나는 하늘을 날아갈 듯한 기분으로 성당을 나왔다. 그때 고해성사가 전혀 두려운 것이 아님을 깨닫게 되었다.

또한 학교에서 성당까지 우리를 이끌고 다니시며 고해성사를 기다리는 동안 우리 곁에 함께해 주셨던 수녀님들도 기억한다. 지금 생각해 보면 신부님들께 고해를 하려고 길게 줄을 서 있던 친구들과, 고해성사를 하고 자리로 돌아가면서 얼굴에 함박웃음을 짓던 친구들의 모습은 정말 아름다운 기억으로 남아 있다.

│ 뉴욕 로체스터의 조앤 M. 비비

30일간의 보속 기간

고해성사야말로 죄의 상태에서 벗어나 다시 자유를 찾고 주님의 백성이 되기 위한 가장 완전한 길이라고 믿는다. 첫 고백을 한 나는 무척 행복했고, 내게 긍정적인 영향을 주었다는 것은 참으로 다행한 일이다. 일찍부터 고해성사가 정신이 고양되는 성사라는 것을 알았고, 내가 특별히 무언가에 도전하는 시기에 더 큰 도움이 된다는 것도 알았다.

나이 들어서 한때 내 삶과 영성에 변화를 가져올 정도로 크게 죄짓는 느낌을 경험한 적이 있다. 그 전까지만 해도 내 삶과 감정을 휘두를 만큼 어떤 것에 분노를 느끼리라고는 생각해 본 적이 없었다.

하지만 며느리가 들어오고 그녀의 행동거지에 내가 화를 낸 것으로 분노는 시작되었다. 처음에는 분노로 인한 세 가지 죄, 즉 원한과 복수심과 적개심을 갖게 되었다. 도덕적으로 이런 생각과 행동이 잘못임을 알고 있었지만 분노는 지속적으로 나와 함께했다. 있는 힘을 다해 사태를 올바로 보고 상황을 나은 쪽으로 돌려 보려고 애를 썼지만 모두 허사였다.

내가 저지른 모든 잘못을 고해해야 한다는 것을 알았다. 죄책감과 두려움, 분노에 사로잡혀 너무나 괴로웠기 때문에 평화를 찾기 위해 고해성사보다 더 나은 방법을 생각할 수 없었다. 어릴 때 경험으로 고해성사가 내 마음을 홀가분하게 하는 데 도움이 되고 더 많은 은총 속에 있게 된다는 것을 알고 있었다.

내 고해를 들어주신 신부님은 참 좋은 분이셨다. 내 목소리에서 두려움을 알아채시고 내가 마음을 가라앉히도록 도와주셨다. 나는 차례로 죄를 고백했고 지혜로우신 신부님은 내가 다시 평화를 얻기 위해 어떻게 해야 하는지 잘 알고 계셨다. 보속을 기다리면서 성모송을 여러 번 외우거나 어쩌면 묵주기도를 해야 할지도 모르겠다는 생각을 하고 신부님께 여쭈었다.

"제가 뭘 해야 할까요? 보속으로 묵주기도를 할까요?"

신부님의 대답은 의외였다. 내 생각과 비슷하지도 않았다.

"30일 동안 며느님을 위해 기도하십시오."

"신부님, 그건 못하겠습니다."

"아니요, 하게 될 겁니다."

"그렇지만 의미 없는 기도가 될 거예요. 진심으로 할 수 없으니까요."

"자매님은 자신과 가족을 위한 기도를 할 때마다 며느님을 위해서 기도하게 될 겁니다. 처음에는 자매님 생각처럼 아무 의미도 없는 기도, 그냥 형식적인 기도가 될 겁니다. 그렇지만 차츰 진심으로 하게 되고 며느님에게 평화가 깃들기를 기도하게 될 겁니다."

나는 신부님 말씀을 의심하며 매일 보속으로 기도를 했다. 내 평생 제일 힘든 기도였다. 처음에는 역시나 진심이 담겨 있지 않았다. 그런데 20일쯤 기도를 계속했을 때 진심에서 우러나온 기도를 하게 되었다.

나는 혼란스럽고 놀라웠다. 내가 며느리의 삶에 평화가 깃들기를 진심으로 빌고 있었던 것이다. 그 아이가 하느님을 알고 하느님께서 그 아이의 마음과 영혼에 빛을 내려 주시기를 간절히 원했다. 분노 없이 진정 어린 마음으로 그 아이를 사랑하게 된, 특별하고 엄청난 경험이었다.

| 오리건 배이 시에서 루시 O. 솔러맨

한 달에 한 번 청소

인터넷에서 파트리시아 수녀님의 글을 읽고 고해성사를 새롭게 느꼈다. 고해성사를 할 때가 되었다고 생각하던 어느 토요일 아침, 우리 집 주방에서 있었던 아주 사소한 일을 통해 주님께서는 내게 큰 가르침을 주셨다.

커피메이커에서 심하다 싶을 정도로 아주 천천히 커피가 걸러지고 있었다. 청소를 계속 미루고 있었기 때문이다. 더 이상은 안 되겠다 싶어서 커피메이커 청소하는 방법이 적힌 제품설명서를 찾아서 읽기 시작했다. 그러다 갑자기 주님께서 내게 말씀하시는 것을 느꼈다. 나를 청소할 필요가 있다는 것을 깨우쳐 주시는 것 같았다. 설명서에는 이렇게 쓰여 있었다.

"물때 제거 : 한 달에 한 번 물때를 제거하십시오. 광물질이 침전되어 내부에 굳어져서 커피 거르는 시간이 오래 걸리는 원인이 되고, 커피의 맛에 영향을 줄 수 있습니다. 커피메이커에 사용이 권장된 세제를 사용하십시오. 뜨거운 물에 세제를 타서 유리 기구와 필터를 세척하십시오."

이것이다! 설명은 간단했다!

나 역시 내 삶과 마음에 쌓인 끈적거리는 침전물들을 깨끗하게 청소할 필요가 있다. 한 달에 한 번 물과 식초로 커피메이커를 청소할 때마다 잊지 않고 고해성사로 내 영적 커피메이커를 청소할 것이다.

주님께서는 당신의 뜻으로 우리가 깨끗해지도록 종종 일상적인 것들을 이용해서 우리를 가르치신다. 그 토요일 아침 우리 집 주방에서, 더러워진 커피메이커를 청소하는 방법 이상의 것을 배운 하루였다.

| 위스콘신 피츠버그에서 제인 M. 애덤스

고해소

어렸을 때는 고해성사를 받으러 가는 일이 그렇게 두려울 수가 없었다. 내 양심을 살필 때면 언제나 두려움이 엄습했다. '죄를 전부 고백하고 있는 걸까? 심각한 죄를 깜빡 잊지는 않을까? 고백을 제대로 하지 않으면 하느님께서 혼내실까?' 고해성사가 끝나고 나서야 비로소 안도감을 느꼈고, 다음 고해성사 전까지 겨우 숨 쉴 수 있었다. 이것은 치과에 가는 것에 비유할 수 있겠다.

참 슬프게도 어른이 되어서도 너무 두려웠다. 성숙한 어른이 되었지만 고해성사는 언제나 나를 불안하게 했다. 언제부턴가 미사 참례는 하면서 **고해소**는 피해 다니고 있었다. 그러다 몇 분의 좋은 신부님들 덕분에 두려움이 조금씩 사라지게 되자, 고해성사 시간이 주님의 특별한 은총을 선물로 받는 시간이라는 것을 알게 되었다. 제2차 바티칸 공의회 후에 기회가 되면 신부님과 얼굴을 마주하고 고해성사를 하면서, 나쁜 버릇과 중대한 잘못에서 벗어나는 데 아주 큰 도움을 받았다.

그리고 몇 년 전에 보스턴에 있는 친척을 방문했을 때 그곳 주교좌성당에 가서 미사 참례를 하거나 기도하곤 했다. 하루는 오랫동안 미루고 있던 고해성사를 보기로 마음을 먹었다. 워낙 오래 전에 고해성사를 봤던지라 신부님께 야단을 맞거나 무거운 보속을 받을 각오를 하고 있는 나에게 신부님은 말씀하셨다.

"주님께서는 당신을 무척 많이 사랑하십니다."

이 말씀에 나는 울음을 터뜨리고 말았다. 후회와 함께 평화가 느껴졌으며 이것이야말로 고해성사를 세우신 뜻이라는 것을 알게 되었다. 신부님께서 그 다음에 무슨 말씀을 하셨는지는 생각나지 않지만, 성사를 통해 주님께서 주시는 용서의 말씀을 전해 주신 그 신부님께 깊이 감사드렸던 것은 기억한다.

| 하와이 호놀룰루에서 수잔 칭

얼마나 멋진 선물인가

처음으로 남부 침례교에서 가톨릭으로 개종할 생각을 하게 된 것은 어느 작은 본당을 방문해서 설리번 신부님과 대화를 나눈 다음이었다. 그러나 개종을 반대하는 가족들과의 갈등으로 어려움을 겪었다. 우리 가족 중에 가톨릭 신자는 한 사람도 없었기 때문이다. 하지만 결국 3년 후 플로리다 잭슨빌에 있는 성 마태오 성당의 예비신자 교리반에 들어가서 브라이언 캐리 신부님의 지도를 받게 되었다. 나는 예비신자 교리반이 좋았고 캐리 신부님도 참 좋은 분이셨다.

1990년 봄, 예비신자들은 첫 고백을 준비하게 되었다. 우리는 말할 수 없이 긴장했다. 우리는 플로리다 스위스의 메리우드로 갔다. 내 대모는 메리 코손 자매로, 잭슨빌의 원죄 없는 잉태 성당에 성 프란치스코 무료 급식소를 세운 분이었다.

우리는 줄을 서서 기다리고 있었고, 23년 동안 지은 온갖 죄들이 떠올라 머리가 터질 것만 같았다. 신부님이 셀 수 없이 많은 내 죄를 들으시고는 충격을 받으실 것이 뻔했다. 보속으로 '십자가의 길'을 열일곱 번은 해야 할 것이 분명했다! 고해소에 들어갔을 때 신부님과 나 사이의 칸막이가 고해에 지장이 될 것 같아 낮은 소리로 물었다.

"신부님, 마주 보고 고해하면 안 될까요?"

그런데 놀랍게도 3년 전에 만났던 설리번 신부님이 반갑게 맞아 주시는 것이었다! 고해성사를 마친 후 걸어 나오며 안도의 눈물을 흘렸다. 세상의 무거움이 내 어깨에서 전부 사라진 느낌! 정말 **깨끗해지고** 가벼워진 것 같았다! 대모님이 만면에 웃음을 띠며 기다리고 계셨다. 가톨릭 신자가 아닌 내 가족들이 개종을 말리려고 애를 썼던 일이 생각나서 소리 내어 말했다.
"가톨릭 신자가 되려고 하지 않는 사람들을 이해할 수가 없어요!"
대모님은 내 말을 듣고 쓰러지실 것같이 좋아하셨다. 그 후 몇 년이 흘렀고 그날을 회상하면서 내 생전 처음으로 느꼈던 그 날아갈 듯한 홀가분함이 지금까지도 고해성사를 볼 때마다 느껴진다. 그리고 이렇게 말할 수밖에 없다.
"고해성사로 주님께서는 우리에게 얼마나 멋진 선물을 주셨는가!"

| 플로리다 잭슨빌의 수잔 M. 바버

아름다운 카드 한 장

1981년이었다. 내 마음이 주님을 찾았다. 남편은 냉담 중인 가톨릭 신자였고 난 무늬만 감리교 신자로 첫아이를 임신하고 있었다.
그해 봄, 우리 부부는 펜실베이니아 쿼리빌에 있는 성 가타리나 성당의 부활 미사에 참례했다. 미사 전에 남편은 고해성사를 보기로 했다. 남편에게 고해성사를 주셨던 토마스 그라린스키 신부님은 미사 후에 다시 보자고 하셨다. 두 사람은 이야기를 나누었고 우리는 매주 한 번 사제관에서 그라린스키 신부님께 신앙에 대한 공부를 하게 되었다. 그 후 지금까지 미사 참례를 하고 있다.
1991년 셋째 아이를 임신했던 나는 부모라는 것에 대해 깊이 생각하게 되었다. 우리 아버지는 트럭 운전을 하시다가 내가 열아홉 살 때 사고로 돌아가셨다. 그래서인지 자주 '내 아이들이 결혼하는 걸 볼 때까지 살 수 있을까?', '손자들이 자라는 걸 볼 수 있을까?' 하는 생각을 하며 그럴 수 있기를 기도했다. 그러고 나서 아버지와 어머니를 공경하는 사람들에게 오랜 삶을 약속한다는 성경 구절을 읽게 되었다. 그 내용은 내 마음에 깊이 새겨졌다. 아버지가 살아계실 때 언제나 아버지를 존경했지만 엄마와 나 사이에는 약간의 벽이 느껴지곤 했다. 나는 엄마가 세 아들에게만 잘해 주셨다고 믿었다. 물론 그렇게 느끼지 않을 때도 있었지만 어머니 생신 때나 특별한 날에 사랑이 담긴 카드를 보낸 적이 없다. 그 감상적인 카드에 인쇄된 문구는 내가 어머니에게 느끼는 진실한 감정이 아니었다. 그 성경 구절을 읽은 후에 내가 어머니를 사랑하긴 했지만 존경하지는 않는다는 것을 알게 되었다.

그라린스키 신부님께 고해성사를 본 다음, 내가 진심으로 어머니를 존경할 수 없다는 이야기를 했다. 그러고 나자 내 마음을 짓눌렀던 무거운 짐을 벗은 것 같았다. 그리고 몇 주 후에 정말 놀랍게도 엄마가 보내신 아주 예쁜 카드를 받았다. 그 카드에는 엄마가 나를 얼마나 사랑하시는지 그리고 나 같은 딸을 가진 것이 무척 자랑스럽다는 내용이 적혀 있었다. 그 후 오래지 않아 엄마와 함께 점심 식사를 하게 되었다. 엄마는 당신이 외할머니와 어떤 사이였는지를 말씀해 주셨다. 두 분 사이에는 모녀로서의 정이 없었고 아마도 그것이 무의식적인 영향을 주어서 엄마와 나 사이가 그렇게 유지되어 왔다고 생각된다.

그날의 잊지 못할 고해성사 후에 주님께서는 우리 모녀 사이를 치유해 주셨다. 엄마와 나는 지금 아주 도타운 관계가 되었고 이제는 엄마에게 내 진심이 담긴 말을 적은 카드를 보내게 되었다.

엄마에게 고해성사로 우리 관계가 치유되었다는 말을 하지는 않았다. 엄마는 가톨릭 신자들을 믿지 않는 분이셨고 내가 가톨릭 신자가 된 것을 못마땅하게 여기셨다. 20여 년이 지난 후에 엄마는 우리 가족이 주님께 영적인 봉헌 생활을 하는 것을 받아들이게 되었다. 엄마는 하느님을 믿지만 교회와 연결된 신앙생활을 하지는 않으신다. 나는 기회가 될 때마다 신앙을 엄마와 나누고 있고 언제나 기도 가운데 어머니를 만난다.

| 펜실베이니아 스트라스버그에서 달린 E. 그레이버

무거운 짐

이 글을 쓰면서 뺨에 눈물이 흘러내린다. 기쁨과 감사의 눈물이다.
고해성사. 지난 몇 해 동안 주님께서 수없이 나를 일으켜 주셨지만 포르노와 거짓말과 교만에 중독되어 번번이 주저앉고 말았다.
2년 전 바오로 사도의 개종 축일에 주님께서는 사울에게 하신 것을 나에게도 하셨다. 말 위에서 나를 떨어뜨려 땅에 엎어지게 하셨다. 우리 부부의 결혼 생활에 문제가 생긴 것이다.
그날 아침 차로 출근하면서 라디오를 듣고 있던 도중에 우연히 가톨릭 방송에 주파수를 맞추게 되었다. 뉴욕 로체스터에 있는 십자가라는 이름의 가톨릭 방송에서 EWTN(Eternal Word Television Network)의 미사를 중계하고 있었다.
복음 말씀에 귀를 기울이고 있을 때 주님께서 나를 깨우셨다. 그분께서 내 삶을 살피도록 도우셨고, 내가 그분에게서 얼마나 멀어져 있는가를 깨닫게 하셨다. 나는 차 안에서 아이처럼 울기 시작했다. 차를 세우고 엉엉 소리 내어 울면서 나의 하나니아스*를 찾기로 결심했다.
로체스터의 성 안나 성당에 계신 피터 아바스 신부님이 나에게는 유일하게 떠올릴 수 있는 신부님이었다. 그날 저녁에 나를 만나주실 수 있는지를 묻는 이메일과 음성 녹음을 남겼다.
우리는 그날 하루 종일 전화로 숨바꼭질을 했다. 피터 신부님은 성령께서 그렇게 되기를 원하신다면 만나게 될 거라 생각하셨다고 했다. 그날 저녁 6시 30분에 주님께서 신부님을 만나게 해 주실 것이라는 믿음으로 차에 올랐다. 그리고 7시에 성 안나 성당 주차장으로 들어섰다. 피터 신부님은 내가 올 것을 기대하며 그곳에서 기다리고 계셨다.
우리는 사제관의 어느 작은 방으로 들어갔고 나는 무릎을 꿇고 신부님께 고해성사를 부탁드렸다. 내 영혼이 너무나도 무거운 짐을 지고 있다는 말로 고백을 시작했다. 나는 모든 죄를 말씀드리면서 끊임없이 눈물을 흘리며 흐느꼈다. 아마 거의 한 시간 동안 고백했을 것이다. 돌아온 탕자처럼 나는 아버지께 당신의 아들이라 불릴 가치조차 없다고 말씀드렸다. 피터 신부님은 화장지를 한 장 뽑아 손으로 마구 구긴 다음 내게 보이며 이렇게 말씀하셨다.

"이 화장지가 더러워 보이지요?"

"네, 아주 더러워 보입니다."

그러자 신부님은 그 화장지를 펼쳐 보이며 말씀하셨다.

"여기 접힌 선을 봐요. 여기 또 여기. 어때요? 여기 선들은 아름답지요? 주님께서도 당신을 그렇게 보고 계세요. 그분께서는 당신을 사랑하실 수 있는 것만으로도 너무나 기뻐하세요."

나는 계속 눈물을 흘렸다. 이번에는 기쁨과 부끄러움이 뒤섞인 눈물이었다. 주님께서 나를 사랑하셨고 나를 당신 눈앞에서 내치지 않으셨기에 기뻤다. 하지만 내가 삶에서 그런 주님을 거부했기에 부끄러웠다.

나는 죄 사함을 받았고 내 영혼이 가벼워지는 것을 느꼈다. 그리고 새로운 길을 찾기 시작했다. 사울과 달리 내 눈이 뜨여 금방 모든 것을 볼 수는 없었지만 주님께서는 내가 당신의 집으로 가도록 넘치는 도움을 주셨다.

* 바오로 성인의 이야기에 나오는 내용으로, 바오로가 사울이란 이름으로 불릴 때, 말을 타고 가던 중에 갑자기 빛이 번쩍이는 가운데 말에서 떨어져 앞을 보지 못하게 되었다. 그때 "사울아, 사울아, 왜 나를 박해하느냐?" 하는 소리가 들려왔다. 사울이 놀라 "주님, 주님은 누구십니까?" 하고 묻자 예수님께서 답하셨다. "나는 네가 박해하는 예수다." 이야기가 계속되면서 예수님께서는 사울에게 성안으로 들어가면 그를 치료해 줄 하나니아스라는 사람을 만나게 될 것이라고 말씀하셨다.

| 뉴욕 로체스터에서 리오도네스 이발라

제 생각엔 …

참그리스도인으로 살려고 노력하는 사람이라면 몇 주나 몇 달 동안 고해성사를 볼 필요가 없을지도 모릅니다. 하지만 이런 경우라면 혹시 겸손함을 잃은 적은 없는지 생각해 보아야 할 것입니다. 사람들은 누구나 매일 조금씩이라도 겸손의 미덕을 잃을 수가 있습니다.

또한 이미 용서받았지만 깊이 후회하고 있는 죄가 있다면 그것도 포함해야 할 것입니다. 죄 없이는 고해성사도 없다는 고해성사의 존재 이유를 확인한다는 것이 중요합니다.

| 다니엘 레이블 신부, 성혈수도회

오늘날의 죄란 무엇인가　|리카르도 M. 굴라 신부, 술피스회

"제가 범한 모든 죄를 전능하신 하느님과 신부님께 고백합니다. 고해성사 받은 지 6주 됩니다. 저는 세 번 화를 냈습니다. 두 번 거짓말을 했습니다. 미사를 한 번 빠졌습니다. 부정한 생각을 두 번 했고 다른 사람의 험담을 네 번 했습니다."

귀에 익은 말이죠? 이 고해는 수 세기 동안 로마 가톨릭 신자들이 도덕적 삶과 죄를 어떻게 이해하고 있었는가를 잘 보여 주고 있습니다. 그런데 금세기 중반에 들어서면서 도덕성과 죄에 대한 우리의 생각에 많은 변화가 있었습니다. 이런 변화는 인간 자체를 새롭게 이해하는 데 따른 결과입니다. 또한 우리가 하느님과 서로에게 어떤 관계에 놓여 있어야 하는가에 대한 성경과 예수님의 가르침을 재발견하는 데서 온 결과이기도 합니다.

• 범죄(행위)로서의 죄

가톨릭 신자들이 도덕적으로 산다는 것은 주로 계율을 지키는 것이라고 생각한 시대가 있었습니다. 그 계율이란 하느님의 계명, 교회법 또는 교회의 도덕적 가르침에 나타난 자연법이었습니다. "성경에 그렇게 쓰여 있어." 또는 "교회가 그렇게 가르쳤어." 하는 말들이 종종 도덕적인 삶에 중요한 근거가 되었습니다.

죄는 범죄(행위)처럼 법을 위반하는 것입니다. 고속도로에서 제한 속도를 지키지 않는 것처럼 말입니다. 법은 행위를 죄로 규정합니다. 분명한 법규(속도 제한)가 없었다면 죄(얼마든지 빨리 달릴 수 있는)라는 생각도 없었을 것입니다.

가톨릭 신학은 도덕적 삶과 죄를 이해하는 데 법률을 그 전형으로 삼는다는 것이 불완전하다는 것을 깨닫게 되었습니다. 예수님을 충실하게 따르는 삶, 복음 말씀에 담긴 가치와 시각에 따른 삶을 살려는 우리에게는 법으로 제시될 수 있는 것 이상이 필요합니다.

그렇다고 법을 폐지하려고 시도하는 사람은 아무도 없습니다. 우리가 서로를 도와 가며 함께 잘 살아가는 데 계속 법이 필요하다는 것을 알고 있습니다. 교통 법규가 없다면 거리는 혼란에 빠질 것입니다. 마찬가지로 진실을 말하고 생명과 재산을 지켜 주는 법이 없다면 더불어 사는 우리 삶은 도덕적 무질서에 빠지고 말 것입니다.

그러나 우리가 결정해야 할 모든 것에 법을 적용할 수는 없습니다. 도덕적 삶을 법적으로 규정한다면, 그 삶은 우리가 변하고 세상이 변하는데도 같은 구습을 반복하게 만들기 십상입니다. 법적 전형은 우리의 행동이 죄인가 아닌가에만 중점을 두는 경향이 있습니다. '미사에 빠졌는가? 시험 볼 때 부정을 저질렀는가? 세금을 포탈했는가? 부모님 말씀을 거역했는가?'

법만으로는 마음의 중요한 실재를 다루지 못합니다. 예를 들면 우리의 태도(친절했는가 아니면 적대감을 가졌는가), 의도(도우려고 애를 썼는가 아니면 자기 이익만 도모했는가), 사물을 보는 시각(신앙의 눈으로 보는가, 낙관적인가, 회의적인가) 등이 그것입니다. 예수님께서는 마음에서 나오는 것이 우리를 죄짓게 한다고 하셨습니다. 죄를 범하는 행위는 고집 센 마음으로 물 위에 드러난 빙산의 일각을 잡고 있는 것과 같습니다(이사 29,13; 마르 7,21; 마태 23,25-26; 루카 6,45 참조).

법적 규정은 또한 도덕적 생활을 너무 자기 자신에게만 몰두하게 만드는 경향이 있습니다. 죄는 나와 나의 구원에 영향을 미칩니다. 규범을 따르는 것으로 내 영혼을 구하는 것은 이 규정에 따른 도덕 기준의 지침입니다. 그러나 이는 죄와 회개가 관련된 모든 중요한 부분을 간과합니다. 바오로 성인이 알려 주듯이 자신을 위해 사는 사람은 없습니다(로마 14,7). 그리스도의 지체로서 우리는 함께 고통을 겪고 함께 기뻐합니다(1코린 12,26-27). 그것은 우리가 공동으로 세상을 나누고 있으며, 우리 한 사람 한 사람은 다른 사람들과 다른 모든 창조물에 대한 책임감을 갖고 맺어진 관계의 구성원이기 때문입니다. 우리는 공기와 물에 독소를 넣거나 햄버거를 쌌던 호일을 차창 밖으로 버릴 때 자연의 생태 균형을 해치고 있다는 사실을 잘 압니다. 마찬가지로 삶의 관계 조직에서 불화, 분쟁, 공포, 불신, 소외를 만들어 낼 때 우리는 도덕 생태에 해를 끼치는 것입니다.

- **새로운 시각으로 보는 죄**

도덕적 삶을 새로운 시각으로 보게 된 것은 교회가 성경을 재해석하고 교회와 사회 안에서 철학적 방향 전환이 이루어졌기 때문입니다.

예를 들면 성경 재해석에 따라 우리의 주요 도덕 개념이 법이 아닌 계약, 마음, 회개로 전환되었습니다. 도덕적 삶의 주요 특질은 구속에서 책임으로 대치되었습니다. 철학에서의 전환은 사회에서 인간의 존엄과 삶을 나누는 가치를 강조하게 되었다는 것입니다. 신학과 철학에서 이루어진 전환은 도덕적 삶의 관계적 전형을 뒷받침하는 것입니다. 관계의 전형은 인간관계를 유지하는 평화와 정의의 결속을 보호하는 개인적 책임을 강조합니다.

이러한 도덕적 삶의 관계의 전형에 반영한다면 오늘날의 고해성사는 어떤 것이 될까요?

"제가 범한 모든 죄를 전능하신 하느님과 신부님께 고백합니다. 고해성사 받은 지 6주 됩니다. 저는 한 집안의 가장이고 십대인 세 아이의 아버지입니다. 큰 컴퓨터 회사에서 관리직으로 일하고 있습니다. 지난 한 달 동안 저는 가정과 회사에서 사랑하는 마음을 잃고 지냈습니다. 회사에서 새로운 프로

젝트를 시행하느라 대부분의 시간과 관심을 쏟았기 때문에 가정에서 아내와 아이들을 등한시했습니다. 많은 시간을 일에 할애하고 가족과 보내는 시간이 거의 없었습니다. 회사에서는 동료가 새로운 프로젝트에 필요하다는 데이터를 제 이익을 위해 일부러 건네주지 않았습니다. 제가 영예를 차지하고 싶었기 때문입니다. 저는 또한 성희롱을 당한 것이 분명한 여자 동료를 도와주지 않았고 성희롱을 한 당사자에게 맞서지 못했습니다. 신부님, 제가 받을 보속은 이번 주에 가족과 함께 야외로 나가는 것과 제 하급 직원들에게 지금까지 열심히 일해 온 것에 대해 특별한 포상을 하는 것이라고 생각합니다."

이 고해자는 자신의 주요 관계에서 삶의 질과 사랑이 얼마나 영향력을 갖는지 잘 깨닫고 있습니다. 그리고 회개하는 마음을 어떻게 보여 줄 수 있는지도 잘 알고 있습니다. 그의 고백은 법으로 허용하거나 금지하는 것을 지나치게 강조했던 전통을 탈피해서, 다른 사람에 대한 책임을 강조하는 현시대의 신학을 반영하고 있습니다. 죄를 범하는 행위에 초점을 두기보다는 해야 하는 것을 하지 않은 태만이 죄라는 것을 보여 주고 있는 것입니다.

현대 신학은 죄란 멀리 있는 것이 아니며 우리가 깨닫는 것보다 더 가까이 우리 곁에서 우리와 접하고 있다고 인정합니다. 탐욕, 폭력, 부패, 빈곤, 기아, 성차별, 억압들이 무시할 수 없을 정도로 팽배해 있습니다.

죄는 과거에 그랬던 것처럼 그리스도인들이 오늘날에도 기본적으로 사용하는 용어입니다. 죄의 기본 인식은 사랑이 없기 때문에 하느님과 연결되어 있지 않다는 의미입니다. 죄 중에 있을 때 우리는 우리 자신 외에 다른 사람에게 관심이 없습니다. 죄의 첫째 문제는 행위로 드러나기 이전에 타인에게 관심을 보이고 싶어 하지 않는 이기적인 마음입니다. 하느님을 사랑하는 것과 이웃을 사랑하는 것은 하나로 연결된 것이기 때문에, 죄는 항상 우리 관계 안에서 또 관계를 통해서 드러나게 될 것입니다.

「가톨릭교회 교리서」는 우리가 사랑으로 한 행위는 아무리 작은 것이라도 모두에게 어떻게든 이로움이 되듯이 죄는 해로움을 준다고 단언합니다. 교리서는 성경을 인용해서 이를 지적합니다.

"우리 가운데에는 자신을 위하여 사는 사람도 없고 자신을 위하여 죽는 사람도 없습니다."(로마 14,7) "한 지체가 고통을 겪으면 모든 지체가 함께 고통을 겪습니다. 한 지체가 영광을 받으면 모든 지체가 함께 기뻐합니다. 여러분은 그리스도의 몸이고 한 사람 한 사람이 그 지체입니다."(1코린 12,26-27) "사랑은 … 자기 이익을 추구하지 않으며(1코린 13,5; 10,24 참조)" 교리서는 이렇게 말합니다. 모든 사람의 일치 안에서 "우리가 사랑으로 한 가장 작은 행위라도 모든 성인의 통공을 바탕으로 모든 산 이와 죽은 이의 연대 안에서 모든 이의 유익이 되도록 퍼져 나간다. 모든 죄는 이러한 친교에 해를 끼친다."(953항)

죄에 대한 현시대의 접근에서 가장 두드러진 변화들 가운데 하나는 죄가 우리 관계 안에서 사랑과 삶의 질에 어떤 영향을 끼치는가를 강조한 점입니다. 죄는 인류 복지에 이바지하는 올바른 관계들을 방해하고 침해하며 깨뜨리는 모든 행위나 그런 관계들을 등한시합니다. 예를 들면, 내가 만일 동료에 관한 좋지 않은 소문을 퍼뜨리거나 거짓 소문을 바로잡지 않았다면 나는 그 동료와의 관계를 저버린 것일 뿐만 아니라 일터에서 삶의 질을 손상시킨 것입니다.

죄와 도덕적 삶이 다른 사람의 행동에 어떻게 관련되는가를 설명할 때 자주 애용하는 예는 다섯 살 된 조카 줄리아의 이야기입니다. 줄리아는 첫 고해성사를 앞둔 여덟 살 된 줄리아의 언니와 내가 하는 이야기를 옆에서 듣고 있었습니다. 아이가 성당에서 죄에 대해 배운 내용은 대부분 관계를 설명하는 이야기와 사랑이 있는 선택과 사랑이 없는 선택의 차이에 관한 것이었습니다. 그 다음 날, 줄리아가 유치원에서 돌아왔을 때 하루를 어떻게 보냈는지 물었습니다.

"아주 좋은 하루였어요."

무엇이 그렇게 좋았는지 묻자 이렇게 대답했습니다.

"오늘 사랑이 있는 선택을 할 수 있었거든요. 친구 케니가 간식을 안 가지고 왔어요. 그래서 내 간식을 조금 나누어 주었어요."

줄리아는 올바른 도덕적 삶이 서로에 대한 배려, 즉 다른 사람에게 필요한 것이 무엇인지 관심을 갖고 그 사람의 복지를 향상시키는 행위로 시작된다는 것을 잘 배웠던 것입니다. 이와 반대로 죄는 등을 돌리고 자신을 다른 사람과 적대 관계에 놓는 것입니다. 자기 이익에만 관심을 갖는 행위는 우리를 지탱해야 할 평화와 정의의 유대를 파괴합니다.

• 원죄는 사라지지 않았다

악이 엄청난 규모로 제1면 뉴스(전쟁, 인종 학살, 폭탄 테러 등)를 차지하는 시대에 신학자들은 원죄에 대한 가르침을 환기시키려고 노력하고 있습니다. 이 가르침은 우리 자신에게 초래하는 악보다 더 많은 악이 이 세상에 존재한다는 것을 말해 줍니다. 지금 르완다나 보스니아에서 태어나는 아이들을 생각해 봅시다. 이 아이들은 선택을 하기도 전에 그들을 둘러싼 악에 영향을 받고 물들게 됩니다.

원죄는 우리 모두가 악의 상태에서 태어난다고 인식하는 죄의 얼굴입니다. 이것은 마치 우리의 자유가 애초부터 쇠사슬에 묶여 있는 것처럼 느끼는 인간 존재의 조건입니다. 우리는 자신의 깊은 내면에서 다른 사람으로부터 그리고 하느님으로부터 우리를 멀어지게 하는 이기심으로 끌어당기는 이 악의 영향을 느낍니다. 원죄로 인해서 우리는 늘 괴로움과 비통함을 삶의 일부로 생각하게 될 것입니다.

원죄의 힘이 우리를 이기심과 무관심으로 끌어당기는 반면에, 은총의 힘은 우리를 다른 사람을 위해서 그리고 서로 의지하며 사는 쪽으로 나아가게 합니다. '쉰들러 리스트'라는 영화는 오스카 쉰들러가 수천 명의 유태인들을 죽음의 수용소에서 구함으로써 이러한 은총의 힘을 어떻게 입증했는지 보여 주고 있습니다. 또한 수많은 이름 없는 영웅들이 1995년 오클라호마시 정부 청사 폭탄 테러의 희생자들을 도왔던 사실도 그와 마찬가지입니다. 전쟁과 빈곤을 피해 탈출한 난민들에게 자신의 집을 안식처로 제공한 많은 사람들도 그렇습니다.

악의 세력을 떨쳐 버리기 위해서 우리는 마음을 열고 자신을 사랑으로 다시 채울 필요가 있습니다. 이 사랑은 정의와 진리와 평화를 입증하는 다른 사람들에게서 옵니다. 우리의 원죄는 우리에게 책임 있는 도덕적 삶을 힘들여 실행할 과제로 만들 수도 있습니다. 이럴 때 다시 채운 사랑이 그것을 가능하게 합니다. 이는 죄가 많은 곳에 은총이 충만하다는(로마 5,20 참조) 사도 바오로의 확신입니다.

- **사회적 범죄가 갖고 있는 생명력**

사회적 범죄는 문명만큼이나 오래된 것이지만, 가톨릭 신자들에게는 비교적 새로운 개념입니다. 우리는 거짓말을 하거나 속이거나 미사에 빠지는 등의 개인적 죄(본죄)에만 초점을 맞추는 경향이 있었습니다. 그 내부에 죄악이 행해지고 있는 사회 구조와 관습에 충분한 관심을 두지 않았던 것입니다. 사회 구성원들의 양심을 일깨운 한 가지 특별한 본보기는 1995년에 교황 요한 바오로 2세께서 쓰신 '여성들에게 보내는 편지'였습니다. 교황님께서는 이 편지에서 성차별을 사회적 범죄라고 공개적으로 밝히시며, 이어서 교회가 이때까지 여성들을 모욕하고 폄하하고 경시하여 예속화하고 격하시켜 온 일들을 여성들에게 사과하셨습니다.

사회적 범죄는 사람들에게 억압과 착취와 경시로 고통을 주어 인간의 존엄성을 해칠 때 이것은 인간적 구조라고 말합니다. 여기에는 교육 시스템, 주거 정책, 조세 구조, 이민 정책, 의료 체계, 고용 정책, 시장 경제 등이 포함됩니다. 일단 자리를 잡으면 사회 구조와 관습에서 자행되는 악은 그 자체의 생명력을 지니는 것으로 보입니다. 예를 들어 인종 차별이라는 사회적 죄는 노예 제도가 폐지된 후에도 오래도록 사라지지 않고 지금도 계속되고 있습니다. 그리고 다른 예를 들자면 교육, 주거, 노동의 평등한 기회나 때로는 평등하게 투표권을 행사하는 일에서조차 아직도 장애가 존재합니다.

우리는 이런 구조 속에 이 세상을 살아가도록 배웠습니다. 우리는 적재적소에서 지켜지는 사회적 관습은 훌륭한 전통이라고 여깁니다. 사회적 범죄를 제대로 인식하고 변화시키기 어려운 이유가 바로 여기에 있습니다. 그러나 사회 구조에 내재된 죄악은 온갖 형태의 인종 차별과 성 차별 등의 차별로 드러납니다. 이주 노동자들에 대한 착취, 빈곤에서 비롯된 문맹자와 노숙자, 그들에게 제공되는 기초적 의료 혜택의 결핍, 상품의 제조 방법, 광고, 가격 정책, 포장 등에서 소비자에 대한 속임수, 그 밖에 하찮게 생각해서라기보다 무지에서 비롯된 다른 많은 차별들을 우리는 견디고 있는 것입니다. 사회적 범죄가 널리 퍼지는 이유는 무엇일까요? 그 대부분은 우리가 사회악을 일일이 드러내 고치려 하지 않기 때문입니다.

그리스도인들은 미주리주의 좌우명처럼 '증거를 보이지 않으면 안 된다' 는 말을 쉽게 받아들일 수 있을 것입니다. 좋은 말만 해서는 안 됩니다. 예언자들(이사 58,6-8 참조)과 예수님(산상수훈, 마태 5-7 참조)의 도덕적 가르침은 정의에 따른 행동이 없는 믿음과 행위는 하느님께서 원하시는 것이 아니라고 우리에게 말합니다.

우리가 구조적 악을 범했다는 것을 깨달았을 때 양심의 가책으로 두려워하지 말고 회개하는 마음을 가져야 합니다. 사회적 죄의 회개는 사회를 개선하는 데 도움이 될 수 있는 길을 찾아 우리 자신의 생활 태도를 바꾸는 것을 의미합니다. 예를 들어 우리가 인종 차별이 자행되는 구조를 완전히 바꿀 수는 없지만 작은 것은 실천할 수 있습니다. 가령, 배타적이고 무신경한 언어 사용을 억제하는 것입니다. 우리는 다른 사람에게 그리고 서로 사용하는 언어를 통해 사람들의 태도에 영향을 줄 수 있습니다. 다른 차원에서 사회적 죄의 회개는 현행 법규와 관례를 검토하고 인간의 존엄을 해치는 것들의 개선을 의미합니다.

- **우리 모두가 알고 있는 본죄**

죄의 또 다른 얼굴은 개인적인 죄입니다. 전통적으로 개인적인 죄는 무거움의 정도에 따라 대죄와 소죄로 나누어 부릅니다. 가톨릭 신자들 또한 전통에 따라 대죄의 세 가지 조건을 배웠습니다.

① 중대한 일
② 많은 손상
③ 전적인 자유 의지

이 세 가지는 여전히 효력을 갖는 기준입니다. 참된 의미의 대죄를 말하기 전에 행위와 관련된(①) 것과 사람과 관련된(②, ③) 것을 포함하는 조건이라고 이해할 수 있습니다.

도덕적 삶의 관계 전형은 우리가 본죄를 이해할 수 있게 도움을 줍니다. 본죄는 단순히 계율을 어기는 것만이 아니라 관계에 대한 사람의 표현입니다.

대죄 : 대죄는 하느님과 이웃과 세상과 자기 자신과 맺고 있는 사랑의 관계를 심각하게 훼손한 것입니다. 하느님과 다른 사람들을 완전히 떠난 상태라고 생각할 수 있습니다. 이는 우리가 궁극적으로 생명을 주는 길을 살지 않으려고 작정할 때 범하는 죄입니다. 영웅적인 행위와 관대함을 베푸는 행위는 우리가 하느님께 온 마음을 다해 "네."라고 말할 능력이 우리에게 있다는 증거입니다. 그러므로 악의를 품은 의도적 행위들은 하느님께 "아니오."라고 말할 가능성이 있다는 증거입니다. 대죄는 지극히 이기적이고 삶에 특징적으로 악을 행하고 선을 피하는 사람이 저지르는 도덕적 해악을 포함합니다. 우리는 살면서 범죄 행위와 착취, 탐욕을 선택하는 사람들이 대죄를 범하는 것에 그리 놀라지 않을 것입니다. 그러나 동시에 다른 사람을 비판하는 것은 지극히 신중해야 합니다. 악의를 품은 어느 특정한 행위가 대죄인지 아닌지는 옆에서 보는 것만으로는 아무도 알 수 없습니다. 그 사람이 지닌 하느님에 대한 인식, 자주성, 기본 성향을 더 알아야 할 필요가 있습니다. 그런 사람들의 행위에 악이 스며 있는 것을 알더라도 우리는 대죄를 범한 사람들을 판단하는 일을 삼가야 합니다. 그것이 교회가 누군가 지옥에 있다고 가르치지 않는 이유입니다. 동시에 교회는 우리 모두가 자신을 삶의 원천이신 하느님으로부터 단절시킬 가능성이 있음을 인정하고, 그런 상태가 바로 지옥이라고 설명합니다.

소죄 : 요즘 사람들은 대죄보다 덜 중대한 부도덕한 행위에는 그다지 주의를 기울이지 않습니다. 만일 대죄가 하느님과의 적극적인 관계를 근본적으로 뒤집는 것이라면, 사랑이 없는 행위를 일삼는 습관은 관계를 좀먹게 할 수 있습니다. 우리가 소죄를 심각하게 여겨야 할 이유가 바로 이것입니다. 소죄들은 나쁜 습관의 덫으로 우리를 가라앉힐

수 있습니다. 소죄는 흔히 우리가 다른 사람들에게 관심을 보이지 않을 때 삶에 들어옵니다. 사람들은 쉽게 이기심에 빠집니다. 다른 사람에게 심한 말을 하고, 소문을 주고받으며 즐거워하거나, 우리를 감독하고 조종하는 다른 사람들과 힘겨루기를 할 수도 있습니다. 이러한 이기적이고 오만한 행위들은 우리를 하느님으로부터 갑자기 멀어지게 하지는 않지만, 삶과 사랑을 위한 기본적 헌신과 일치하지 않습니다. 이것이 소죄입니다. 죄에 대한 이 시대의 개념은 삶의 복잡한 관계를 통해 관계 안에서 회개하라는 복음의 요청을 강조합니다. 하느님의 현존과 이들 관계 안의 사랑을 더 분명히 깨달을수록 우리는 소죄를 더 잘 깨달을 수 있으며, 소죄를 더욱 중대한 것으로 받아들일 수 있습니다. 우리가 죄를 범할 수 있음을 인식하지 않고는 사랑을 청하는 회개 안에서 성장할 수 없습니다.

- **하느님은 자비하십니다**

이상이 우리가 죄를 이해하는 데 있어 달라진 몇 가지 의미 있는 변화입니다. 우리는 오늘날 죄에 대해 다르게 말합니다. 도덕적 삶의 관계적 전형이 율법적 전형을 대치했기 때문입니다. 그러나 한 가지 변하지 않은 것은 하느님의 사랑과 자비에 대한 우리의 개념입니다. 우리는 하느님께서 우리가 왜곡된 죄의식과 책임감으로 힘들어 하는 것을 원하시지 않는다고 믿습니다. 오히려 그보다는 우리 자신과 다른 사람들과, 세상과 그리고 하느님과 다시 연결되기를, 화해하기를 청하시는 하느님의 창조의 힘에 보다 충만하게 참여하라는 부르심을 받고 있다고 믿습니다.

고해성사는 우리 삶의 상처를 치유하고, 올바른 관계를 세우기 위한 기회이며 초대입니다. 우리는 이 은총의 선물을 특히 사순 시기와 대림 시기 동안 실천할 수 있도록 더 많은 관심을 두어야 할 것입니다.

[리카르도 M. 굴라 신부님은 술피스회 사제로, 캘리포니아 버클리에 있는 신학연합대학원의 프란치스코 신학대학에서 윤리신학 교수로 재직하고 있다. 최근 『Ethics and Pastoral Ministry』(Paulist Press, 1996)를 비롯한 많은 저서와 글을 집필했다.]

조 신부님과 고해성사

10년 전쯤 서부 텍사스의 작은 시골 마을에 살고 있을 때 매우 뜻깊은 회개를 하게 되었다. 당시 나는 도저히 벗어날 수 없는 죄 중에 있었다. 그 죄 때문에 계속 고해성사를 하곤 했다. 주님께서는 조 신부님을 통해 나에게 깊은 사랑이 담긴 확실한 방법으로 당신의 용서와 죄 사함을 주셨다. 같은 죄를 수없이 고해하면서 조 신부님을 통해 언제나 주님의 선하심을 느낄 수 있었다.

조 신부님의 말씀이나 생각이 특별히 심오하거나 지극히 존경스러웠다기보다, 그분의 뛰어난 직관력이 드러나는 말씀이 내 마음을 움직이는 데 실질적인 도움을 주었다. 마치 예수님이 나와 함께 고해소에 계신 것만 같았.

조 신부님은 하느님의 백성을 향한 진심 어린 사랑을 보여 주셨고, 나는 마음이 든든해지는 것을 느낄 수 있었다. 신부님은 그 작은 동네에 있는 다섯 군데 본당의 사목을 맡은 단 한 분의 사제였기에 하실 일이 얼마나 많은지 나는 잘 알고 있었다. 그런데도 절대로 서둘지 않았고 내가 그분의 시간을 허비하게 만드는 존재라는 느낌을 준 적이 한 번도 없었다. 내게 고해성사는 기쁨이 되었.

어느 날인가 고해소에서 내가 매번 똑같은 죄를 짓고 고해성사를 보고 있으니 내 죄를 녹음해서 신부님께 그 테이프를 들려드려야겠다는 말씀을 드렸다. 신부님은 큰 소리로 웃으셨고 우리는 잠시 우스갯소리를 주고받았다. 그런 다음 신부님은 이해하기 쉬운 표현으로 나에게 필요한 것을 조용히 말씀해 주셨다. 신부님은 내가 매일 저지르는 잘못과 나약함에서 벗어나지 못해 얼마나 좌절하는지 잘 아셨다. 내가 영적인 부족함에서 그런 어려움을 겪고 있다는 점도 잘 이해하셨다. 내가 감정이 북받쳐서 울음을 터뜨렸던 날, 신부님은 내가 진정될 때까지 잠자코 기다려 주셨고 내가 가야 할 영적인 길을 알려 주셨다.

그날 주님께서 내게 말씀하셨고 다른 수많은 고해성사에서도 그러하셨다. 때로는 짧은 시간을, 때로는 아주 긴 시간 동안 고해성사를 하곤 했다. 남편은 "너무 길어."라고 말하면서 고해성사를 보려고 기다리는 다른 사람들도 생각하라고 했다. 그러나 조 신부님의 말씀은 내가 함께 걸어가는 주님과의 관계에 꼭 필요한 것이었다.

고해성사에서 받는 은총과 힘은 그 어떤 것과도 비교할 수 없다. 내게 있어 고해성사는 하느님과의 관계 안에 머무르는 효과적인 방법이다.

| 텍사스 우발데에서 도라 C. 갈라도

완전한 사랑과 용서

어린 두 아이를 둔 젊은 엄마였던 35년 전 어느 날, 다른 본당에서 고해성사를 받게 되었다. 그런데 고해성사를 받던 중에 신부님께서 너무나도 모욕적인 말씀을 하셔서 말할 수 없이 깊은 상처를 받았다. 예수님이셨다면 절대로 내게 그런 말씀을 하실 리가 없다는 것을 알았다. 그 굴욕적인 경험 이후 의무와 상관없이 성당에 갔고 일 년에 한 번 고해성사를 했지만 더 이상 평화도 기쁨도 느낄 수 없었다.

그로부터 몇 년 후 뉴올리언스에서 성령 쇄신 세미나에 참석했다. 미사 말미에 신부님들께서 고해성사를 주신다는 공지가 있었다. 친구가 고해성사를 하고 싶다고 해서 기다리겠다고 했다. 나는 친구처럼 고해성사를 볼 생각이 전혀 없었다. 또다시 상처 받을 이유가 없다고 생각했기 때문이다.

그렇게 친구를 기다리며 자리에 앉아 있을 때 내 마음은 더욱 굳어졌다. 여기저기에서 신부님께 고해성사를 하고 있는 사람들과 그들이 마음의 짐을 벗어놓는 모습을 둘러보았지만 내 마음은 더욱 완고해졌고, 나처럼 상처 받은 적이 없는 사람들이나 고해성사를 보는 것이라고 스스로 위로하고 있었다. 그러던 중에 어떤 신부님과 고해자의 모습에 시선이 갔다.

신부님은 고해자의 어깨에 팔을 올리고 두 사람의 머리가 맞닿을 정도로 마주 고개를 숙이고 있는 모습이었다. 그 모습을 바라보면서 그들이 얼마나 깊은 평화 가운데 있는지를 느낄 수 있었다. 그때 주님께서 무한한 자비와 사랑으로 그곳에 사제가 아닌 착하신 목자께서 서 계신 모습을 보도록 허락하셨다. 나는 내 눈을 믿을 수 없었다. 내가 느낀 것은 온통 자비하심과 사랑이었고, 내 존재의 모든 세포가 그 순간 그 고해자가 받고 있는 것을 원하고 있다는 것을 알았다. 그것은 완전한 사랑과 용서였다.

나는 말 그대로 뛰어가서 줄을 섰고 돌아온 딸은 주님의 두 팔에 안기는 환영을 받았다. 주님만이 주실 수 있는 기쁨과 평화를 깊이 경험했고, 수년 전에 상처를 주었던 신부님을 마침내 용서할 수 있었다.

| 미시시피 피커윤에서 프란시스 K. 허크

고해성사의 선물

스코틀랜드 글래스고의 성 십자가 중학교에 다니던 어린 시절에 성 십자가 성당에 나갔다. 매월 첫 금요일이면 모든 학생들은 고해성사를 하기 위해 큰 성당까지 길을 따라 걸어가곤 했다. 나는 한 번도 제대로 성사 준비를 한 적이 없어서 차례가 되기 전에 짓지도 않은 죄를 만드는 습관을 갖게 되었다. 이 습관은 훗날 내 삶에 큰 문제가 생겨 **진짜 죄**를 고백할 수밖에 없는 상황에 이르게 될 때까지 계속되었다.

1968년, 예전에 위스키 창고로 사용했던 곳을 개조한 가구 공장에서 많은 아가씨들이 불에 타 죽는 안타까운 장면을 목격하게 되었다. 창문에 설치된 쇠창살 때문에 그 희생자들은 지옥에서 빠져나오지 못하고 말았다. 당시 버스

차장이었던 나는 버스 승강장에서 그 참사를 목격했다.

그날 조퇴하고 집으로 가는 버스에 앉아 화재의 희생자들을 떠올리며 그들에게 얼마나 예기치 못하게 죽음이 닥쳤는가를 생각하게 되었다. 이때 중학생 시절에 친구들과 고해성사를 했던 성당이 눈에 들어왔다.

나는 사제관으로 가서 문을 두드렸다. 문을 열어 준 식복사 아주머니에게 고해성사를 하고 싶다는 말을 했고, 그녀가 본당 신부님께 말씀드려서 고해성사를 할 수 있게 되었다. 그 고해성사로 인해 나는 미국으로 돌아와 6개월 전에 이혼한 전남편과 다시 합치게 되었다. 내 생활 태도를 바꾸고 교회의 가르침에 따라 살려고 애를 썼다. 그러나 결혼 생활은 나아지지 않았다. 곧 다시 남편과 헤어졌고 교회의 안전한 울타리 밖에서 살게 되었다.

재혼을 하고 내게는 세 번째 아이이자 남편의 첫아이인 딸을 낳은 후 다시 기로에 서게 되었다. 나는 친정엄마를 기쁘게 해 드리고 싶은 생각에 딸이 세례를 받을 수 있도록 준비했다. 모든 준비가 끝났고 엄마는 무척 좋아하셨다. 그러나 우리의 계획은 결실을 맺지 못했다. 신부님께서 내가 교회에서 내리는 이전 혼인의 '원인 무효' 판결을 받지 않고 교회 밖에서 결혼했기 때문에 우리 아이에게 세례를 주실 수 없다는 것이었다. 나는 펄펄 뛰며 불같이 화를 냈다. 내 죄로 인해 결백한 아이에게까지 벌을 주는 교회의 **위선적 행위**를 고발하고 싶을 정도로 분노했다. 어느 신문에 이런 내용을 써서 보낼까 생각하며 잠든 아이 옆에 앉아 있을 때 회개라고 설명할 수밖에 없는 경험을 했다. 나 자신이 바닥으로 가라앉고 있음을 볼 수 있었고, 내 삶에 책임을 져야 한다는 것을 알게 되었다. 그러자 내가 다른 사람들에게 얼마나 많은 상처를 주었고, 내 죄의 결과로 그들이 어떤 느낌을 받았을까 하고 뉘우치게 되었다.

나는 지옥에 떨어지고 있었고 그곳이야말로 내가 갈 곳임을 알았다. 내 삶을 함부로 허비한 것, 다른 사람들에게 고통을 준 것, 무엇보다 나의 주님께 고통을 안겨 드린 것을 생각하며 방바닥에 쓰러져 흐느꼈다. 그렇게 무릎을 꿇고 아침까지 있었다.

이런 시간이 지나 죄를 고백하기 위해 교회를 찾았고, 그 후에 첫 결혼의 원인 무효 판결을 받았다.

1976년, 재혼한 남편과 **혼인성사**를 하기 전날에 나는 위스콘신 오나이더의 성 요셉 성당에 계시는 반더루 신부님을 만났다. 사제관 주방에 앉아 지난번 고해성사 후 내 생활을 이야기하는 중에, 나와 함께 계셨던 주님께서 얼마나 많은 것을 참아 주셨는지를 생각하며 울고 또 울었다.

그리고 다시 기로에 섰을 때 내 삶은 끝날 것만 같았다. 재혼한 남편이 다른 여자와 결혼하기로 마음먹었던 것이다. 내게는 네 아이가 있었다. 어떻게 살아갈까? 어떻게 먹고 살까? 아들 중 하나가 반항하며 난폭해졌다. 그러나 그 아이가 열일곱 살에 하늘나라로 떠나기 전에 고해성사를 했다. 그리고 나는 후회와 희망을 안고 고해소로 들어가는 아들을 지켜볼 수 있는 은총을 받았다.

내 삶의 기로에 서서 어려움 가운데 있을 때 주님께서 함께하시는 고해성사의 선물을 영원히 감사할 것이다.

| 플로리다 잭슨빌에서 로즈 메리 댄포스

아빠의 귀향

1979년 여름, 뉴저지 롱비치아일랜드에 계신 부모님을 찾았다. 가톨릭교회의 변화에 대해 이야기를 나누는 중에 아버지께서 고해성사의 형식과 기도문이 예전과 같은지를 물으셨다.

아버지는 아주 오랫동안 고해성사를 하지 않았다. 우리는 고해성사의 각 단계에 대해 이야기를 나누었다. 양심 성찰과 통회를 하고 고해소에 들어간다, 고해성사를 본 지 얼마나 되었다는 말씀을 드리고 나서 죄를 고백한다, 고해 신부님의 보속과 사죄를 받는다는 내용과 통회의 기도를 알려 드렸다. 아버지께서 편안해지실 때까지 아버지와 나는 여러 번 통회의 기도를 했다.

그날 오후 아버지는 성당에 잠시 다녀오겠다고 하셨다. "같이 가 드릴까요?" 하고 물었지만 아버지는 괜찮다고 하셨다. 한 시간쯤 지나서 아버지는 만면에 웃음을 띠고 들어오시면서 이제 마음이 놓인다고 말씀하셨다.

"그 훌륭한 사제가 어떻게 했는지 아니? 내가 고백을 끝내고 나오니까 신부님도 고해소에서 나오시더니 양팔로 나를 감싸며 따뜻하게 안아 주셨단다."

다음 날 영성체를 하신 아버지의 얼굴은 기쁨으로 빛났다.

| 노스캐롤라이나 캐롤라이나 쇼어에서 재클린 D. 헨리

3천4백만 달러를 잃고

1998년, 나는 미시건주에서 제일 많은 돈을 잃은 사람이었다. 사랑하는 어머니께서 3천4백만 달러에 당첨된 내 복권을 불태워 버렸기 때문이다. 나는 열여섯 살 때부터 같은 번호의 복권을 계속 샀는데, 복권이 당첨되었다는 사실은 라디오에서 그 번호의 복권을 찾고 있다는 방송을 듣고 알았다. 바로 엄마에게 전화해서 옛날 복권을 태우지 말라고 했다.

"내가 당첨됐어!"

그러나 이미 때는 늦었다. 그 복권은 2주 전에 재가 되고 말았던 것이다. 그날 늦게 동생 앤을 자동차로 데리러 갔던 일을 기억한다. 동생이 차에 탔을 때 나는 아주 심각한 목소리로 말했다.

"엄마는 돌아가셨다."

동생의 얼굴에 당황스러움이 번지며 무슨 말이냐고 물었다. 엄마가 3천4백만 달러에 당첨된 내 복권을 태워 버려서 엄마를 죽여야 할 것 같다고 말했다! 물론 농담이었지만 동생은 그때의 내 모습이 정말 무서웠다고 했다.

물론 심각한 정도는 아니었지만 **순간적으로** 엄마에게 미친 듯이 화를 낸 것은 인정한다. 그렇지만 생명을 주신 분께 어떻게 그럴 수 있겠는가? 엄마는 강하고 인정이 많은 사람이었다. 아이를 열 명이나 낳았을 뿐만 아니라 심각한 소아마비를 앓고도 살아남으셨다. 사랑은 보답을 받기 마련이다. 엄마에게 도저히 화를 낼 수는 없었다.

그래도 여러 가지 광범위한 자선 사업을 펼칠 기회를 잃었다는 것에 대한 분노는 내게 고해성사를 하게 했다. 더욱 중요한 것은 내가 주님과의 관계를 치유하는 데 고해성사가 도움이 되었다는 것이다. 돈을 모으도록 허락하시지 않는 주님께 나는 화가 나 있었다. 지원하고 싶은 자선 사업들이 참 많았는데 필요한 돈은 허락되지 않았던 것이다. '주님은 내게 왜 이러시는 걸까?'

고해성사를 하면서 나의 영적 지도자는 주님께서 내게 돈을 허락하시지 않는 데에는 이유가 있다는 사실을 상기시켜 주었다. 3천4백만 달러는 내 것이 아니었다. 그 돈이 나를 주님의 왕국 가까이로 데려가지는 않는다. 처음엔 믿어지지 않아 힘들었지만 차츰 주님의 계획을 이해할 수 있게 되었다.

복권을 잃었다는 소식이 가족들 사이에 알려지자 조 삼촌이 전화해서 나를 위로한다며 하신 말씀은, 콜로라도에 사는 어떤 남자는 네 번이나 복권에 당첨되었으니 당첨될 때까지 다시 복권을 사라는 것이었다. 이 말에 솔깃해서 복권을 계속 샀고 많은 돈을 써 버렸다. 또한 카지노에 가서 3천4백만 달러가 내 것이 될 수 없다는 것을 알면서도 그걸 찾아야겠다는 생각에 도박에 몰두했.

이런 상황에서 고해성사는 내게 그 어느 때보다 중요했다. 한번은 카지노에서 한 시간 만에 5백 달러를 잃었다고 고백하자 신부님은 그만큼의 돈을 자선 단체에 기부하라는 보속을 주셨다. 여러 자선 단체를 찾아보고 좋은 곳에 기부하느라 6개월이 지나서야 그 보속을 이행할 수 있었다. 그 다음에 도박 문제를 고백했을 때는 사순 시기에 카지노에 가지 말라는 보속을 받았다. 하지만 나는 영적 지도 신부님이신 본당의 빌 애시보프 신부님께 생일에 친구가 카지노에 나를 데려가고 싶다고 해서 보속을 이행할 수 없다고 말씀드렸다. 그러자 신부님은 차분하고도 따뜻한 어조로 친구의 제안을 거절하라고 말씀하셨다. 그래서 사순 기간 동안 카지노에 가지 않았다.

3년 넘게 도박으로 지은 죄를 고백하다가 1999년 11월 12일, 드디어 더 이상의 시간과 에너지와 돈을 복권에 낭비하지 않겠다는 결심을 했고 카지노 출입도 하지 않기로 했다. 그해 추수감사절에 또 한 번 가기는 했지만….

고해성사로 도박을 끊을 수 있게 되어 진정으로 감사한다. 아직도 이따금 생각날 때가 있기는 하다. 얼마 전에 메가밀리언 복권의 총 당첨금이 3억5천만 달러까지 올라갔을 때, 저 정도의 돈이라면 좋은 일에 얼마든지 쓸 수 있을 거라는 생각을 했다. 엄마에게 복권 몇 장을 사시라고 권하기조차 했다.

복권 당첨금이 8천만 달러였을 때는 친구 몇 명에게 당첨될 수 있다면서 일련의 번호를 가르쳐 주기도 했다. 그러나 그 주일 미사에서 빌 신부님은 중독에 관한 강론을 하셨고, 나는 미사 후 잘못을 고백했다. 그러자 마음이 가벼워지며 평화가 찾아왔다. 고해성사는 지독하게 나쁜 내 습관에 "안 돼."라고 말할 수 있도록 도와준다.

고해성사는 가톨릭 신앙에 숨겨진 보물 가운데 하나다. 이 아름다운 성사는 내가 살아오면서 겪은 많은 어려움을 극복하는 데 크게 도움이 되었다. 어렸을 때는 고해소에 들어가서 신부님께 죄를 말씀드린다는 것이 참으로 떨리는 일이었다. 그러나 신앙이 점점 자라면서 이 성사가 내 삶을 얼마나 변화시키고 있는가를 알게 되었다.

나는 완전하지 않다. 고해성사가 겸손함을 배워 가는 시간이라는 것을 안다. 여러분은 큰 소리로 자신의 죄를 신부님께 말씀드려야 한다. 물론 쉬운 일은 아니지만 신앙의 여정을 계속하기 위해 받는 은총은 가치 있는 일이다. 고해성사가 우리 삶에 큰 도약을 이룰 수 있게 해 준다는 산 증인이 바로 나라고 할 수 있다. 고해성사로 계속 은총을 받아 우리가 받을 마지막 상, 즉 천국에 다다를 수 있기를 희망한다.

| 미시건 오왓소에서 리자 A. 스텍슐티

제 생각엔…

죄에 대해 묻는다는 것은 참 좋은 일이라고 생각합니다. 큰 죄를 범했다면 그 어떤 것이라도 고해성사를 보아야 합니다. 그러나 큰 죄를 범한 것이 아니라면, 지금 자신을 괴롭히고 있는 문제를 신부님께 말씀드려 보세요. 이것은 제가 펜실베이니아의 피츠버그와 그린버그에서 경험했던 일입니다. 그분들은 그 원인을 찾아내기 위해 심리학을 이용하는 것 같습니다. 한 가지 예를 들면, 저는 매일 기도하면서도 몰두하지 못하는 것이 문제였습니다. 하루 종일 예수님께 이런저런 말씀을 드리지만 가만히 앉아서 오롯이 기도하는 시간을 갖지 못하는 것이 문제였죠.

그랬더니 신부님께서 언제 잠자리에 들고 언제 일어나는지, 일상이 얼마나 바쁜지, 얼마나 많은 스트레스를 받고 있는지를 물으셨습니다. 그리고 그런 것들을 조절할 수 있는 방법을 알려 주려고 애를 쓰셨죠.

잠을 더 많이 자고 즐기는 시간을 더 많이 갖는다면 그렇게까지 피곤하지 않을 것이고 기도할 시간을 더 많이 갖게 되고 잠을 자지 않으려고 애쓰는 시간도 없을 거라고 하셨습니다. 우리를 괴롭히는 것이 바로 우리가 잘못이나 죄를 짓는 숨은 이유랍니다.

| 샌프란시스코에서 크리스 S. 주랍스키

기쁨과 위안

내 인생에서 최초로 중대한 도덕적 위기를 맞게 된 사건은 아홉 살 때 일어났다.

집을 짓는 공사 현장의 폐자재 더미 속에서 내가 만드는 모자이크 테이블 표면을 장식하는 데 필요한 타일을 몇 주에 걸쳐 모으고 있었다. 그러던 어느 날 건설 회사의 경비원 한 사람이 다가와 뭘 하고 있는지 물었다. 충분히 있을 수 있는 일이었지만, 어른이 된 지금에 와서 생각해 보면 그 젊은 경비원은 소아애호증 환자였던 것이 분명하다. 처음에는 내게 몇 마디 말을 걸더니 이어서 다른 이야기로 화제를 돌렸다. 나중에는 외진 곳이었던 공사장의 다 지어진 집으로 나를 데려가 몇 차례 성추행을 저질렀다.

다른 아이들과 마찬가지로 나도 부모님께 아무 말도 할 수 없었다. 그가 자기와 나 사이의 일을 누구에게라도 알린다면 부모님께 무서운 일이 벌어질 것이라고 협박했기 때문이다. 하지만 그때의 일은 너무나 부끄러웠고 무척 견디기 힘들었다.

그 다음 해, 프란치스코수도회가 샌타바버라 지역의 성인들에게 영적인 도움을 주며 운영하는 가톨릭 학교에서 5학년을 시작하게 되었다. 어느 날 수녀님께서 십계명을 가르쳐 주신 후에 나는 지난 일에 대해 혼란스러웠고 문제의식을 느끼게 되었다. 내가 중대한 간음죄를 저지른 것이 분명하다고 생각했다. 그 경비원이 자기가 결혼한 남자라고 말했고 아내와 어린 딸의 사진까지 내게 보여 주었던 것이다.

당시 학생들은 2주에 한 번, 가까운 성당에 가서 고해성사를 보았다. 대죄를 범했다는 생각에 두려워하던 나는 다음 고해성사에서 신부님께 간음죄에 대한 상세한 내용을 물었다. 수도회 신부님은 단도직입적인 내 질문에 무척 놀라셨던 것 같다. 잠시 침묵이 흐른 뒤 신부님은 내 나이를 물으셨고 열 살이라고 대답하자, 왜 그런 것을 물어보냐고 되물으셨다. 내가 그 죄를 범한 것 같다고 대답했다.

신부님은 다시 좀 더 자세히 말해 보라고 하셨다. 나는 결혼한 남자와 아주 부끄러운 짓을 했고, 수녀님이 말씀하신 여섯 번째 계명을 듣고 나서 내가 그 계명을 어긴 것이라 생각하게 되었으며, 그렇다면 대죄를 범한 것이 분명하다는 말씀을 드렸다.

그러자 신부님은 내게 깊은 관심을 보이시고 몇 가지 더 자세히 물어보신 다음 그 경비원에게 분개했다. 그리고 열 살 된 어린아이인 내가 그런 일로 대죄를 범했다고 할 수는 없으며, 내게 그런 짓을 한 경비원이 대죄를 범한 것이라고 말씀하셨다.

신부님은 부모님께 말씀드렸냐고 물으시고 그렇지 않다는 대답에 말씀드리라고 권하신 다음, 지난 일에 나는 아무 잘못도 없이 결백하다는 말씀으로 나를 안심시키고 평화를 찾게 해 주셨다. 나머지 고백을 들으시고는 보속으로 성모송을 세 번 외우라 하시고 죄를 사해 주셨다.

그날 내가 느낀 기쁨과 위안은 말로 다 표현할 수가 없다. 그 프란치스코수도회 신부님의 지혜롭고 배려 깊은 열성과 확신의 말씀, 그리고 고해성사의 은총은 내게 아주 깊은 영향을 주었으며 치유가 이루어지는 데 많은 작용을 했다. 나는 깊이 감사하는 삶을 살고 있다.

| 캘리포니아 로스앤젤레스에서 익명의 신자

나 기억해?

2006년 1월 17일이었다. 텍사스의 작은 도시에 있는 성당에서 막 신부님을 만나고 나오는 길이었다. 신부님은 지난 45년 동안의 죄를 고백하는 나의 첫 고백을 친절하게 잘 이끌어 주셨다.

"혹시 다른 사람에게 악의를 품은 적이 있습니까? 그 사람에게 당한 일로 그가 잘못되기를 바란 적이 있습니까?"

"네. 두 사람이 있습니다. 한 사람은 죽었지만 다른 한 사람은 아직 살아 있습니다. 그 사람을 용서하지 못하는 저를 구원해 주시기를 주님께 청하고 있지만 아직 그를 용서하지 못하고 있습니다."

나의 첫 고백은 이러했다. 신부님이 내 죄를 사해 주신다는 말씀을 들은 후 나는 사제관을 나와 집으로 가는 길에 슈퍼마켓에 들렀다. 주차장을 가로질러 걷고 있을 때 누군가 나를 불렀다.

"린! 나 기억해?"

나는 그 남자의 얼굴을 잠시 바라보았다. 약간 살이 쪄 보였지만 누군지 알아볼 수 있었다. 8년 만에 만나는 사람이었다. 그는 방금 전 내가 신부님께 용서할 수 없는 사람이라고 말했던 바로 그 남자였다.

10년간 그와 같은 회사에서 일했다. 그 세월 동안 그의 고약한 행동을 참아야 했고, 나와 다른 사람에 대한 악의적인 소문을 퍼뜨리곤 하는 그를 고소해야겠다고 생각한 적도 있었지만 충분한 증거가 없어 단념했다.

가족과 회사에 대한 이야기를 나누면서 그는 정답게 웃었다. 그와 헤어져 돌아올 때쯤 그에게 느꼈던 적의가 완전히 사라진 것을 느꼈다. 주님께서 내가 그를 만나 치유되도록 그렇게 빨리 내 마음을 움직여 주셨던 것이다!

오래 전 열네 살이었던 내 딸을 성추행한 남자를 나는 아직 진심으로 용서하지 못한다. 지금 마흔네 살이 된 딸에게 그 이야기를 하자 딸은 그 남자를 용서했다고 했다. 오히려 불쌍하게 생각하며 마음으로 그를 용서했다는 것이었다. 그는 외롭고 불쌍하게 죽었다. 결국은 나도 그를 용서할 수 있게 되었다.

주님께서는 고해성사를 통해 내 무거운 짐을 가볍게 해 주셨다. 평화와 기쁨과 치유를 주셨으며 더 밝은 인생관을 갖게 해 주셨다. 그 다음 주일에 영성체를 받아 모신 나는 기쁨의 눈물을 흘렸다.

| 텍사스 빅토리아에서 폴린 L. 블루다우

어른이 되어 처음 본 고해성사

여덟 살에 첫 고백을 했고, 30년 후에 두 번째 고백을 했다. 두 번째 고해성사를 하게 된 계기는 이랬다. 그 당시 파밀리아라고 부르는 렉

뉴 크리스티(Regnum Christi, 그리스도의 나라)의 평신도 사도직 프로그램을 막 시작하고 있었다. 그 회합에서 레리 리처드 신부님의 고해성사 테이프에 대해 알게 되었고, 그 테이프를 듣고 나서 마치 벼락에 맞은 듯한 충격을 받았다. 나는 고해성사를 해야만 했다. 시누이에게 물었다.
"30년 동안의 죄를 어떻게 고백하지?"
"도시락 싸 가지고 가야지."
시간을 냈는데 그날은 공교롭게도 9.11 테러 이후 첫 토요일이었다. 내 차례가 되었을 때 나는 제정신이 아니었다. 고해소에 들어가서 신부님께 어른이 되어 처음 보는 고해성사라고 말씀드리자, 처음에는 깜짝 놀라시더니 곧 무척 친절하고 다정하게 대해 주셨다. 신부님은 여러 가지 질문을 하셨고 나는 참으로 부끄러운 죄를 "네.", "아니오."라는 대답으로 고백할 수 있었다.
고해를 마치자 신부님께서 주의를 주셨다.
"세 번째 고해성사는 너무 미루지 마세요."

| 오하이오 콜럼버스에서 지니 C. 맥과이어

우리는 주님의 일을 하고 있습니다 | 메리 베스 보나치

고해성사를 왜 망설이십니까?

고요함 안에서 고해성사를 통해 더욱 깊어지고 보다 충만한 내면의 평화가 여러분에게 들어오기를 빕니다. … 나는 여기 계신 많은 사제들이 여러분에게 도움이 되기를 희망합니다. 고해성사를 거행하는 사제들은 그리스도의 사랑이 넘치는 용서를 여러분에게 전하는 특사입니다.

| 교황 요한 바오로 2세, 1993년 덴버

열심히 기도했는데도 아무것도 느낄 수 없었던 적이 있나요? 바보 같은 질문이죠? 지속적인 기도 생활을 하는 사람들이 주님을 느끼지 못하는 기분이 들 때가 있습니다. 그것은 정상입니다. 하느님과의 관계는 느낌이나 기분 같은 감정과는 상관이 없습니다. 다른 관계도 그렇습니다. 감정은 들쭉날쭉합니다. 하루를 어떻게 보냈는지, 지금 기분이 어떤지, 아침에 뭘 먹었는지, 여러 가지 호르몬의 분비 상태 등에 따라 다른 것이 감정입니다. 하느님은 우리가 스위치를 넣고 접속하면 자동으로 평화를 얻게 되는 감정 물류 센터가 아닙니다.

그렇지만 주님의 현존을 느끼지 못하는 공허감이 **계속**될 때가 있습니다. 이유가 무엇일까요? 하느님과 연결되어 있다고 느껴지지 않을 때, 하느님 주변을 맴돌며 알 수 없는 불편함을 느낄 때, 마음의 평화를 갈망하는데도 왠지 요원하게 느껴질 때가 있습니다. 왜 그럴까요? 이럴 때 우리는 자신을 들여다봐야 합니다.
 '내 삶의 중심에 하느님이 계시도록 노력했는가? 하느님과의 관계를 굳건히 유지하려고 애썼는가? 십자가를 지지 않은 채 온갖 영적 이로움(내면의 평화 등)을 얻으려 하지는 않았는가? 아무 일도 없을 때는 주님의 뜻보다 자신의 의지에 따라 생활하다가 괴로울 때나 잠시 평화를 맛보고 싶을 때처럼 필요할 때만 하느님을 찾지는 않았는가?'
여러분에게 아직 회개하지 않은 죄는 없습니까?

관계가 끊어지면 평화도 사라집니다.
함께 있는 것이 편안하지 않습니다.
죄 중에 있을 때 하느님의 현존 앞에서 우리는 그렇게 됩니다.

이를 인간관계에 놓고 생각해 봅시다.
여러분이 어떤 사람과 데이트를 합니다. 처음에는 함께 있는 것이 무척 행복하고 즐겁습니다. 손을 잡고 함께 걷는 것이 너무나 좋습니다. 그러던 그 사람이 당신의 마음에 아픈 상처를 주는 행동을 했습니다. 그것도 여러 번. 그런데 사과도 하지 않고 그런 행동을 고치려는 의지도 없습니다. 그러더니 어느 날 갑자기 전처럼 함께 걷고 싶다고 하는 겁니다. 전과 같은 평화와 행복을 맛볼 수 있을까요? 천만에요. 그럴 수가 없지요. 관계에 손상이 온 것입니다. 이제 함께 있어도 전 같지 않습니다. 평화는 마술이 아닙니다. 평화는 관계에서 나오는 것입니다. 관계가 끊어지면 평화도 사라집니다. 함께 있어도 편안하지 않습니다.
우리가 죄를 범했을 때 하느님의 현존과의 관계도 이런 것입니다. 그분 곁에 있어도 편안하지 않습니다. 그분을 가까이 바라보고 싶지도 않고 그분께서 너무 가까이 오시는 것도 우리는 원치 않습니다. 비록 이것이 문제라고 의식하지 못할지라도 문제는 여전히 있습니다.

우리가 곁에 있는 사람들을 냉정하게 함부로 대하거나 하느님께서 정하신 성별의 규범을 무시하는 등의 행동으로 하느님의 마음을 계속 아프게 한다면, 우리는 하느님과 함께 있는 것에 평화를 느낄 수 없습니다. 관계는 그렇게 계속될 수 없습니다. 어떻게 하면 다시 올바르게 되돌릴 수 있을까요? 앞의 예에서라면 어떻게 할 수 있을까요? 상처를 준 사람이 솔직하게 말하는 겁니다.

"마음 상하게 해서 미안해. 사랑해. 다시는 그런 일이 없도록 노력할게. 약속해."

그러면 당신은 지난 일을 잊고 서로의 신뢰를 다시 찾을 수 있을 것이고, 다시 한 번 그 아름답고 평화로운 마음으로 손을 잡고 걸을 수 있을 것입니다.

하느님과도 마찬가지입니다. 그분께서 주시는 평화, 세상이 줄 수 없는 평화를 원한다면 우리는 그분과 함께 걸어야 합니다, 언제라도. 그렇게 걸으면서 우리는 십자가도 져야 합니다. 죄를 피하기는 쉽지 않습니다. 그러나 그것은 약속의 일부이며 그분과의 관계의 일부입니다.

인간관계에서 누군가에게 상처를 주고 우정에 금이 가게 하는 일은 그 정도와 형태가 다릅니다. 누군가에게 말을 함부로 할 수도 있고, 그 사람의 가족을 죽이는 일이 있을 수도 있습니다. 후자의 경우라면 전자보다 우정에 대한 훨씬 더 큰 파괴 행위일 것입니다. 어쩌면 우정이 영원히 단절될지도 모릅니다.

하느님과의 관계도 마찬가지입니다. 보다 작은 죄와 더 심각한 죄가 있습니다. 작은 죄는 소죄라 합니다. 사람들이 자주 범하는 죄는 대부분 소죄입니다. 욕설이나 '가벼운 거짓말' 등이 그것입니다. 소죄는 하느님과의 관계를 조금씩 무너뜨리지만 그 자체로 단절을 불러오지는 않습니다.

한편 어떤 죄들은 중대한 것들입니다. 강도, 살인, 어떤 사람의 삶이나 명예를 파괴하거나 더럽히는 행위, 혼외 섹스 등은 하느님의 마음을 무척 아프게 하는 것입니다(섹스가? 정말입니까? 네, 곧 알게 될 겁니다). 이런 큰 죄들은 대죄라고 합니다. 대죄가 어떤 죄인지 알고 자유 의지로 그 죄를 범한다면 하느님과의 관계는 끊어집니다. 대죄는 그분과의 관계를 단절하는 것입니다. 그런 죄 중에 갑자기 죽게 된다면 그것은 정말 무서운 일입니다. 당신은 하느님을 떠나 있고, 그러면서도 하느님께서 당신을 잘라 내기를 원치는 않을 테니 당신의 영원한 생명은 위태로운 지경에 빠지게 됩니다.

우리는 삶에서 모든 대죄를 뿌리 뽑아야 합니다. 그러나 소죄도 역시 없애야 합니다. 어떤 사람의 좋은 친구가 되려고 할 때 그이의 가족을 죽이지 않은 것만으로 좋은 친구라고 할 수 있을까요? 아니죠. 크고 작은 관심과 배려로 끊임없이 그에게 잘해 주려고 애를 써야 합니다. 그 사람의 엄마를 죽게 했다면 우정은 사라질 것입니다. 하지만 그 사람에게 계속 거짓말을 하는 것도 결국 마찬가지의 결과가 될 것입니다.

그리스도께서 주시는 평화를 원한다면 우리는 대죄와 소죄 모두를 뿌리 뽑아야 합니다. 다른 길은 없습니다. 때로 어렵기도 합니다. 죄가 될 행위라면 결심을 하고 그만두어야 합니다. 우리는 하느님의 계명을 존중해야 합니다. 그분의 사랑의 본보기가 되어야 합니다. 때로 우리 모두 그렇게 살지 못하지만, 그렇게 살아가지 않으면 우리는 잘못에서 헤어나지 못합니다. 우리는 그것에 맞서고, 회개하고 다시 앞으로 나아가야 합니다. 혹시 누가 이렇게 말하는 것을 들은 적이 있습니까?

"난 너무 나쁜 짓을 했어. 하느님도 용서하지 않으실 거야."

친구의 가족 되는 사람을 죽였다면 아무리 진심으로 사과하고 빌어도 아마 우정은 결코 다시 돌아오지 않을 것입니다. 하지만 하느님께서는 **언제나** 용서하십니다. 우리가 어떤 행위를 하고 아무리 심한 짓을 해도 우리가 그분께 "용서해 주세요. 없었던 일이었으면 얼마나 좋을까요. 다시는 그런 일이 없도록 정말 열심히 노력하겠습니다."라고 말씀드리면 그분께서는 우리를 다시 받아 주십니다.

저는 많은 사람들이 요점을 놓치고 있는 것 같아 이 말씀을 다시 한 번 드리고 싶습니다.

"우리가 어떤 행동을 했더라도 진심으로 용서를 빌면 그분께서는 언제나 용서해 주십니다."

우리는 그분께 가서 용서를 청하기만 하면 됩니다. '그분께 가는 것'은 다른 사람에게 가는 것보다 좀 더 힘듭니다. 그분을 볼 수 없기 때문입니다. 친구들이라면 마주 보고 이야기를 듣고 함께 해결해 나갈 수 있습니다. 친구들은 우리가 사과하는 말을 듣고 우리는 그 친구가 용서한다는 말을 듣습니다. 그러면 치유에 도움이 됩니다.

하느님께서는 우리에게 그런 것이 필요하다는 것을 아시고 방법을 마련해 주셨습니다. 고해성사가 그것입니다. 우리는 실제로 어느 곳에 가서 그리스도의 부르심과 임명을 받은 누군가의 목소리를 듣습니다. 그는 우리 죄를 용서한다고 말해 줍니다. 고해성사는 하느님과의 관계를 회복해 줍니다. 우리가 소죄를 범했다면 고해성사는 손상된 곳을 고쳐 줍니다. 우리가 대죄를 범했다면 고해성사는 단절된 관계를 다시 이어 줍니다. 고해성사는 그리스도께서 우리 죄를 용서하시려고 우리를 위해 마련하신 시스템입니다. 우리에게 주신 것입니다. 그분께서는 제자들에게 이렇게 말씀하셨습니다.

"너희가 누구의 죄든지 용서해 주면 그가 용서를 받을 것이고, 그대로 두면 그대로 남아 있을 것이다." (요한 20,23)

다른 말로 하자면 사제들은 죄를 용서하는 그리스도의 거룩한 권한을 가졌고, 고해성사에서 그 권한을 행하는 것입니다.

그리스도께서는 우리에게 고해성사를 주시면서 우리에게 왜 고해성사가 필요한지를 잘 알고 계셨습니다. 다른 성사들과 마찬가지로 고해성사는 물리적 행위입니다. 그분께서는 우리가 갈 장소를 주셔서 우리는 죄를 그곳에 '두고' 나올 수 있고 그곳에서 은총을 받을 수 있습니다. 그분께서는 우리가 의문이 있을 때, 우리가 누군지 알지 못해도, 우리에게 말해 줄 사람을 그곳에 있게 하셨습니다. 하느님께서는 인간인 우리가 물리적 수준에서 움직인다는 것을 알고 계십니다. 용서만큼이나 중요한 것으로 그분께서는 실체적 수준에서 고해성사가 이루어지기를 원하셨습니다. 우리가 그곳에서 용서를 빌고 용서한다는 말씀을 듣기를 원하셨던 것입니다. 고해성사를 피하고 싶어 한다는 것을 잘 알고 있습니다. 신부님이 여러분의 목소리를 듣고 누군지 아실까 봐 두려워합니다. 그래서 마음의 준비가 필요하고 좀 걱정이 되기도 합니다. 그냥 홀로 어둠 속에서 "하느님, 용서해 주세요."라고 속삭이면 훨씬 쉬울 텐데.

그러나 고해성사를 두려워하지 마십시오. 자주 규칙적으로 고해소로 가십시오. 신부님과 반드시 얼굴을 마주해야 하는 것도 아닙니다. 신부님이 여러분이 누군지 아셔야 하는 것도 아닙니다. 그렇지만 얼굴을 마주하는 것도 겁낼 필요가 없습니다. 신부님이 충격을 받으실까 봐 걱정할 필요도 없습니다. 신부님은 그런 고해를 언제나 듣고 계시니까요. 신부님은 우리 모두가 인간이라는 것을 누구보다 잘 아십니다. 그리고 아무에게도 말씀하시지 않습니다. 그럴 수도 없습니다. 죽음의 위협 앞에서도 신부님은 고해소에서 들은 것을 발설하실 수 없습니다. 여러분의 비밀은 신부님과 함께 안전하게 지켜집니다. 하지만 신부님께서는 여러분에게 이렇게 말씀하실 것입니다.

"나는 당신의 죄를 사합니다."
그리스도께서 그것이 진실이라고 말씀하셨으니 여러분도 아실 것입니다. 그 신부님은 그냥 그런 사람이 아닙니다. 그분은 그리스도를 위해 행동하고 계신 것입니다. 그분은 '그리스도의 사랑이 넘치는 용서를 전하는 대사'이십니다. 그러면 관계는 다시 돌아옵니다. 평화가 다시 돌아올 것입니다. 여러분과 하느님 사이의 모든 것이 올바르게 될 것입니다. 이보다 더 좋은 것은 없습니다.

[메리 베스 보나치는 「우리는 주님의 일을 하고 있습니다We're On A Mission From God」(이냐시오 출판사)의 저자로, 많은 강연을 하면서 신문, 잡지 등에 고정 칼럼을 쓰고 있다. 요한 바오로 2세 연구소에서 혼인과 가정 신학 석사 학위를 받았다.]

주님께서는 저를 포기하지 않으셨습니다

나는 유아 영세자로 가톨릭 학교에 다녔다. 그러나 점차 주님으로부터 멀어지는 생활을 했다. 카페테리아 신자가 되어 내 신앙에 필요한 것만 골라 신앙생활을 했던 것이다. 미사 참례는 했지만 영성체는 하지 않았다. 교회 밖에서 결혼했기 때문이다. 그리고 끔찍한 과정을 거쳐 이혼했고 고통 속에서 주님께 지독한 분노를 품게 되었다. 그러나 주님께서는 나를 포기하지 않으셨다.

그러고 나서 마이클을 알게 되었다. 마이클에게도 과거에 범한 죄가 있었지만 삶에서 평화를 찾고 있었다. 주말에 영화를 보러 가는 도중에 그가 고해성사를 하고 싶은데 성당에 잠깐 들러도 괜찮겠는지 물었다. 나는 괜찮다고 했고 그가 고해성사를 보는 동안 성당 안에 앉아서 기다렸다. 고해성사를 볼 마음은 전혀 없었지만 마이클이 어떻게 자신의 죄를 고백할 용기가 났는지 궁금해서 물어 보았다. 그는 용기와 상관없이 옳은 일임을 안다는 것이 중요하다고 말했다. 그리고 고해성사가 그의 삶을 완전히 바꾸어 놓았다는 말을 했다.

그 다음 주, 일을 하다가 마침내 수화기를 들고 본당에 전화를 걸어 고해성사 날짜를 잡았다. 전화를 받은 잘 모르는 신부님께서 그날 저녁에 시간이 된다고 하셨다. 다소 빨리 날짜를 잡게 되어 좀 당황했다.

약속 시간에 맞춰 성당에 도착해 사제관에서 신부님을 만났다. 함께 집무실로 들어가자 신부님은 마지막 고해성사를 언제 했는지 물으셨다. 18년 전이라고 대답했을 때 신부님은 전혀 놀라시거나 잘못했다고 비난하시는 기색이 없었다. 내가 어떤 이유로 주님을 멀리하고 살았는지를 고백했고 신부님은 내가 돌아와서 참으로 기쁘다는 표정을 보이셨다. 성경의 '되찾은 아들의 비유' 이야기를 해 주시고, 하느님께서는 내가 돌아왔기 때문에 한없는 사랑과 기쁨에 가득 차서 두 팔을 벌리고 벌판을 달려오는 아버지와 같은 분이라고 말씀하셨다. 또한 천국에서는 천사들이 파티를 열고 있으며 그 축하 파티는 누군가 하느님의 품으로 돌아왔을 때 여는 아주 성대한 것이라고 말씀하셨다.

그날 오후, 성당을 나와 차를 몰고 돌아올 때 흐르는 눈물을 감출 수가 없었다. 아주 무거운 짐을 내려놓은 것만 같았다. 이제는 정기적으로 고해소 앞에 줄을 선다. 내 안의 이 믿기지 않는 평화가 고해성사 덕분이란 것을 깨달았기 때문이다.

| 일리노이 거니에서 캐서린 A. 넬슨

많은 시간

피터 하세 신부님은 아일랜드 출신으로 은퇴 후에 교구를 여행하시며 영적인 위안을 구하는 신자들과 환자들을 위해 봉성체를 거행하시고 고해성사를 주신다. 교구의 여러 기도 모임에 참석하시고 그들과 함께 묵주기도도 하신다. 신앙생활의 어려움을 겪는 사람들에게 용기를 주시고 믿음을 잃거나 그리스도에 대해 들어 본 적이 없는 사람들에게 복음을 전하신다. 비록 자주 기억력이 떨어지지만 성령께서 항상 적재적소에 그분이 있도록 하시는 것 같다.

어느 날인가 시내 버거킹에서 이른 저녁 식사를 하며 죄책감에 사로잡힌 적이 있다. 그 이유는 기억나지 않지만 그때 나는 십대였고, 부모님의 법률 사무소가 길 건너에 있었던 것이 기억난다. 아마 부모님과 말다툼을 했거나, 다시 담배를 피웠거나, 아니면 숙제를 끝내지 못한 것에 대해 솔직하지 못했던 것 같기도 하다.

어쨌든 십대들이 흔히 범하는 죄로 양심에 가책을 느끼고 있었다. 내 기억이 정확하다면 그때는 점심시간이 훨씬 지난 시각이어서 한 블록 떨어진 곳에 있던 성당에서 고해성사를 하기에는 늦은 시간이었다. 어떻게 하면 저녁 미사 전에 신부님을 만나 고해성사를 할 수 있을까 고민하면서, 마지막 남은 프렌치 프라이를 먹고 자리에서 일어났을 때 문 밖에서 뭔가 하얀 것이 눈에 들어왔다. 그것은 신부님의 로만 칼라였다. 바깥쪽 인도에 은발의 신사가 중절모에 어울리는 검은색 양복을 입고 있었다.

"하세 신부님!"

문을 열고 소리쳤다.

"피에르."

신부님은 언제나 그렇듯 내 프랑스어 별명으로 나를 부르셨다.

"안 그래도 지금 네 생각을 하고 있었다."

신부님은 잠시 내 표정을 살피시더니 물으셨다.

"무슨 일 있니?"

나는 잠깐 머뭇거렸다. 내가 한 행동이 부끄럽기도 했고 고해성사를 볼 것인지 마음의 결정을 내리지 못했기 때문이다.

"고해성사를 봐야 하는데 신부님을 뵐 시간을 놓쳐 버렸어요."

"내가 신부잖니? 두려워할 것 없다. 나는 젊은이들의 고백을 수없이 들었거든. 지금은 은퇴했으니 시간은 얼마든지 있단다."

나는 안도의 숨을 내쉬었다. 신부님은 고해성사를 볼 수 있는 분위기를 만들어 주셨다.

"자, 가자. 피에르."

신부님은 내 어깨에 팔을 두르고 말씀하셨다.

"저쪽 길 아래 성당이 있다. 우리가 잠시 고해소를 사용해도 몬시뇰께서 뭐라 하지 않으실 거다. 자, 여기 보속에 사용할 묵주가 있다. 어서 죄를 털어 버리고 네 영혼이 주님과 함께 있도록 하자."

| 캐나다 온타리오 수 세인트 마리에서 피트 비어

돌아왔구나!

그분은 얀브렌 신부님이었다. 미국 외교부의 일원이라는 것과 제2차 세계 대전 당시 비밀 요원으로 활약했다는 것이 그분의 약력이었다. 그 신부님이 브리티시 콜롬비아의 빅토리아에 있는 성 안드레아 성당에 오셨을 때는 남동생을 대학까지 공부시키고 어머니를 모시고 살다가 어머니가 돌아가시고, 신학교를 졸업하고 난 다음이었다.

십대였던 나는 열여섯 살이 된 내 또래의 다른 아이들처럼 무모한 짓을 많이 했다. 지금 생각하면 가슴 떨리는 행동을 서슴지 않았고 습관도 마찬가지였다. 죄의식은 결국 나를 고해성사로 몰고 갔다. 당시 우리는 이렇게 표현했다. 내 차례가 가까워지자 긴장되고 땀이 나며 머릿속이 혼란스러운 가운데 마음속에서 이런 소리가 들려왔다.

'넌 이제 죽었어! 어떤 보속을 받게 될지 생각만 해도 끔찍해!'

고해소 살창 너머에서 부드러운 영국식 발음이 들려왔다. 쏟아 내듯 내 잘못을 말씀드리자 **기쁨**이라는 단어가 들려왔다. 고해 신부님의 말씀을 나는 전부 기억한다.

"잘했다! 예수님께서는 네가 돌아온 것을 정말 자랑스러워하신다. 계속 와라! 주님께서 너를 정말 많이 사랑하신다는 걸 잊지 마라. 그리고 계속 기도해라!"

나는 행복에 젖어 고해소를 나왔다. 항상 그렇듯이 고해성사를 보려는 사람들이 길게 줄을 서 있었다. 용기를 북돋아 주는 이 신부님은 모든 신자들에게 사랑받고 있었다.

나는 아직도 악마와 싸우면서 내 잘못된 행위들을 끊으려고 애쓴다. 그리고 계속 신부님께 가서 기쁨을 안고 돌아온다. 신부님은 언제나 이렇게 말씀하신다.

"돌아왔구나! 정말 잘했다! 계속 기도하고 네가 힘들 때 예수님께서 너와 함께 계신다는 걸 잊지 마라."

나를 응원하시고 힘을 주시는 신부님의 목소리를 들으며 나는 변화를 경험했다. 고해성사를 볼 때마다 더 나은 삶을 살아야겠다는 결심을 하게 되었다. 그 후로도 지혜로우신 신부님의 말씀을 들으려고 계속 그분을 찾아갔다.

| 캐나다 브리티시 콜롬비아 사닉턴에서 조안 앤 포그슨

사랑의 보속

17년 전, 가톨릭으로 개종을 결심했을 때 나는 침례교 집사였다. 지역 봉사자로 일하고 있는 나에게 대부분 가톨릭 신자인 동료들이 많은 지원을 아끼지 않았다.

예비신자 교리를 받고 첫 고백을 하게 되었다. 주변 사람들은 나에 대해 잘 알고 있었고, 나의 출신 배경을 알고 계셨던 신부님은 나만큼이나 긴장하셨던 것 같다. 보속으로 성당에서 10분 동안 무릎을 꿇고 나 자신이 얼마나 사랑스러운 존재인가를 묵상하라고 하셨다. 그러면서 고해성사로 긴장되었던 마음이 진정되었고, 이후 고해성사는 그렇게 힘들지 않았다.

| 오스트레일리아 퀸즐랜드 로건 센트럴에서 안드레아 엘렌 벤담

좀 더 열심히 생각해 봐

1955년 미시건 랜싱에 있는 부활 성당의 마리 파두아 수녀님은 우리 2학년 학생들에게 매주 금요일 고해성사를 보게 하셨다. 무엇보다 좋았던 점은 본당 설립자이신 존 가브리엘 신부님이 언제나 우리에게 고해성사를 베풀어 주신다는 것이었다. 신부님은 학교 주변의 모든 신자 가족들을 수시로 방문하셨기에 학생들에 대해 속속들이 알고 계셨다.

어느 날 나는 고해소에 들어가기는 했지만 지난 번 고해성사 이후 아무 죄도 지은 것 같지 않았다. 그래서 가브리엘 신부님이 죄를 고백하라고 하셨을 때 일주일 동안 착하게 지냈기 때문에 고백할 죄가 없다고 말씀드렸다. 그러자 신부님은 칸막이 쪽에 얼굴을 가까이 대시며 이렇게 말씀하셨다.

"수지 진, 내가 너를 잘 아는데, 네 말은 믿어지지 않는구나. 그러니 좀 더 열심히 생각해 봐."

나는 신부님과 마리 파두아 수녀님이 화를 내시게 할 수는 없다는 생각에, 남동생에게 잘못했다고 말씀드렸다.

가브리엘 신부님은 기도하라는 보속을 주셨고 자리로 돌아온 나는 신부님께 거짓말을 한 죄로 두 배의 보속을 했다. 고해성사가 얼마나 좋은 것인가를 생각하면서, 내가 제일 좋아했던 그 신부님이 나를 너무나 잘 알고 계셔서 내가 일주일 동안 아무 죄도 범하지 않았다는 것을 믿지 못하셨던 그 시절을 돌이켜 본다. 그분은 내가 동생에게 잘못한 일이 있을 거라는 것을 아셨다.

| 미시건 랜싱의 수잔 케이 뉴베리

돌아오고 싶어요

| 주님께서는 지혜로운 분이므로 마땅한 때에 놀라운 방법으로 우리 하나하나를 당신의 도구로 쓰신다는 것을 진심으로 믿는다.

내 여동생은 결혼하고 나서 정말 힘들게 살았다. 동생의 삶에 빛이 되는 아들 하나를 낳았지만 그 다음에 낳은 아들은 태어나자마자 세상을 떠났다. 동생은 강한 내면을 지녔고 열심히 살았다. 그러나 항상 나를 잊지 않았고 내 여섯 **아**

이들에게도 변함없이 잘해 주었다.

세월이 흘렀고 아이들이 모두 성장한 다음, 동생과 우리 부부는 은퇴를 준비하며 북부로 옮겨 살게 되었다. 나는 오랜 시간 신앙생활을 계속하며 미사에 빠지지 않고 참례하는 은총을 입었다. 그러나 동생은 여러 해 동안 고해성사를 보지 않고 지냈다. 동생은 우리 부부를 본당까지 태워다 주었고 미사에 참례하기는 했지만 영성체를 하지는 않았다. 그 때문에 동생이 얼마나 힘들고 슬퍼하는지 알 수 있었지만 동생을 위해 기도하는 것 외에 다른 방도가 없었다.

몇 년 전, 부활 대축일 다음 월요일이었다. 동생이 매사추세츠 스톡브리지에 있는 하느님의 자비 묘지에 다녀오자고 했다. 우리는 먼저 성당을 순례하고 묘지로 가서 함께 좋은 날씨를 즐기며 천천히 걷고 있었다. 그때 아주 거대한 트레일러가 눈에 띄었고 옆면에 대문짝만 한 검은 글자가 쓰여 있었다.

'고해!'

동생은 그것을 한참 바라보더니 말했다.

"아무래도 고해성사를 봐야겠어. 근데 어떻게 말해야 할지 모르겠어."

그때 하느님께서 내 귀에 대고 이렇게 가르쳐 주셨다.

"그냥 이렇게 말해. '아주 오랫동안 떠나 있었어요. 죄송합니다. 다시 돌아오고 싶어요.'"

나는 그렇게 말했다. 동생이 듣고 싶은 말은 그것이 분명했다. 동생은 고개를 끄덕이고 숨을 크게 들이쉬고는 트레일러의 이동 고해소로 들어갔다.

그때부터 동생의 신앙은 꽃을 피웠고 나보다 더 열심히, 더 굳건하게 신앙생활을 했다. 동생은 2년 전에 세상을 떠났다. 동생이 무척 그립지만 착한 목자의 양떼로 돌아왔다는 것을 알기에 위로가 된다.

| 뉴욕 코페이크에서 버지니아 E. 하임

죄 사함을 받다

내가 교회를 떠난 1980년대 당시 30대였던 나는 신입 간호사로 근무하기 시작해 무척 바빴다. 그러던 어느 날, 나와 동료 간호사가 함께 근무하고 있는 응급실에 정말 잘생긴 의사가 들어왔다. 나는 동료 간호사에게 그를 가리키며 잘생긴 저 의사를 내 것으로 만들어야겠다고 말했다. 동료 간호사는 웃으며 그가 유부남이라고 했다. 그런데도 나는 그를 단념하지 못하고 얼마 동안 그에게 소위 작업을 걸었다. 결국 그와 헤어졌지만 심한 죄책감에 시달린 나는 그 도시를 떠났다.

그리고 다시 성당에 다니기 시작했지만, 그것은 부모님을 기쁘게 해 드리기 위해서였을 뿐 고해성사를 볼 마음이나 용기는 생기지 않았다. 얼마 후 아버지가 돌아가셨고, 이때 고해성사로 나를 이끄시는 주님의 손길을 느낄 수 있었다. 결국 고해성사를 보긴 했지만 지난날의 잘못을 전부 고백하지는 못했다.

그리고 시간이 한참 지난 후 연로하신 어머니와 조카 남매를 돌보게 되었다. 나는 세례를 받지 않았던 여자 조카를 세 살 때부터 성당에 데려갔다. 조카가 여섯 살이 되자 어느 날 자기 엄마에게 성당에서 세례를 받고 싶다고 했다. 여동생은 열 살 이후부터 성당에 다니지 않았고 제부는 남부 침례교 신자였기 때문에, 조카가 세례를 받으려면 동생 부부의 동의가 필요했다.

마침내 동생은 동의했고 사랑하는 조카는 나의 소중한 대녀가 되어 가톨릭교회의 품에 안겼다. 이때부터 나는 대녀에게 모범을 보이는 대모가 되어야겠다는 생각으로 고해성사를 보게 되었다. 그날 우리 본당을 방문한 신부님이 계셨고 처음으로 고해소의 칸막이 없이 신부님과 마주 보고 성사를 보게 되었다. 왠지 불편한 기분이 들었지만 고해를 시작하자 더 이상 내 죄를 마음에 담고 있을 수가 없었다. 신부님은 정말 자상하게도 내가 충분히 오래 고통스러워했고 이제 죄 사함을 받았다고 말씀해 주셨다. 신부님의 말씀이 끝나기도 전에 그것이 진실임을 알 수 있었다.

어렸을 때 첫 고백을 한 이래, 그처럼 완전히 용서받고 깨끗해진 느낌을 받은 적은 없었다. 어머니는 우리가 어렸을 때 토요일이 되면 집 안의 침대 시트를 모두 새 것으로 바꾸고 저녁에는 온가족이 고해성사를 보러 가는 것을 관습으로 만드셨다. 깨끗한 마음으로 좋은 향기가 나는 깨끗한 침대로 들어가는 것은 세상에서 가장 기분 좋은 일이었다. 고해성사를 한 이날, 오래 전부터 괴로워하던 죄를 고백하고 나서 어렸을 때와 같은 깨끗함을 느꼈다.

고해 신부님의 성함은 모르지만, 그 후에도 자주 그분을 만날 수 있었다. 신부님께 개인적으로 감사를 드렸고 기도 중에 자주 기억하곤 한다. 그날의 고해성사가 내 삶을 얼마나 변화시켰는지는 자세히 알 수 없지만, 우리에게 고해성사라는 멋진 선물을 주신 주님이 얼마나 좋으신 분인지는 말할 수 있다.

| 앨라배마 실에서 이본 J. 니하트

외할아버지

펜실베이니아 그린빌의 1963년 11월은 추운 달이었다. 앨버타 클리퍼가 이리 호 상공으로 차가운 북극 공기를 몰고 와 우리 동네에 50㎝ 정도의 눈이 내렸다. 열두 살이었던 나는 몇 달러를 벌기 위해 동네 길에 쌓인 눈을 치우기보다 먼저 우리 집 마당부터 치워야 했다. 하지만 일하는 동안 외할아버지가 편찮으신 것을 잠시 잊을 수 있어 좋았다.

외할아버지는 50대 후반이었고, 내 기억에는 언제나 시가와 에일 맥주 냄새가 나는 분이었다. 외할아버지는 그해 7월 편찮아지시기 전까지 유개 화차 공장에서 용접 일을 하셨다. 어머니와 아버지는 이따금 할아버지 때문에 말다툼까지 하시다가 언니나 내가 들어오는 기척이 나면 얼른 목소리를 낮추곤 하셨다. 우리가 외할아버지께 무슨 일이냐고 물으면 몸이 약해지셨지만 나아지실 거라고 대답하셨다. 부모님의 대화 가운데 종종 '알코올 중독' 이나 '장의사' 또는 '간경변' 같은 말들이 나왔고, 언니와 나는 엿들은 이야기를 종합해서 외할아버지가 위독하다는 사실을 알게 되었다.

눈이 내리던 토요일, 집으로 돌아온 나는 양배추 절임과 훈제 소시지가 준비된 저녁 식사를 보고 주방에 계신 엄마에게 다가가서 물었다.

"엄마, 외할아버지가 돌아가시는 거야?"

"빌리, 우린 언젠가 다 죽지만 외할아버지는 점점 나아지고 계셔. 네가 걱정하지 않았으면 좋겠구나."

엄마는 아무렇지도 않은 듯이 말씀하셨다. 그때 갑자기 내 입에서 이런 말이 튀어나왔다.

"엄마, 외할아버지는 간경변이라서 크리스마스 전에 돌아가시잖아."

순간 엄마는 휙 돌아서서 내 뺨을 때리셨다.

"누가 그래? 아빠가 그래?"

엄마는 화를 내며 소리치셨다. 어린아이처럼 훌쩍이며 위층 내 방으로 뛰어 올라간 나는 엄마에게 화가 나서 참을 수가 없었지만 맞을 짓을 했다고 생각했다. 15분쯤 후에 아빠가 들어오셔서 저녁 먹자고 하셨지만 배가 고프지 않다고 말했다. 그러자 아빠는 저녁 식사는 온 가족이 항상 같이 먹었으니까 식사를 하지 않더라도 함께 식탁에 앉아 있으라고 말씀하셨다. 아빠한테도 혼이 날까 봐 겁이 났지만, 아빠는 냉정하고 무뚝뚝한 태도만 보이실 뿐 더 이상 외할아버지의 병과 내가 한 말에 대해서는 아무런 언급도 하지 않으셨다.

다음 날 아침, 우리 가족이 미사 참례를 할 때 나는 영성체를 하지 않았다. 내가 은총 중에 있지 않은 것이 확실했기 때문이다. 일주일 내내 나는 영혼의 죄로 걱정하며 고해성사를 할 수 있는 토요일을 초조하게 기다렸다.

드디어 토요일이 되어 차를 타고 성 미카엘 성당으로 가는 언덕길을 오를 때, 나는 우리 본당에서 제일 젊은 신부님이 고해 신부님이기를 기도했다. 성모님께서는 나를 위해 중재하셨던 것이 분명하다. 사제품을 받은 지 몇 년밖에 안 된 치올라 신부님이 고해를 들어주셨기 때문이다. 내가 두려움과 '죄'를 쏟아

놓자 신부님은 말없이 듣고 나서 이렇게 말씀하셨다.

"넌 네가 뭘 잘못했는지 잘 모르고 있구나. 네가 혼란스러운 건 이해하지만, 외할아버지에 대해 엄마에게 물은 건 잘못한 일이 아니야. 네 죄는 엄마에게 화를 내고 있는 거야. 그건 엄마에게 맞은 것보다 더 깊은 상처를 줄 거야. 엄마가 하신 행동도 옳지는 않지만 아버지를 잃게 된다는 사실에 화가 나고 마음이 아프신 거란다."

신부님은 계속 말씀하셨다.

"네 외할아버지는 많이 편찮으시고 곧 돌아가실지도 모른단다. 그렇지만 네 외할아버지께서 은총 가운데 돌아가신다면 천국에서 기다리고 계신 예수님과 성모 마리아께서 반갑게 맞아 주실 거야. 만일 은총 가운데 계시지 않는다면 아마 연옥에서 잠시 계셔야 하겠지. 내가 듣기로는 한 가지 문제가 있지만 좋은 분이신 것 같구나. 어머니와 너는 물론 많이 슬프겠지만 다시 외할아버지를 만날 거야. 보속으로 주님의 기도를 다섯 번 외우고 어머니를 위해 묵주기도를 한 번 바치거라. 그건 보속이 아니라 네 뺨을 때리신 어머니가 자신의 힘든 부분을 극복하시는 데 도움을 드리기 위해서란다."

그때서야 나는 우리 엄마가 완전하지 않다는 것을 깨닫게 되었다. 어머니는 1983년에 돌아가셨다. 어머니의 기일이 되면 어머니를 위한 기도를 하고, 내 영혼이 성장하는 데 큰 도움을 주신 치올라 신부님을 위해 묵주기도 한 단을 바친다.

| 워싱턴 스포캔에서 윌리엄 R. 백스터

치유받았다!

전에 우리 본당에 계셨고, 브롱크스 소방서에서 사목하셨던 밀트 조단 신부님은 고해성사가 지닌 치유의 힘에 관한 아름다운 이야기를 들려주셨다.

신부님이 어느 날 소방대원들과 어울려 앉아 이야기를 나누고 계실 때 어떤 소방대원이 뭔가 심각한 고민이 있는 듯한 얼굴로 들어왔다. 그는 곧 신부님께 고해성사를 청했고, 두 사람은 조용히 이야기를 나눌 수 있는 부서장의 방으로 올라갔다.

그 소방대원 조는 고해성사를 통해 죄 사함을 받고 눈물을 흘렸다. 그리고 그 방을 나설 때 방문이 떨어져 나갈 정도로 홱 잡아당기더니 큰 소리로 "치유받았다!" 하고 외쳤다. 밀트 신부님은 놀라서 "내가 뭘 했지?"라고 혼잣말을 했다. 신부님은 그렇게까지 큰 죄라고 생각하지 않았지만, 조가 처한 상황에서 본인은 무척 심각한 죄라고 생각했던 모양이다.

그 후 반년이 지나 그해 크리스마스 파티에 초대된 신부님에게 어떤 매력적인 여인이 다가와 감사하다는 인사를 했다. 신부님은 감사 인사에 답은 했지만 무슨 일로 감사를 받는지 알 수가 없었다. 그 여인은 신부님이 남편 조를 돌아오게 해 주셨고, 아이들에게는 아빠를 돌려주셨다고 말했다.

신부님은 고해성사를 한 다음 조가 완전히 딴사람이 되었다고 하셨다.
'하느님의 새로운 창조물'이었다.

| 메릴랜드 체사피크에서 낸시 H. 치오피

나의 결정

아이들, 집, 살림, 건강, 친지, 이런 모든 것들이 나를 힘들게 했다. 내가 원인인 경우도 있었고, 다른 사람이 원인이 되기도 했다. 그러나 이 모든 것들이 나를 주저앉혔고 나는 무기력해졌다.
신경 쇠약과 불안으로 괴로워하고 있었기 때문에 이런 무기력함은 우울한 기분을 느끼는 다른 많은 사람들보다 내게는 더 심각했다. 게다가 문제를 해결하는 유일한 방법은 나 자신을 다른 사람들로부터 없애는 것이라고 생각하기 시작했다. 자살이었다. 이런 생각을 하다가 계획하고 있는 가족 피정이 끝나는 때이고, 여행 경비를 모으려고 딸들이 하던 일을 마치는 때이기도 한 수요일이 좋겠다고 판단했다.
가족 피정에서 신부님 몇 분이 고해성사를 베풀어 주셨다. 그 기회를 이용해야겠다는 생각에, 남편에게 고해성사를 꼭 봐야겠다고 말하고 아이들을 맡겼다. 고해소 앞에는 남녀노소를 막론하고 길게 줄이 늘어서 있었다. 드디어 내 차례가 되었다.
신부님께 내가 겪고 있는 혼란스러움을 말씀드리고 자살 결정을 내렸다고 고백했다. 신부님과 이야기를 주고받을 때 예수님께서 그 사제를 통해 나를 치유하고 계심을 느낄 수 있었다. 고백을 마치자 한결 기분이 나아졌다. 그 피정 동안 신부님과 참 많은 이야기를 나누었고 그분은 상담을 계속하며 나를 도와주셨다. 지금도 완전히 나은 것은 아니지만 많이 치유되었다. 고해성사가 아니었다면 나는 지금 여기 있지도 않을 것이고 우리 아이들은 엄마 없이 남겨졌을 것이다. 그 수요일은 지나갔고 내가 아직 여기 있는 것을 주님께 감사드린다.

| 텍사스 칼리지스테이션에서 익명의 신자

고해성사, 하느님의 용서를 축하하는 것

| 샌드라 드지디오, 마리아의종수도회

되찾은 아들의 이야기로 잘 알려진 비유의 말씀은, 인간이 화해에 이르는 과정과 새 고해성사 예식에 담긴 신학적 의미를 가장 잘 설명하는 내용일 것입니다. 그런데 많은 사람들이 이 이야기를 믿지 않으려고 합니다(루카 15,11-32 참조). 아버지는 돌아온 아들을 보자마자 아들이 집으로 들어오기도 전에 뛰어가 기쁘게 맞이합니다. 아들의 용서를 구하는 말조차 듣는 둥 마는 둥 하면서 오로지 기뻐하기만 합니다.

그러나 가톨릭 신자들은 고해성사를 이런 시각으로 보지 않습니다. 새 예식에 따른 고해성사를 하면서도 사람들은 이 이야기에 나오는 큰아들과 같은 시각으로 고해성사를 보려는 경향이 있습니다. 큰아들은 죄지은 사람이 범한 죄를 상세히 고백하고, 범한 죄를 후회하고 있음을 인정하고, 잘못을 보상하기 위한 행위를 하고, 같은 죄를 다시 범하지 않겠다는 결심을 하고, 그런 어리석음에 빠져 있지 않은 나머지 사람들에게 합류할 가치가 있다는 것을 증명해 보여야만 용서할 수 있습니다!

그러나 하느님은 이 비유에 나오는 자비로운 부모와 같은 분이십니다. 우리의 죄를 들어 벌주지 않으시고 우리가 범한 죄에도 불구하고 손을 내미시어 우리를 맞아 주시기에 여념이 없으십니다. 화해의 성사(고해성사가 고백과 화해의 의미를 담아 새로워지면서 이 점을 강조한다)인 고해성사는 단순히 죄를 사하는 데 중점을 두지 않습니다. 또한 고백을 하는 우리가 무엇을 하는가가 주요 관심사가 아닙니다. 중요한 점은 하느님께서 고해성사 안에서, 고해성사와 함께, 고해성사를 통해서 우리에게 무엇을 해 주시는가 하는 것입니다.

• **하느님이 계신 집으로 가는 여정**

하느님께서 우리를 화해로 이끄시는 길은 단숨에 갈 수 있는 길이 아닙니다. 화해하기까지는 종종 오랜 시간이 필요하고, 때로는 고통스러운 과정을 겪을 수도 있습니다. 이 여정은 우리를 성사 안에 가두는 것이 아니라 그 안에서 완성하는 것입니다. 하느님이 계신 집을 멀리 떠나 있다가 다시 돌아가는 여정은 세 가지 'C'로 요약할 수 있습니다. 회개Conversion, 고백Confession, 축하Celebration의 순서대로 거치는 것입니다.

과거에는 순서가 달랐습니다. 고해성사는 죄를 열거하는(고백) 것으로 시작했습니다. 그런 다음 통회의 기도로 잘못을 뉘우치고, 보속을 행하는 것으로 죄를 보상하고 나서, 우리의 길을 바꾸기로 결심하는 것(회개)이었습니다. 축하는 이런 과정 속에 포함되지 않았습니다.

되찾은 아들의 비유는 우리가 화해에 이르는 여정 어디쯤에 있는가를 이해하는 데 도움이 될 것입니다. 이는 과거에 익숙했던 고해성사의 순서를 바꾸게 된 신학적인 이유를 이해하는 데도 도움이 됩니다.

비유에서 젊은이의 여정은 이기심에서 비롯된 죄에서 시작됩니다. 그의 죄는 부모님의 집을 떠나게 합니다. 우리의 죄가 하느님의 품과 그리스도 공동체를 떠나게 하는 것과 같습니다. 우리가 죄 중에 있을 때 그러하듯 자기중심적 생활 태도에서 그의 주요 관심사는 자기 자신과 개인적 만족입니다. 그가 맺은 관계들은 오래 가지 않습니다. 돈이 떨어지자 '친구들'도 떨어져 나갔습니다. 결국 혼자가 되고, 죄로 더럽혀진 것과 마찬가지로 돼지우리에서 진창에 더러워진 자신을 보게 됩니다. 그때 이 이야기에서 매우 의미 있는 글귀가 나옵니다. "그제야 제 정신이 든…." 이것이 집으로 돌아가는 여정의 시작이며 회개의 시작입니다.

• 회개, 진행 중인 과정

회개하는 과정은 우리의 생활 방식과 가치가 전부 옳지 않다는 깨달음과 함께 '제정신이 들면서' 시작됩니다. 믿음으로 힘을 얻어 하느님의 부르심에 응답하며 회개는 변화하려는 갈망을 일으킵니다. 변화는 회개의 본질입니다. 구약 성경에서 회개를 뜻하는 말인 슈브shuv는 물리적 방향 전환을 뜻하며, 신약 성경에서 쓰이는 메타노이아metanoia, 즉 회개는 내면의 방향 전환, 자신의 행동으로 드러나는 마음의 변화를 의미합니다.

복음의 시각에서 회개하기 위해서는 하느님께서 우리를 조건 없이 사랑하신다는 기쁜 소식과 함께, 하느님의 성령이 삶으로 뚫고 들어오실 때 일어나는 내면의 변화가 있어야 합니다. 회개는 언제나 하느님께 사랑받고 있다는 데 대한 응답입니다. 사실 회개 과정에서 가장 중요한 부분은 사랑받고 있으며, 우리가 우리 자신을 구원하는 것이 아니라 하느님의 사랑이 우리를 구원한다는 깨달음을 경험하는 것입니다. 이 구원 행위에서 우리가 할 일은 하느님의 사랑의 선물을 받으려고 마음을 여는 것, 은총에 마음을 여는 것입니다.

도덕적 회개는 하느님의 사랑을 가리는 악에서 벗어나, 우리의 죄악에도 불구하고 사랑의 선물을 주시는 하느님을 향해 돌아서려는 개인적이고 분명한 책임 있는 결정을 내린다는 의미입니다.

회개로 하느님께 돌아오는 사람들은 결코 전과 같지 않을 것입니다. 왜냐하면 회개는 다른 사람들, 우리 자신, 이 세상, 우주 그리고 하느님과의 관계가 변화되는 것을 의미하기 때문입니다. 우리의 가치와 태도, 행위가 그리스도 신앙과 일치함을 보지 못한다면 우리는 변화의 필요성이나 화해하려는 갈망을 결코 느끼지 못할 것입니다.

회개의 필요성은 근본적으로 악을 선택한 사람들에게만 확대되는 것이 아닙니다. 대부분의 경우 메타노이아는 하느님의 부르심에 끊임없이 응답해야 하는 우리 모두의 작은 노력을 의미합니다.

회개는 일생에 한 번 하는 것이 아니라 '하느님의 거룩함과 사랑'에 더욱더 가까이 우리를 이끄는 지속적으로 진행되는 평생의 과정입니다. 도덕적 회개의 경험은 그 하나하나가 우리를 하느님께 돌아서도록 격려합니다. 회개할 때마다 그 경험은 새롭게 더 밝은 빛 가운데 하느님을 드러내 보여 주기 때문입니다.

우리의 가치와 태도, 삶의 방식을 성찰하면서 우리가 '좌표를 잃었다'는 것을 알게 될 때 우리는 회개의 다음 단계를 경험합니다. 그것은 통회입니다. 이 단계는 회개 여정의 다음 발걸음을 내딛게 하는데, 우리가 그릇된 행위들에서 벗어나 앞날을 위한 어떤 결심을 하는 것입니다.

다시 앞의 이야기로 돌아가 봅시다. 젊은이는 '제정신이 들었을 때' 회개 과정의 첫발을 내딛고 눈을 떠 자신이 무엇을 해야 하는지를 봅니다. "일어나 아버지께 가자." 돼지우리에서 나오기도 전에 그는 자신이 죄를 지었다는 것을 인정합니다. 그리고 이렇게 죄를 자각함으로써 그는 통회를 드러내는 동시에 자신의 속죄를 결심합니다. "아버지, 제가 하늘과 아버지께 죄를 지었습니다. … 저를 아버지의 품팔이꾼 가운데 하나로 삼아 주십시오."

통회는 사랑하라고 요청하는 복음 말씀의 빛으로 현재의 관계들을 살펴보고, 다른 사람들과 우리 자신, 그리고 하느님과의 관계를 뉘우치고 개선하기 위해 필요한 발걸음을 내딛는다는 의미입니다. 회개 과정에서 후회하는 단계는 흔히 '죄를 보상하다' 또는 '보속을 행하다'라고 표현합니다.

과거의 많은 사람들에게 보속은 죄를 범한 자신을 벌주는 것으로 '하느님께 보상한다'는 의미였습니다. 그러나 진정한 보상은 처벌이 아닙니다. 근원적으로 보상은 죄를 범하게 되는 생활 태도를 개선하거나 바로잡는 것입니다.

과거에는 죄를 범한 것에 대해 일시적으로 벌을 가하는 보속을 행하라고 했습니다. 그러나 오늘날 실제적인 '벌'은 우리가 생활 속에서 죄가 되는 행동 양식을 계속하는 것이며, 우리에게서 나오는 해가 되는 태도와 행위라고 이해합니다. 보속을 하는 목적은 그 행동 양식을 바꾸는 데 도움을 주는 것입니다. 보속은 성장을 위한 것이지 처벌하려는 것이 아닙니다. '보속을 행하다'의 뜻은 변화된 삶의 방향으로 발을 내딛는 것이며, 이는 곧 뭔가 새로운 것에 길을 비켜 준다는 뜻입니다.

헬먼Lillian Hellman은 「펜티멘토Pentimento: A Book of Portraits」라는 책의 서두에서 펜티멘토를 설명하면서 고백 과정의 이미지를 아름답게 보여 주고 있습니다.

"오래된 그림은 세월이 흐르면서 때로 투명해지는 경우가 있다. 이때 어떤 그림들에서 밑그림이 드러나 보이는데, 여인의 드레스를 통해 나무 한 그루가 보이고, 어린아이의 모습 안에 강아지가 나타나며, 바다에 떠 있지 않은 배가 드러나기도 한다. 그것을 펜티멘토라 하는데, 이는 화가가 '후회하며' 마음을 바꿨기 때문이다. 이는 나중에 선택한 다른 대상으로 덧칠된 이 애초의 구상이 그림을 그리면서 변해 갔다고 말할 수 있다."

• 고백, 내면의 것을 외부로 드러냄

고해성사에서 가장 중요한 것으로 여겨졌던 고백은 이제 전체 과정의 한 단계로 인식되고 있습니다. 죄를 고백하는 것은 회개의 과정이 우선되어야만 참된 것이 될 수 있습니다. 회개의 결과로 일어난 내면의 변화를 외부로 표현하는 것이 고백입니다. 과거에 비해서 고백은 이제 훨씬 덜 중요하게 여겨지고 있지만 그렇다고 중요하지 않다는 뜻은 아닙니다. 단지 이것이 고해성사의 본질은 아니라는 뜻입니다.

비유를 다시 살펴봅시다. 멀리서 아들이 오는 것을 본 아버지는 달려가서 아들의 목을 껴안고 입을 맞춥니다. 사랑에서 나온 이 한 번의 몸짓으로 아버지는 아들을 용서한 것입니다. 아들이 아직 죄를 고백하지도 않았는데 말입니다! 잘못했다고 말하는 아들의 고백도 아버지는 듣는 둥 마는 둥 합니다. 여기서 고백이 가장 중요한 것이 아니라 아들이 돌아왔다는 사실이 중요한 것입니다. 아들은 용서를 빌 필요도 없이 용서받았습니다. 이것이야말로 참으로 놀라운 복음인 것입니다. 하느님의 용서는 하느님의 사랑과 마찬가지로 멈춤이 없습니다. 이 비유에서 예수님은, 우리를 용서하지 않을 수 없는 사랑의 하느님을 우리에게 보여 주고 계십니다!

니코스 카잔차키스가 창조한 거칠고 호탕한 삶의 예찬가 그리스인 조르바는 사랑의 하느님을 이렇게 표현하고 있습니다.

"나는 하느님도 나와 똑같은 분이라고 생각해요. 나보다 몸집이 조금 더 크고 힘이 조금 더 세고 좀 더 열광적인 분이라고요. 게다가 덤으로 불멸하신 분이죠. 그분의 집은 하늘이고 거기에서 부드러운 양가죽을 겹겹이 깔고 앉아 계시죠. 오른손에 나이프나 저울을 들고 계시지는 않아요. 그따위 것들은 푸주한이나 식품점 주인한테나 필요한 물건이잖아요. 그분은 비를 머금은 구름처럼 물을 잔뜩 빨아들인 커다란 스펀지를 손에 들고 계십니다. 그분의 오른쪽에 천국이 있고 왼쪽에는 지옥이 있어요. 여기 한 영혼이 옵니다. 이 불쌍한 영혼은 완전히 알몸이에요. 왜냐하면 외투를 잃어버렸거든요. 외투란 말하자면 몸이에요. 그리고 벌벌 떨고 있어요. … 이 발가벗은 영혼이 하느님의 발치에 엎드려 '자비를 베푸소서!' 하고 부르짖어요. 그리고 '저는 죄를 범했습니다.' 하면서 자기 죄를 줄줄이 말하기 시작하는데 이게 장황하게 끝없이 이어지는 겁니다. 하느님은 아무리 그래도 이건 너무하다는 생각이 들어서 하품까지 하시고는 '됐어. 그만해!' 하고 소리를 질렀어요. '그런 얘기 너무 많이 들었다!' 그리고 철썩! 철썩! 물 먹은 스펀지를 그 영혼에게 내리치면 모든 죄가 씻기는 겁니다. '이제 깨끗해졌다. 그러니 어서 천국으로 들어가라!' 이렇게 말씀하시는 겁니다. … 아시다시피, 하느님은 위대한 임금님이고 임금이라는 존재가 있는 이유는 바로 용서하기 위해서입니다!"

우리가 고해성사를 대하는 태도는 하느님에 대한 이미지와 밀접한 관련이 있습니다. 우리는 하느님이 우리에게 벌을 내리려고 기다리는 거대한 몸집의 부기맨(bogeyman, 못된 아이를 데려간다는 귀신으로, 어린이를 겁줄 때 하는 말) 같은 분이 아니라, 조르바처럼 우리를 용서하려고 준비하시는 위대한 임금님이라는 사실을 진정으로 믿어야 합니다.

고해성사는 이렇게 자비로우신 하느님의 이미지를 반영하고 있습니다. 전에는 고백을 시작할 때 "제가 범한 모든 죄를 전능하신 하느님과 신부님께 고백합니다."라고 먼저 말하는 쪽은 고해자였습니다. 이것은 조르바의 상상 속 하느님께 간 죄인의 고해 방식과, 비유 이야기에서 아버지에게 돌아간 아들이 마음속에 생각했던 고해 방식과 다르지 않습니다. 그러나 조르바의 하느님과 비유 이야기의 아버지는 죄인의 말을 끝까지 듣지 않습니다. 오늘날의 고해성사에서 먼저 주도하는 쪽은 고해 사제입니다. 그들은 손을 내밀고 고해자를 반기며 고해자가 죄를 고백하기 전에 그들을 받아들이기 위한 따뜻한 분위기와 사랑을 표현합니다. 그래서 고백의 순간은 전체 고해성사의 성스러운 순간들 가운데 하나로, 우리의 죄보다는 하느님의 사랑에 초점을 맞춥니다.

물론 새 예식도 죄의 고백 자체에 관심을 갖습니다. 그러나 죄악이 죄와 같은 것은 아닙니다. 또한 치유의 성사로서 고해성사는 증상(죄)보다는 질병(죄악, 죄로 빠지는 경향)에 초점을 맞춥니다. 그러므로 고해성사는 우리가 준비해

간 말이나 나열하는 죄 이상의 것을 청합니다. 우리는 죄가 되는 행위(증상)의 원인인 괴로움, 가치 충돌, 모호함(질병)을 찾아내기 위해 마음 깊은 곳을 들여다보는 데 힘써야 합니다.

우리는 이런 의문을 자주 갖게 됩니다. '죄를 왜 고백해야 하는가? 하느님께 직접 말씀드리면 되는데 왜 사제에게 고백해야 하는가?' 하느님의 관점에서 대답은 간단합니다. "이유는 없다." 그러나 인간의 관점에서 보면 이렇게 대답할 수 있습니다. 인간은 마음만 가지고 사는 것이 아니라 정신과 마음에 있는 것을 말과 몸짓, 손짓으로 표현할 외면의 육신이 필요한 존재입니다. 우리는 용서를 생각으로만이 아니라 눈으로 보고 귀로 듣고 느껴야만 하는 것입니다.

우리는 주님 앞에서 내면의 것을 외면으로 구체화하고 마음을 여는 데 다른 인간의 도움이 필요합니다. 그것이 고해 사제를 새로운 시각으로 보게 했습니다. 그들은 얼굴 없이 냉정한 판단을 내리는 사람이 아니라 우리의 판단을 지도하는 사람으로, 우리가 삶에서 하느님의 자비를 경험하고 증명하도록 열정적으로 돕는 역할에 최선을 다합니다.

고해성사의 서론에는 이렇게 쓰여 있습니다. "어버이로서의 직무를 이행하며 … 하느님의 마음을 드러내고 착하신 목자의 표상을 보인다." 고해 사제의 다른 역할은 사죄경을 말해 주는 것입니다. 과거에는 이 기도가 고해자의 마음의 변화를 완성하거나 확인하는 것으로 생각되기도 했던 것과 반대로 용서를 청하는 기도가 아닙니다. 사죄경은 하느님께서 우리를 용서하셨다는 것과 우리가 교회와 화해했음을 알리는 것으로 축하해야 할 일인 것입니다.

- **축하, 주님께서는 우리를 변함없이 사랑하십니다**

  축하라는 말은 고해성사와 연관되어 자주 사용하는 말은 아닙니다. 그러나 예수님의 비유 말씀에서 이 말은 무척 중요하고 반드시 필요합니다. 앞의 이야기에서 아버지는 말합니다. "… 먹고 즐기자. … 즐기고 기뻐해야 한다." 왜 그럴까요? 그 이유는 죄인이 회개했고 뉘우쳤으며 고백했고 돌아왔기 때문입니다. 축하 잔치는 실제로 뭔가 축하할 일이 있을 때 비로소 의미가 있습니다. 사람들, 음식, 음료, 풍선, 악단 등으로 북적거리는 모임에 참석했을 때 흥이 나지 않는 경험이 있을 것입니다. 예를 들어 사무실 파티에서 직원들 부부나 친구들과 함께하면서 느끼게 되는 허전함 같은 경우가 그렇습니다. 축하하고자 하는 마음이 삶의 경험에서 우러나오지 않는다면 그것은 무의미합니다. 모두가 공감하는 살아 있는 경험으로 축하하는 것이 성사적인 축하입니다. 모든 성사는 그리스도인의 믿음을 생생하게 경험하는 공동 축제입니다.

  고해성사와 관련해 축하한다는 의미를 좀 더 편안하게 느끼기 위해 필요한 것은 우리의 모난 개인주의를 회개하는 것입니다. 이 부분을 한 번 살펴봅시다. 우리는 부기맨 같은 무서운 하느님께 용서를 받았다고 믿으면 심리적으로 기분이 좋아집니다. 하지만 우리가 깨닫거나 못 깨닫거나, 원하거나 원치 않거나, 좋아하거나 싫어하거나 무조건 용서하시고 사랑하시는 하느님이라면 우리 기분이 그렇게 좋아지지는 않을 것입니다. 그런 사랑과 용서에 우리는 불편함을 느낄 뿐입니다. 그렇게 아낌없이 주는 분에게 우리는 '뭔가 해야' 할 것 같고, 하다못해 죄책감이라도 조금 느껴야 할 것 같은 중압감을 갖게 됩니다.

  앞의 이야기에서 큰아들이 이런 불편함을 드러내고 있습니다. 잔치가 열린 것을 보고 그는 공정함과 율법적인 것을 제기합니다. 어떤 면에서 그는 고해성사에 대해 법정의 이미지를 갖고, 돌아온 동생이 새사람이 되기 전에는 아무도 기뻐할 수 없다고 우기는 것입니다.

그러나 큰아들은 삶과 주님과 성사에 대한 이해의 폭이 무척 좁은 사람입니다. 조르바가 하느님을 묘사할 때 언급한 푸주한과 식품점 주인처럼 무척 타산적이고 냉정한 인물입니다. 큰아들은 우리가 용서받지 못하는 일이 절대로 없다는 점을 쉽게 이해하지 못합니다. 화해의 성사는 존재하지 않는 것을 얻는 것이 아닙니다. 고해성사로 우리는 이미 존재하는 하느님의 사랑과 용서를 받을 수 있고 받았음을 증명합니다.

큰아들의 문제는 보편적인 인간의 문제입니다. 우리 대부분이 "미안해."라는 사과의 말을 하기 힘들어 합니다. "용서할게."라는 말을 하기는 더 힘듭니다. 그리고 그 무엇보다 하기 어려운 말은 솔직하게 "사과를 받아들일게."라는 말입니다. 그렇게 하고자 한다면 우리는 자신을 용서할 수 있어야만 합니다. 이것은 또한 고해성사에서 우리가 축하해야 할 일이기도 합니다.

공동체가 전례 의식으로 화해의 성사를 거행하는 것은 죄에서 화해로 가는 우리 여정의 테두리를 마련하는 것입니다. 그 여정을 경험하거나 깊이 성찰해 본 적이 없는 사람들은 고해성사를 축하할 필요나 그 가치를 이해하지 못할 것입니다.

이 이야기에서 큰아들은 그런 사람입니다. 아버지가 잔치를 열어 축하하자고 할 때 온 집안사람들이 그에 응합니다. 그들은 작은아들이 돌아온 것을 축하할 뿐 아니라, 그들 자신이 경험한 용서와 자비와 화해를 축하하는 것입니다. 그들도 우리처럼 작은아들이 돌아온 그 여정 중에 있는 것입니다.

여기, 하느님이 주신 무조건적인 용서에 우리가 할 수 있는 일이 있습니다. 우리가 용서받은 것처럼 우리도 용서하는 것입니다. 용서받음으로써 우리는 자신을 용서하고 다른 사람들을 용서하고 서로를 치유할 능력을 받았으며, 이 땅에서 그리스도의 왕국을 선포할 수 있게 하는 평화와 정의와 화해에 우리 모두가 더 가까워졌다는 사실을 축하하는 것입니다.

- **공동체적 성사**

고해성사는 성사신학sacramental theology에서 볼 때 수평적이고 상호적이므로 서로 간, 그리고 하느님과의 관계 안에 있는 사람들 안에서 형성됩니다. 죄의 영역에서 용서와 화해가 특히 그러합니다. 우리의 죄악은 하느님과의 관계에서와 마찬가지로 공동체 안에서의 관계를 파괴합니다. 고해성사가 다른 사람들에게 영향을 미치는 우리의 죄악에서 시작되기 때문에, 하느님의 사랑과 용서를 구체적이고 공동체적으로 표현해 완결하는 것만이 타당합니다.

회개하지 않은 '큰아들'은 그리스도인 공동체에서 항상 떨어져 있게 될 것입니다. 우리가 고해성사를 축하할 때 기쁨과 감사로 축하해야 합니다. 그리스도 공동체와 하느님의 용서로 그 순간을 맞았기 때문이며 마땅히 축하할 가치가 있기 때문입니다. '죄지은 사람이 범한 죄를 상세히 고백하고, 범한 죄를 후회하고 있음을 인정하고, 잘못을 보상하기 위한 행위를 하고, 같은 죄를 다시 범하지 않겠다는 결심을 하고, 그런 어리석음에 빠져 있지 않은 나머지 사람들에 합류할 가치가 있다는 것을 증명해 보여야만' 용서할 수 있다는 태도는 옳지 않습니다.

그런 '큰아들들'은 신학자 디트리히 본회퍼가 말한 '값싼 은총'을 찾고 있는 것입니다. 값싼 은총이란 예수님의 제자라는 의식도 없고, 십자가도 없으며, 믿음도 없고, 예수 그리스도의 삶과 육화도 없으며, 그리스도 공동체 안에서 화해하며 살기 위한 회개도 없습니다. 이런 사람은 오늘날 이해되고 있는 고해성사를 축복할 마음의 준비가 되어 있지 않습니다.

[산드라 드지디오 수녀는 마리아의종수도회 소속으로, 작가이며 강연과 상담 그리고 영적 지도를 하고 있다. 또한 소속 수도회의 소식을 보도하는 직책을 담당하고 있으며, 위스콘신 밀워키에 머물고 있다.]

그 무엇과도 비교할 수 없는 벅찬 느낌

마흔 살인 나는 지금까지 가톨릭 신자로 살아왔다. 아홉 살 전후였던 1970년대 초부터 중반까지 미주리주 가톨릭성모승천초등학교에 다녔다. 친구들과 첫 고백을 하기 위해 성당으로 들어가던 때가 생각난다. 성당 안으로 들어간 우리는 자리에 앉아 고해성사 전에 양심 성찰을 했다. 내 옆에 앉은 친구가 어떤 고백을 해야 할지 모르겠다며 떨린다고 했을 때, 그 친구에게 아주 자랑스레 말했던 것이 생각난다.

"나는 하느님께 잘못한 일을 사실대로 말씀드릴 거야. 내가 사실을 말씀드리고 진심으로 잘못했다고 용서를 빌면 하느님께서는 나를 용서해 주실 거야."

하나도 떨리지 않는다는 말도 더했다. 어떤 이유에선지 곧 무엇을 하게 될지 알면서도 친구들과 자리에 앉아 있던 나는 전혀 떨리지 않았다. 눈을 감고 지난주와 지난달에 하느님의 마음을 상하게 해 드린 일들을 생각해 보았다. 그러자 내가 말과 행동으로 다른 사람의 마음에 상처를 주었다는 것이 생각나서 슬펐다. 내 차례가 되었다. 그때서야 조금 불안해졌다. 의자에 앉아 신부님을 살짝 곁눈질했다. 하느님께서 신부님을 고해성사의 도구로 쓰신다는 것을 알고 있었기에 내 말을 듣고 계시는 분은 하느님이란 것을 알았다. 죄를 말씀드리며 슬픔의 눈물을 흘렸다. 그리고 마음 깊이 내가 얼마나 잘못했는지 알고 있다는 말씀을 드렸다. 고백을 마치자 신부님은 통회의 기도를 외우도록 도와주시고 내 머리에 손을 얹고 죄를 사해 주셨다. 그 순간 하느님의 치유의 손길이 느껴졌고 내 영혼에 기쁨과 사랑이 차올랐다. 그때 하느님께 고백한다는 것이 어떤 것인지 진심으로 알게 된 것 같다. 그 느낌은 내가 그토록 원하던 장난감을 얻었을 때와는 비교가 되지 않을 만큼 가슴이 벅차오르는 느낌이었다! 나는 '와! 하느님의 용서가 이런 것이라면 언제나 여기 오고 싶을 거야!' 라고 생각했다. 고해소를 나와 아름다운 성당과 아직 고해성사를 기다리는 다른 친구들이 앉아 있는 것을 보면서 나는 공중에 양팔을 들어 올리고 싶은 마음이 간절했다.

그렇게만 한다면 성당 천장까지 날아오를 것만 같았다. 물론 그렇게 하지는 않았지만 내 영혼 깊은 곳에서 하느님이 내 안에 살고 계신다고 확신할 수 있었다. 그분이 나와 함께 계시고 나를 용서하셨으며 나를 사랑하신다는 것을 확실히 알 수 있었다. 이것은 내가 기억하는 일 가운데 최고의 경험이었고, 내게 아주 깊은 영향을 주었다.

오늘날까지도 고해성사를 보면 그 시절로 돌아가서, 우리가 죄에서 돌아서서 예수님이 원하시는 모습이 되어갈 때 하느님의 사랑이 얼마나 큰지를 생각하게 된다.

| 미주리 리즈 서미트에서 리자 M. 콜먼

가톨릭 신자라서 정말 좋다

지난 세월 동안 고해성사에 대해 진심으로 감사하고 사랑하는 마음이 깊어졌다. 이런 마음이 들기까지는 물론 시간이 필요했다. 과거에 나는 죄의식과 두려움에 가득 차서 하느님으로부터 멀어졌다. 그리고 수년 동안 고해성사를 하지 않았다. 그러나 내가 내 죄를 모른 척하고 부정한다면 아마 하느님께서도 나를 모른 척하고 부정하실 거라는 생각이 들었다.

2005년 9월 프란치스코수도회에서 주최하는 성체 중심 부활 피정에 참석했다. 피정 기간 동안 한 분의 신부님이 고해성사를 베풀어 주셨다. 용기를 내어 고백하면서 주님께서 나와 함께하고 계신다는 사실을, 신부님을 통해 말씀하시고 있다는 사실을 분명히 알 수 있었다.

신부님께 회개하게 된 사연을 말씀드렸다. 가톨릭 신앙 안에서 성장했지만 오래 전에 냉담했던 일, 몇 년 전에 고해성사를 했으며 결혼하기 전에 임신하게 되어 그때 처음으로 주님께 온전히 의탁했던 일, 아이는 유산되었지만 그 경험으로 이전과는 완전히 다른 신앙생활을 하고 있다는 일 등을 말씀드렸다. 신부님은 유산된 아기에게 이름을 지어 주었는지 물으셨다. 아니라고 하자 아기에게 이름을 지어 주는 것이 좋겠다고 하시고는 나머지 고백을 들어주셨다. 몇 해 전부터 겪고 있는 고민을 말씀드리고 고백을 마치자 신부님은 내 죄를 사해 주셨다. 그리고 보속을 드리고 있을 때 갑자기 '아가타'라는 이름이 떠올랐다. 이름을 생각하고 기도한 것도 아닌데 참 이상한 일이었다. 아가타라는 이름에 대해 별로 아는 것이 없었고, 아는 사람 중에 아가타라는 세례명을 가진 사람도 없었다. 그러면서도 왠지 모르게 아가타가 성인의 이름인지 궁금했다. 그런데 그날 미사 참례를 하던 중에 신부님께서 아가타 성녀에 대해 말씀하시는 것이었다. 내 궁금증을 풀어 주신 것이다! 나중에 아가타 성녀가 무척 아름다웠고 하느님을 지극히 사랑했으나, 박해자들이 매음을 강요하자 거부하다가 심한 고통을 당한 순교 성녀였음을 알게 되었다.

나는 지금 규칙적으로 고해성사를 보고 있다. 주님 앞에 앉아서 내 마음에 있는 모든 것을 말씀드리고 죄의 용서를 청하는 일은 얼마나 아름다운지 모른다. 주님께서는 나를 비난하시거나 비판하시지 않고 내게 등을 돌리시지도 않는다. 무조건적인 사랑만 주시고 용서하신다. 예수님께서 이 얼마나 멋진 성사를 주셨는지! 나는 가톨릭 신자라서 정말 좋다!

| 플로리다 잭슨빌에서 아만다 M. 메이슨

특별한 꿈

오하이오에서 태어난 나는 깊은 신앙심을 가진 집안에서 자라 차례로 모든 성사를 받았다. 십대가 되면서 가톨릭의 많은 의식과 관습에 대해 의문이 생기기 시작했다. 특히 고해성사가 그랬다. 주님께 직접 죄를 말씀드리지 않고 왜 사제에게 해야 하는지 이해할 수 없었다. 대학교 1학년이 되어 신앙에 대한 나의 의문점들을 풀기 위해 책을 읽고 배우면서 답을 찾아보았지만 의혹은 여전히 남아 있었다.

그리고 2003년 봄, 사순 시기에 친구와 고해성사를 보러 가기로 했다. 그때까지도 고해성사에 대한 의문이 풀리지 않아 전날 밤 잠자리에 누워서도 확신을 얻기 위해 애를 쓰고 있었다. 숱하게 들어온 그 모든 설명에도 불구하고 사제에게 죄를 고백한다는 것이 내 마음을 불편하게 했다. 그리고 잠이 들었는데, 환영인지 꿈인지 모를 신비한 것을 꾸게 되었다. 이것이 차후 고해성사에 대한 내 태도를 완전히 바꿔 놓는 계기가 되었다. 꿈의 내용은 이러했다.

옛날 고해소에서 격자를 사이에 두고 내 앞에 신부님이 앉아 있었다. 그 신부님은 사제복을 입고 계셨는데 그분이 예수님이라는 것을 확신할 수 있었다. 나는 구세주께 직접 죄를 고백하고 있었던 것이다. 예수님과 나 사이에 놓인 칸막이 아랫부분에는 가로세로 30㎝ 정도 되는 네모난 구멍이 있었는데, 내가 죄를 하나씩 고백할 때마다 그 구멍으로 예수님께 나뭇조각을 하나씩 건네 드렸다. 그러면 예수님은 그 나뭇조각을 당신 발아래 놓인 소각로에 천천히 넣고 완전히 태우셨다.

그리고 나는 깨어났다. 이 꿈의 의미는 너무나 분명했다. 나뭇조각 한 개는 내가 지은 죄의 하나였고, 예수님께서 그것을 받으시는 순간 죄는 사라지는 것이었다. 예수님은 내가 지은 죄에 대해 묻지도 않으셨고 야단치지도 않으셨다. 죄는 내가 입으로 소리 내어 말하는 순간 사라졌다. 그 나뭇조각들 하나하나가 예수님의 십자가 조각이라는 것을 깨달았다. 그분께서 내 죄로 인해 못 박히셨던 것이다. 그리고 내가 지은 죄 때문에 그토록 괴로운 죽음으로 고통 받으신 그분의 사랑과 용서를 느낄 수 있었다.

그날 이후 나는 고해성사가 두렵지 않았다. 고해성사를 준비하면서 그날의 꿈을 생각하고 예수님의 현존과 사랑과 용서를 기억한다. 그 나뭇조각처럼 내 죄는 고해성사로 사라지고 내 마음에는 평화가 가득 찬다.

| 오하이오 노스필드에서 제시카 A. 자자크

그 순간부터

남편과 함께 프랑스로 성지순례를 떠나게 되었다. 문득 성지순례를 하는 동안 연세가 아흔셋이 되신 친정어머니가 돌아가신다면 어머니 장례식에 참석할 수 없을지도 모른다는 생각이 들었다. 어머니는 지난 7년 동안 요양원에 계셨고 몸이 많이 쇠약해져 있었다. 언제 돌아가실지 모른다는 생각으로 마음의 준비를 하고 있었다.

순례 여행을 떠난 지 일주일쯤 지났을 때 큰아들이 전화로 외할머니께서 돌아가셨다는 소식을 전했다. 우리 부부는 프랑스 북부의 리지외와 오마하 비치를 여행하고 있었는데 장례식에 맞춰 돌아올 수 있는 상황이 아니었다. 둘째아들이 우리 부부를 대신해서 꽃과 예식 절차 등을 준비했다. 내 형제들과 우리 아이들이 어머니이자 할머니이신 고인을 위해 은총이 가득한 장례식을 치를 것이라 믿고 있었다.

이어지는 순례 여행 가운데 방문하는 성지의 성당마다 어머니를 위한 기도를 봉헌했다. 그럴 때마다 내 마음은 어머니에 대한 기억과 함께했고 장례식과 하관식, 장례식 후에 형제자매들이 함께하는 만찬 식탁 자리에도 내 마음은 함께했다. 하지만 슬픔은 여전했다.

파레 르 모니알의 성모님 방문 성당에서 고해성사를 보면서 신부님께 이렇게 고백했다.

"어머니의 장례식에 참석하지 못해서 마음이 무겁고 형제들이 나를 어떻게 대할지 걱정스럽습니다."

이때 신부님이 하신 말씀은 오늘날까지도 내게 위로가 되고 있다.

"예수님께서 자매님이 장례식에 참석하기를 원하셨다면 자매님은 그곳에 갔을 것입니다. 우리는 지금 예수님께서 마르가리타 성녀에게 나타나셨던 성당에 있습니다. 예수님께서는 성녀에게 당신의 성심에 헌신하라는 말씀을 하셨습니다. 만일 예수님께서 원하셨다면 자매님은 어머니의 장례식에 참석할 수 있었을 것입니다."

그 순간부터 나는 내 삶에 예수님의 뜻이 작용하고 있음을 분명히 알게 되었다.

공항에 내렸을 때 모두가 나를 걱정하고 있었다. 조카들은 '마리안 이모를 위해서' 많은 사진을 찍어 놓았다고 했다. 가족들의 사랑에 둘러싸여 행복했다. 예수 성심께서는 우리 한 사람 한 사람에게 무엇이 제일 좋은지 잘 알고 계신다.

| 미네소타 레스터 프레리에서 마리안 H. 오토

중대한 문제

참 오랫동안 교회를 떠나 있었다. 내 일을 내 뜻대로 할 수 있다고 생각하면서…. 1997년 다시 미사 참례를 하면서 신앙이 자라는 가운데, 내 죄뿐만 아니라 내가 주님의 교회를 버림으로써 얼마나 하느님의 마음을 속상하게 해 드렸는지 깨닫게 되었다.

일리노이의 졸리엣에 있는 성 라이문도 성당에서 고해성사를 보기로 했다. 고해소 앞에서 차례를 기다리면서 고해를 하고 나면 아주 중대한 문제와 마주하게 될 것이라는 확신이 들었다. 내가 받을 보속이 너무나 두려웠던 것이다.

나의 모든 죄를 샅샅이 고백하면서 울음이 터져 나오는 것을 막을 수가 없었다. 내 잘못이 너무나도 크게 느껴졌기 때문이다. 그리고 예수님께서 나를 사랑하신다는 신부님의 말씀을 듣자 더욱 흐느껴 울었다. 그 순간 마치 예수님께서 나를 감싸 안아 주시는 것만 같았다. 이 큰 죄인인 나를!

신부님이 죄를 용서받았다고 하셨을 때 나는 보속이 무엇인지를 물었다. 신부님은 말씀하셨다.

"많이 괴로워하셨습니다. 지금부터 주님의 교회를 지키는 데 최선을 다하십시오. 평화를 빕니다. 돌아오신 것을 환영합니다!"

| 오하이오 존스타운에서 익명의 신자

그 이상의 뭔가를 원했다

부모님이 나를 잘 키워 주셨음에도 불구하고 나는 무척 반항적인 십대였다. 고등학생일 때 친구들과 어울려 **놀고 마시는 데 빠져서** 3학년 때는 스타 축구 선수인 동시에 파티광으로 유명했다. 졸업한 후에도 내 생활은 친구와 술, 여자를 맴돌며 인기를 누렸다. 이런 생활은 대학교에 들어가서도 계속되었다.

텍사스 A&M 대학교에 입학하고 나서 여자와 술을 사랑하는 친구들을 만났다. 그러나 오만하고 자신만만해 보였던 나의 겉모습과는 달리 속마음은 그렇지 않았다. 성적은 바닥이었고 기분은 엉망이었으며 삶은 뜻대로 되지 않았다. 내 삶에서 그 이상의 뭔가를 원했지만 어디서 찾을 수 있는지 알지 못했다. 그때 기숙사의 다른 친구들과 이야기를 나누기 시작했다. 이 친구들은 파티 같은 것을 하지 않는데도 항상 즐거워 보여서 내 관심을 끌었다. 이 친구들의 라이프스타일이 내 궁금증을 자아냈던 것이다.

그들은 대학에서 나와 제일 친한 친구들이 되었고 지금도 그렇다. 가톨릭 신자와 남부 침례교 신자들로 이루어진 친구들은, 처음에 술을 지나치게 많이 마시고 게을러빠진 나를 무척이나 싫어했다. 그럼에도 불구하고 내가 교회로 돌아가도록 친구들은 용기를 북돋아 주었다. 그때까지 나는 이따금씩 성당에 나갈 뿐이었다.

어느 주일, 성당에서 다음 주부터 본당 신자들을 위한 선교가 있다는 말을 들었다. 처음부터 참석하고 싶었지만 너무 열심히 신앙생활을 하는 그리스도인처럼 보이기 싫어서 마지막 날 밤에만 참석했다. 그날 신부님은 뉴욕시 버스 안의 노숙자에게서 그리스도를 알아보지 못했던 이야기를 해 주셨다. 그 이야기를 듣고, 나라면 그런 사람을 흠씬 패 주었을 거라는 생각을 했다. 그런데 이런 생각을 했던 내 모습에 마음이 괴로웠다.

성령께서 나를 굴복시키셨고 격려해 준 친구들 덕분에 '아녜스의 깨달음'이라는 피정에 참석하기로 마음먹었다. 나 자신과 친구들에게는 피정에 멋진 여자들이 많을 것 같아서 가는 거라고 말했다. 사실 취소할 생각을 여러 번 했는데 함께 가는 두 명의 친구가 나를 잡아 주었다. 내게 뭔가 필요하다는 것을 뼈저리게 알고 있었기 때문에, 피정을 통해서 무언가를 얻을 수 있는 계기가 되기를 바랐다.

그곳에서 **열광적인 그리스도인**과 **복음 전도사**들의 열정과 열의를 보고 너무나 놀랐다. 그런 가톨릭 신자들은 처음이었다. 피정이 진행되던 금요일 밤에 회개의 필요성과 고해에 대한 이야기가 있었다. 내가 죄인임을 잘 알고 있었지만 고해성사가 소용없다고 여겼기 때문에 성사를 보지 않을 생각이었다.

그리고 이어서 십계명을 통한 양심 성찰이 있었다. 대학생들을 위해 마련된 것으로, 이 과정을 통해 내가 지은 수백 가지의 죄를 한 가지씩 차례로 전부 찾아낼 수 있다는 생각이 들었다. 이것은 눈이 휘둥그레질 만큼 놀라운 일이었다. 그러자 내 발걸음은 거부할 수 없는 힘으로 고해소를 향하고 있었다. 내가 원한 것이 아니었는데 도무지 그 이유를 알 수 없었다. 두렵고 떨리고 혼란스러운 마음이었다.

줄을 서서 보니 그때까지도 본 적이 없고 그 이후로도 보지 못한 신부님이 고해성사를 베풀고 계셨다. 그렇게 차례를 기다리는 동안 많이 두려웠다. 신부님을 마주 보고 고백하기는 처음이었기 때문이다. 하늘에서 온 나의 수호천사라고 굳게 믿는, 하느님의 사람인 그 신부님 앞에 앉자마자 나는 흐느껴 울기 시작했다.

생전 처음으로 나 자신도 인정하고 싶지 않은 죄까지 포함해서 모든 죄를 고백했다. 고통스러운 동시에 놀랍도록 아름다웠다. 신부님이 나를 진정시키고는 나를 향한 하느님의 사랑을 이야기해 주셨을 때, 내 마음이 활짝 열리고 그리스도를 향한 최초의 회개를 하게 되었다. 내가 **구원**되고 그리스도를 내 삶에 모시는 순간이었다. 고해성사 후 나는 새 사람이 된 것 같았다. 성당에서 무릎을 꿇고 처음으로 진심에서 우러나온 기도를 하느님께 바쳤다. 나는 주님의 것이라고 말씀드렸고 그분께서는 팔을 벌려 나를 반겨 주셨다.

지금까지 예수님을 위한 삶을 살려고 노력해 왔다. 성당 공동체 활동에 전념하고 매일 기도하고 미사 참례도 하고 있다. 나의 영적인 여정은 어린아이였을 때 떠나온 그 자리에서 시작되었다. 물론 그 길에서 장애물도 만나고 힘들 때도 있다. 그러나 고해성사를 할 때면 지금도 그리스도의 사랑과 치유를 만난다.

나는 지금 텍사스 공대의 교내 봉사단에서 지도자로 일하고 있다. 이곳에서 내 인생을 바꾼 '아녜스의 깨달음' 피정을 하고 있다. 고해성사를 통해 매년 수많은 젊은이들이 회개하는 과정에서 내가 작은 역할을 할 수 있다는 것은 주님의 은총이다.

| 텍사스 러벅에서 마르셀 R. 르쥰

천국은 따스한 곳이다

나는 알코올 중독자였다. 이 문제로 내가 마침내 하느님께 의탁하기로 했던 그날, 나는 망설임 없이 수년 만에 처음으로 고해성사를 보러 갔다. 다른 본당에서 잘 모르는 신부님께 고해성사를 보았다. 그때 당시 나는 일하면서 학교에 다니고, 어린 두 아이를 혼자 키우며 하루하루를 겨우 살아내고 있었다. 고해성사를 보러 가기 전에 신부님께 어떤 고백을 해야 할지 고민했지만, 신부님은 형편없이 짧은 고백에도 불구하고 죄를 사해 주셨다.
고해소에 들어갔을 때 고해하는 순서도 생각이 나지 않아 신부님이 가르쳐 주시는 대로 따라했을 정도였다. 더군다나 어린 두 아이까지 고해소에 함께 들어갔기 때문에, 될 수 있는 한 아주 짧지만 직접적이고 솔직한 고백을 어떻게 해야 할지를 신부님께 물어야 했다.

죄 사함을 말 그대로 손에 꽉 움켜쥐고 성당을 나오면서 왠지 반쯤 용서받은 듯했다. 그것은 신부님 때문이 아니었다. 내가 급하게 서둘러 반쪽짜리 고백을 했다는 생각이 들었고, 주님께서 그런 고백을 받아 주시지 않을까 봐 너무나도 두려웠기 때문이다. 차가운 아파트로 돌아와 잠자리를 준비했다. 젖먹이 아들은 아기 침대에 누이고 이제 걷기 시작한 어린 딸과 나는 바닥에 놓인 매트리스에 누웠다. 잠자리를 따뜻하게 만들려고 집에 있는 이불을 전부 꺼내서 덮었다.

나는 여전히 너무도 준비가 안 된 나의 고백을 주님께서 안 받아주시거나 용서하시지 않을까 봐 두려워서 차가운 이불 속에서 울고 있었다. 그런데 잠시 후 내 몸은 매트리스 위에서 예수님의 발치에 편안하게 누워 있었다. 주님의 무릎을 베고 누운 나는 예수님의 옷자락이 부드럽게 스치는 것을 느꼈다. 눈을 들어 그분을 쳐다보지 않았고 그럴 필요도 없었다. 거기 계신 분이 누구신지 잘 알고 있었기 때문이다. 따스했다. 참으로 따스한 곳이었다. 누구도 말하지 않았고 나도 그분도 전혀 움직이지 않았다.

그리고 나는 다시 내 잠자리로 돌아왔고 이불 속에서 다시 몸을 떨고 있었다. 어린 딸을 끌어당겨 두 팔로 꼭 껴안자 가슴이 벅차오르는 황홀감에 오히려 고통이 느껴졌다. 나는 이제 확실히 안다. 천국은 따뜻한 곳이며, 마음에서 우러나오는 고백은 아무리 서툴러도 예수님께서 받아 주신다는 것을.

| 인디애나 뉴 올버니에서 잔 M. 맥클루어

예수님과 마주 보며

점차 청력을 잃어 가고 있는 나로서는 신부님과 얼굴을 마주하고 고해성사를 보는 것이 주님을 만나 치유를 경험하는 가장 좋은 방법이 되었다. 소리를 잘 듣지 못하는 사람들과 마찬가지로, 나는 의사소통을 더 잘 하기 위해 무의식적으로 상대의 입술을 읽는 독순술과 신체 언어에 의존한다. 칸막이가 있는 고해소에서 성사를 볼 때면 항상 신부님의 말씀을 잘 듣지 못했고 때로는 내가 정말 용서를 받았는지 의심스럽기도 했다. 그래서 하느님을 만나서 느끼는 기쁨을 맛보지 못했다. 이제 신부님과 얼굴을 마주하고 앉아서 고해성사를 보니 신부님이 무슨 말씀을 하시는지 이해될 뿐만 아니라, 마치 예수님과 마주 보고 있는 것만 같다. 다정한 미소와 몸짓, 그리고 아주 개인적인 축복은 은총과 기쁨이 가득 찬 진정한 성사의 경험이다.

| 일리노이 시카고에서 리타 F. 프르네이보

가톨릭으로 개종한 신자의 고해성사 | 엘리자베스 피코첼리

**한때 그녀는 고해성사를 두려워했습니다.
그러나 지금은 고해성사의 축복을 느끼고 있습니다.**

| 가톨릭 가족의 잡지 「성 안토니오 메신저St. Anthony Messenger」에서

몇 년 전, 우리 본당의 성인 예비신자 교리반에서 봉사하고 있을 때였습니다. 어느 날엔가 고해성사에 관한 비디오를 보게 되었는데, 고해성사를 역사적으로 다루었다는 점에서 흥미로웠지만 한 가지 중요한 내용이 빠져 있다는 느낌이 들었습니다. 고해성사를 올바로 보는 순서와 의무를 알려 주었지만, 고해성사가 가톨릭 신자들에게 얼마나 큰 선물이 될 수 있는가를 언급하지 않았던 것입니다.

가톨릭으로 개종한 신자인 저는 가톨릭 신앙에서 고해성사가 당황스럽고 두려운 관습처럼 보인다고 생각했습니다. '별 문젯거리도 아닌 것을 전혀 낯선 사람에게 속삭이는 그 어둡고 작은 방들이 도대체 무슨 소용이 있는가?' 저는 죄에 대해 생각하는 것도 좋아하지 않았고 누구에게 말한 적도 거의 없었습니다. 그러나 마침내 말 그대로 주님의 은총을 입은 덕분에 평생동안 주어지는 이 아름답고 의미 있는 성사에 감사하게 되었습니다.

- **형식적이고 틀에 박힌 과거에서 벗어나기**

어렸을 때 다닌 루터교회에서 고백은 간단하게 이루어졌습니다. 신도들은 목사님과 함께 모두 일어서서 제대를 향해 참회의 기도를 큰소리로 말합니다. 그런 다음 목사님은 신도들을 향해 돌아서서 우리가 완전히 용서받았다는 말씀을 봉독합니다.

그때 죄를 진심으로 참회했는지, 확실히 용서받았다고 느꼈는지 잘 생각나지는 않지만, 어쨌든 그것은 주일 예배의 일부로 진행되었습니다. 점차 커지고 있는 저의 죄를 하느님께 개인적으로 고백해야 한다고 생각했지만 용서와 화해에 대해서는 깊이 생각한 기억이 없습니다.

1983년에 결혼을 앞두고 교리를 받기 시작했습니다. 성인 예비신자 교리를 받던 어느 날 고해성사에 대한 이야기가 나왔고, 신부님과 예비신자들이 한 사람씩 개인적으로 면담 형식의 고해성사를 보게 되었습니다. 그때 얼마나 두렵고 불안했는지 지금도 기억이 납니다.

저는 그때까지도 어떤 남자와 마주 앉아 죄를 고백할 정도로 신앙이 깊지 않았습니다. 고해성사에서 내가 만난 그분이 예수님이라는 것과 그분이 용서해 주신다는 것을 이해하지 못했습니다. 신부님은 적극적으로 도와주셨고 세심하게 십계명을 한 가지씩 예로 들어가며 고백할 수 있게 해 주셨습니다.

저는 까칠한 태도로 죄를 인정하며 그것이 죄인지 아닌지 미심쩍은 눈길로 신부님을 쳐다보았습니다. 그런 다음 신부님은 죄를 사해 주셨고 저는 풀려났습니다. 그런데 아무것도 달라진 것 같지 않아서 고백을 제대로 한 것이 아닌가 하는 생각이 들었습니다. 머릿속이 복잡해지면서 가톨릭 신앙에서 고해성사는 내가 앞으로 더 배워야 할 부분이라고 판단했습니다.

세례를 받고 어느 정도 정기적으로 고해성사를 보기 시작했지만, '죄' 라는 부분에서는 계속 휘청거리고 있었습니다. 제가 얼마나 잘못했는지, 얼마나 용서받지 못할 짓을 했는지, 그런 점에 집중하면서 용서가 어떤 유익함을 주는지는 전혀 생각하지 못했습니다.

죄를 짓지 않을 것 같은 사람(어쨌든 신부님이지 않은가?)에게 내 영혼을 전부 드러낸다는 것이 정말 두려웠습니다. 고해소에서뿐만 아니라 오가다 마주 칠 때 나를 어떻게 생각하실까 하는 생각에 마음이 쓰였습니다. 그래서 고해 성사를 볼 때면 으레 다른 성당으로 가곤 했습니다.

그런데 그즈음 제게 아주 특별한 일이 일어나고 있었습니다. 고해성사를 한 번 볼 때마다 점점 기분이 좋아진다는 것입니다. 저 자신을 말로 나타내고 제 잘못을 제 탓으로 여기고 용서를 빌고 나면 뭔가 조금씩 달라지는 것이었습니다. 루터교회에 다닐 때보다 훨씬 어려웠지만 제게 어떤 이로움이 되는지 알기 시작했습니다.

그러나 그때까지도 제게 남아 있던 가장 큰 장애물은 저 자신을 용서하지 못한다는 것이었습니다. 주님의 기도를 외는 등의 쉬운 보속을 받고 고해소를 나올 때마다 실망하곤 했습니다. 성당 건물 주위를 열 바퀴 정도 도는 보속을 받아야 마땅할 것 같았습니다. 단순한 인간의 시각으로 사물을 보면서 하느님께서 준비하고 계신 완전한 용서를 보지 못하고 있었던 것입니다.

그리고 그때 기적을 체험했습니다.

- **자비의 기적**

부활 대축일이 가까운 사순 시기였습니다. 당시 시성된 지 얼마 되지 않은 폴란드 출신의 마리아 파우스티나 코발스카 수녀님의 일기를 읽고 있었는데, 하느님의 자비에 대한 그분의 메시지에 무척 감동을 받았습니다. 그래서 하느님 자비의 축일을 준비하며 9일 기도를 바치면서 약속된 완전한 사함을 받기 위해 축일에 고해성사를 보기로 했습니다.

수녀님의 이야기를 기도 모임에서 나누려는 마음으로 그분에 관한 비디오를 마련하고 짧은 설명도 준비했습니다. 모든 준비가 잘 되고 있었습니다.

그런데 그때 엄청난 일이 일어났고 제 생애 가장 후회스러운 죄를 범하고 말았습니다.

당시 태어난 지 얼마 되지 않은 둘째 아이를 돌보느라 여러 날 밤잠을 제대로 못 자고 지내던 중에, 어느 순간 인내심이 폭발하면서 이성적 사고 능력을 잃고 말았던 것입니다. 그날 아침 부족한 잠 때문에 정신을 차릴 수 없는 상황에서 이성을 잃고 네 살 된 아들에게 너무나 부끄럽고 후회스러운 태도로 분노를 터뜨리고 말았습니다. 일 년 중 가장 거룩해야 할 시기에 어쩌면 그토록 거친 행동을 했는지 제 행동에 충격을 받고 절망했습니다.

잠시 후 마음의 평정을 되찾은 저는 얼른 아들에게 용서를 구했고 이어서 남편에게도 사과했습니다. 무엇보다 하느님께 화해를 청해야 한다는 것을 알았습니다. 마음 한구석에서 과연 용서를 받을 수 있을지 걱정이 되었습니다. 다음 날은 주님 수난 성지 주일이었습니다. 교회는 가장 거룩한 예식을 준비하고 있었습니다. 제가 마치 선과 악의 갈림길에 놓여 있는 것만 같았습니다. 너무도 저 자신이 부끄러워 참을 수가 없어서 고해성사를 보러 본당에 갔습니다. 본당 신부님께 차마 고백할 수 없었기 때문에 은퇴하신 신부님께 고백할 생각이었습니다.

성당에 도착해 보니 은퇴 신부님 고해소에는 스물다섯 명이나 줄을 서 있었고 본당 신부님 고해소에는 겨우 세 명만 기다리고 있었습니다. 생각을 바꿔 겸허한 마음으로 짧은 줄에 섰습니다. 하느님께서는 제게 쉬운 길을 허용하지 않으셨던 것입니다.

고해소에 들어가서 모든 것을 털어놓았습니다. 눈물을 흘리며 범한 죄를 상세히 고백했고, 신부님께서는 깊은 이해심을 보이며 제가 기대한 말씀을 해 주셨고 죄를 사해 주셨습니다. 그런데도 기분은 좋아지지 않았습니다.

그런데 고해소를 나오는 순간, 정말 놀라운 일이 일어났습니다. 믿을 수 없지만 너무나 생생한 느낌이었습니다. 마치 누군가가 제 머리 위에서 물을 쏟아 붓는 것 같았습니다. 그러자 머리부터 발끝까지 깨끗이 씻기고 깃털처럼 가벼워져서 어깨를 짓눌렀던 세상의 무거움이 전부 사라지는 느낌이었습니다. 그런 경험은 생전 처음이었습니다.

하느님께서 제 머리를 한 대 치셨다는 것을 금방 깨달았습니다. 제가 완전히 용서받았다는 명백한 신호였습니다. 그분께서는 제 마음이 얼마나 고통스러운지, 제가 얼마나 깊이 죄를 뉘우치는지 보셨던 것입니다. 그리고 제가 돌아온 것을 기뻐하셨던 것입니다.

파우스티나 수녀님께 하신 주님의 말씀이 떠올랐습니다.

"부족한 자와 죄를 범하고 두려워하는 자들은 모두 내게 데려오너라. 그들의 죄가 이 세상 모래알만큼이나 많다 해도 나의 무한한 자비 안에서 모두 사라질 것이다."

그날 주님의 특별한 은총을 체험한 것처럼 하느님의 용서가 항상 그렇게 생생하게 주어진다면 고해소 앞은 문전성시를 이룰 것이 틀림없습니다. 그렇게 하자면 우리의 믿음이 굳건해야 할 것입니다.

- **하느님께서 행하시는 일**

하느님께서는 우리에게 필요할 때 기적과 경이로움을 보여 주십니다. 그날 제게는 아주 특별한 것이 필요했던 것입니다. 그 체험에서 저의 죄를 버리고 진정으로 저 자신을 용서하는 법을 배우게 되었습니다.

이제 저는 고해성사를 보러 갈 때 더 이상 죄에만 사로잡혀 무거운 발걸음을 옮기지 않습니다. 하느님의 자비를 구하러 갑니다. 그날처럼 생생하게 느낄 수는 없지만 용서는 그때와 마찬가지로 베풀어 주신다는 것을 압니다. 무거운 짐을 내려놓고 주님께 더 가까워졌다는 것을 다시 한 번 느끼기를 고대합니다.

더 이상 모르는 신부님을 찾아다니지 않습니다. 본당의 어떤 신부님께 고백해도 마음이 편안합니다. 신부님마다 스타일은 다르지만 하느님께로부터 나오는 용서는 언제나 같기 때문입니다.

몇 년의 세월을 보내며 본당 신부님 가운데 한 분과 특별한 인연을 맺고 그분께 주로 고해성사를 봅니다. 그러는 가운데 저를 지켜보시는 그 신부님은 제가 한 남자의 아내로서 그리고 엄마로서의 소임을 다하면서, 영적 성장에 걸림돌이 되는 것들을 극복할 수 있도록 더욱 큰 도움을 주십니다.

어른이 되어 개종한 저에게 고해성사는 성체 안에서 그분을 만나는 것에 버금가는, 그리스도를 더욱 친밀하고 뜻깊게 만나는 자리가 되었습니다. 고해성사란 제가 믿는 대로 하느님이 늘 주고자 하시는 큰 선물임을 이젠 압니다.

"아버지, 이 선물을 더 일찍 알아보지 못한 저를 용서하소서."

[엘리자베스 피코첼리는 「Shower of Heavenly Roses: Stories of the Intercession of St. Therese of Lisieux」(The Crossroad Publishing Company)와 「The Fruits of Medjugorje: Stories of True and Lasting Conversion」(Paulist Press) 의 저자다.]

선과 악 사이에서

어렸을 때는 열심히 성당에 다녔다. 학교에 가기 전에 성당에 갔고 방과 후에는 혼자 기도하러 성당에 갔다. 그러나 십대가 되면서 점차 교회를 떠났고, 다른 여자애들과 마찬가지로 하느님보다는 남자 친구들과 보내는 시간이 많아졌다.

그런데 결혼하고 10년이 지나 두 아이의 엄마가 되자 가톨릭 신앙을 다시 찾고 싶은 마음이 간절했다. 아이들 모두 가톨릭 학교에 다니는데, 큰아들이 첫 고해를 준비하는 과정에서 내 마음이 예수님께 향하는 것을 느꼈다.

내 결혼 생활은 파탄을 맞았다. 온종일 일을 했고 밖에서 보내는 시간이 많아지면서 잘못된 생활에 빠져들기 시작했다. 그러면서도 주님께서 자꾸 나를 이끄시는 힘이 느껴졌고 선과 악 사이에서 갈등을 겪게 되었다.

어느 날 밤, 깊은 잠에 빠졌는데 꿈속에서 악마를 마주하게 되었다. 악마는 말로 표현할 수 없는 정도로 괴기스러운 모습이었다. 악마는 내게 싸움을 걸었고 나는 악마와 엎치락뒤치락하며 몸싸움을 하게 되었다. 그러다 어느 순간 눈을 들어 보니 나의 수호천사 둘이 슬픈 얼굴로 나를 내려다보고 있었다. 나는 결정을 내려야 한다는 것을 알았다. 사탄과 함께 계속 죄 중에 살 것인가, 아니면 예수님께로 향하는 삶을 살 것인가?

나는 결정을 내리는 순간 소리쳤다.

"악마야, 물러가라! 나는 하느님의 자녀다!"

이렇게 소리치자마자 악마는 스르르 사라졌다. 잠에서 깨어났을 때 온몸이 땀으로 젖은 채 떨고 있던 나는, 놀란 가슴을 진정시키기 위해 방의 불을 전부 밝혔다.

반드시 해야 할 선택이었다. 더 이상 죄 중에 살 수 없다는 것을 알고 있었다. 그리고 본당에 전화를 걸었다. 고해성사를 본 지 10년 이상 지났지만 새로운 삶을 시작하고 싶었다.

본당에 전화한 시각은 저녁 여섯 시였다. 본당 신부님이 전화를 받아 고해성사 시간을 알려 주시면서, 요청에 따라 시간을 낼 수도 있다고 말씀하셨다. 하던 일을 던져 버리고 성당으로 달려가 즉시 고해성사를 볼 수 있었다.

저녁 7시에 성찰한 후에 고해소로 들어가 진심 어린 마음으로 고해성사를 보았다. 그러자 성령께서 내 짐을 모두 덜어 주셨고, 고해소를 나오면서 내 삶이 완전히 달라질 것을 알았고 또 그렇게 되었다.

| 오하이오 트윈스버그에서 익명의 신자

죄를 없애 주는 기계

사람들은 무거운 죄를 짊어지고 살면서 죄를 지은 자신을 용서하지 못하는 경우가 많다. 게다가 그들 주변에는 흔히 그들이 전에 저지른 잘못을 계속 일깨워 주는 사람이 있다. 하지만 다행스럽게도 가톨릭 신자들은 고해성사라는 죄를 없애 주는 지구상에서 가장 좋은 기계를 가졌다. 그런데 참으로 슬프게도 많은 사람들이 이 치유의 성사를 통해 무거운 죄를 벗어 버릴 수 있다는 것을 깨닫지 못한 채 괴로움 속에 살고 있다.

어떤 사람이 낙태, 부정, 불경 같은 **용서받지 못할 죄**나 다른 중대한 죄를 고백했을 때 사제가 그저 "이제 괜찮아질 겁니다."라고 하면서 그를 돌려보내는 것으로는 그 사람의 상처 난 영혼을 회복시킬 수 없다. 고해소에서 예수님은 사제를 통해 고해자에게 말씀하시고, 성경과 사도들을 통해서, 그리고 손을 얹는 행위를 통해서 진정한 치유를 내리신다. 그분께서는 우리에게 이렇게 말씀하시며 위안을 주신다.

"내 아들딸아, 힘내라. 네 죄는 용서받았다."

사제가 "나는 성부와 성자와 성령의 이름으로 당신의 죄를 사합니다."라는 강한 힘을 지닌 말을 할 때, 이는 사제가 아니라 예수님께서 그 사람을 용서하시는 것이다. 죄를 사한다는 말은 우리의 삶을 완전히 변화시킨다. 자신을 용서하지 못해 힘들어 하는 고해자들에게 죄를 사한다는 이 말을 믿어야 하며, 그들의 죄에 대한 하느님의 심판이 완전히 끝났음을 의심할 필요가 없다고 말한다. 성경은 죄를 용서하는 힘을 교회에 부여하고, 이는 기적과도 같이 내면의 치유를 가능하게 한다.

사제로서 예수님께서 고해성사를 통해 용서로써 치유하시는 기적을 볼 때보다 더 기쁜 경험은 없었다. 그리스도의 놀랄 만한 자비의 은총은 고해성사라는 하늘의 선물을 받는 사람들을 소리 높여 감사하게 한다.

| 오리건 카이저에서 개리 L. 제어 신부

하늘의 선물에 감동하다

1997년 9월 엄마와 함께 잉글랜드에 사는 사촌을 방문했다. 10월 2일 우리 셋은 아일랜드의 녹Knock으로 날아갔다. 내가 유럽에 있는 성당을 보고 싶어 했기 때문이다.

그곳에 도착해서 짐을 풀고 녹 성모 성지로 차를 몰았다. 성지에 들어가면서 '제일 먼저 뭘 할까?' 생각하다가 '당연히 고해성사를 봐야지!' 하고는 커다란 고해소 건물로 들어갔다. 그런데 고해성사를 보려는 사람들이 그렇게 많을 수가 없었다. 고백할 내용을 생각하다가 내 강한 자존심을 고백하기로 했다, 성령께서 내게 임하신 것이 틀림없다고 생각하면서.

문이 열려 있는 왼쪽 고해소로 들어갔다. 신부님이 옆모습을 보이고 앉아 계셨는데 의자 등받이에 오른팔을 올리고 계신 모습이 힘들어 보였다. 받침대에 무릎을 꿇고 나의 자존심에 대해 고백하자 신부님은 나를 바라보시며 요즘은 많은 신자들이 그런 고백을 한다는 말씀을 하셨다. 그리고 죄를 사해 주신 다음, 보속으로 성모송을 열 번 외우라고 하셨다. 감사를 드리고 나와 제대 앞으로 갔다.

아름다운 제대 주변을 둘러보고 성모송을 바친 다음 밖으로 나왔을 때 갑자기 땅에 발을 딛기가 힘들었다. 마치 공중에 떠 있는 것만 같아서 다리에 힘을 주어야 걸음을 뗄 수 있었다. 그것이 하늘의 선물을 받은 것처럼 느껴져서 얼마나 기뻤는지 모른다!

고개를 들어 보니 엄마와 사촌 마가렛이 내게 다가오고 있었다. 혹시 내가 힘들게 걸음을 떼는 모습을 본 것이 아닐까 했지만, 내게 성당에서 미사가 봉헌되고 있다는 말만 하는 것으로 봐서 못 본 것이 분명했다.

두 사람이 앞서 가고 내가 뒤따를 때야 비로소 제대로 걸을 수 있었다. 성당에 들어섰을 때 성찬 전례가 시작되고 있었고, 미사가 끝난 뒤에도 나는 계속 성당에 앉아 있었다. 그곳에 실제 크기의 조각상이 보였다. 겸손한 모습의 요셉 성인이 왼쪽에 있었고, 그 옆에 녹의 성모님이 하늘을 바라보며 기도하는 모습으로 서 계셨다.

온몸으로 복음을 선포하고 있는 듯한 모습의 복음사가 성 요한의 조각상은 참으로 놀라웠다. 하느님의 어린 양이 제대 위에 있었고 천사들이 십자가와 제대를 둘러싸고 도는 모습이 조각되어 있었으며, 그 오른쪽에 감실이 있었다. 잊기 어려울 만큼 참으로 아름다운 광경이었다.

그 순간 나는 장미 향기를 맡을 수 있었다. 성모님의 현존을 느꼈기 때문이다. 얼른 무릎을 꿇고 한참 동안 그렇게 있다가 엄마와 마가렛을 만나러 나왔다.

성지를 떠나면서 우리는 아주 작은 녹의 성모님 조각 성상을 사기 위해 가게에 들렀다. 점원이 건네는 조각 성상을 보고 "이건 성당에 있는 것과 다르잖아요?" 하고 말하자 그녀는 "아니에요. 같은 거예요." 하고 대답했다. 성당에 있는 성모님은 미소 짓고 계시는데 이것은 그렇지 않다고 하자, 그녀는 웃으며 어떤 사람들에게는 그렇게 보이기도 한다면서 성당에 있는 성모님은 미소 짓고 계시지 않다고 말하는 것이었다. 나는 믿을 수가 없었다. 우리는 다시 성지로 들어가서 확인해 보았다. 그런데 정말 녹의 성모상은 미소 짓는 모습이 아니었다!

고해성사를 보는 동안 나는 자존심을 버리겠다고 말씀드렸다. 그런 말씀을 드릴 수 있어서 정말 기뻤다. 물론 당장 그렇게 되지는 않았지만 그 후 몇 년이 흐르는 동안 자존심이 주는 피해를 깨달을 수 있었다.

| 캐나다 앨버타 성 알베르토에서 프란치스코 M. 리클로, SFO

십계명 노래

나는 지금 예순 살이다. 어릴 때 폴란드의 가톨릭 학교에 다녔는데 2학년 때 이 노래를 배웠다. 세월이 지난 지금도 나는 유혹을 느끼면 이 노래를 부른다. 그러면 죄를 피하는 데 도움이 된다.

첫째, 나는 하느님을 흠숭해야 합니다.
둘째, 그분의 이름을 흠숭해야 합니다.
셋째, 주님의 날을 흠숭하고 거룩하게 지내야 합니다. 이것은 나의 목적이 될 것입니다.
넷째, 나는 순종해야 합니다.
다섯째, 친절하고 충실해야 합니다.
여섯째, 말하고 노래하고 듣고 행하는 모든 것에서 순결해야 합니다.
일곱째, 정직해야 합니다.
여덟째, 내가 말하는 모든 것이 진실이어야 합니다.
아홉째, 마음과 정신, 매일의 내 생각과 의지가 순결해야 합니다.
열째, 나는 만족해야 합니다. 어떤 것에도 질투하지 말아야 합니다.

이것이 주님의 십계명입니다.
나는 반드시 이것을 지켜야 합니다.

| 뉴욕 포스텐킬에서 폴 J. 그부즈

새로운 결혼

1992년 6월, 남편 존이 문을 열고 나갔다. 내 반쪽도 그와 함께 나가 버렸다. 심장이 찢어지는 것 같았다. 이혼이라는 악몽이 현실이 되었던 것이다. 그때는 잘 몰랐지만 험한 바다를 건너는 그 괴로운 여정을 통해, 예수님께서 우리를 당신 교회의 쉼터로 이끄시고 제때에 우리의 결혼 생활을 새롭게 해 주셨다.

존과 나는 신학교에서 만났고 둘 다 연합 감리교 목회자였다. 나는 신학교를 떠나 1989년에 도서관학을 전공하기 시작했고, 존은 시간제로 목회를 하면서 1990년에 변호사 실습을 하게 되었다. 1973년 이래 가톨릭교회 성인들의 생애에 관한 책들을 읽고 있었는데, 이혼하게 되자 가톨릭 신자가 되고 싶은 마음이 커졌다.

성인 예비신자 교리반은 10월에 시작되었다. 메리 코르소가 우리 반을 지도했고, 오하이오 데니슨에 있는 원죄 없는 잉태 성당의 리차드 엥글 신부님이 지도 신부님이셨다. 메리는 가톨릭교회로 온 것은 우리 모두가 주님의 부르심에 답한 것이라고 말했다. 내가 가톨릭 신자가 되고 싶었던 것이 하느님의 부르심이라고 생각해 본 적이 한 번도 없었지만 차츰, 그것이 진실임을 알게 되었다.

1992년에 가톨릭교회로 왔을 때 상처 받은 채 인간적인 접촉에 목말라 있었다. 공허함과 깊은 고통은 그리스도께서 영적인 존재라는 것만으로는 충분하지 않다는 깨달음을 주었다. 함께하는 사람들과 신부님들을 통해 교회는 나에게 선물을 선사하기 시작했고, 나는 그것을 받아들이게 되었다. 교리를 받는 일 년 동안 이혼에 이르게 한 내 죄를 용서하시는 자비를 간구하며 소리 내어 울었다. 그러면서 존 역시 가톨릭교회의 은총과 선물이 필요한 인간으로 보게 되었다.

1993년 사순 시기 동안 첫영성체를 위한 준비로 고해성사를 보았다. 이 고해성사를 통해 죄를 진심으로 뉘우치고 고백하면 죄 사함의 힘이 있다는 것을 알았다. 홀로 기도 중에 고백할 때는 하느님의 용서를 받았다는 위안을 느낄 수 없었다. 고해성사를 볼 때 무거운 죄를 지고 고해소에 들어가지만 나올 때는 죄를 벗어나 주님의 놀라운 은총과 사랑을 경험한다.

1993년 부활 대축일 전야 미사가 봉헌되는 가운데 견진성사를 받고, 그리스도의 몸과 피인 거룩한 성체를 처음으로 받아 모시고 가톨릭교회의 환영을 받았다. 하느님의 현존과 사랑이 있는 새로운 땅을 발견했던 것이다.

1993년 6월에 아이들을 데려오기 위해 존의 부모님 집에서 그를 만났다. 남편은 나와 단둘이 이야기하고 싶다고 했다. 남편은 망가져 있었다. 나는 이혼에 이르게 한 내 죄를 고백했고 남편도 눈물을 흘리며 자신의 잘못된 행동들을 고백했다. 우리 사이의 벽이 무너져 내렸다. 우리는 서로를 용서하고 주님의 현존과 사랑 안에서 눈물을 흘리며 포옹했다.

엥겔 신부님께서 우리가 서로 화해하고 주님과 교회와 화해하도록 이끌어 주셨다. 그해 10월에 존은 성인 예비신자 교리 교육을 받기 시작했다. 엥겔 신부님은 우리 자신의 죄에 대한 책임을 져야 하며 서로 비난하지 말라는 말씀을 해 주셨고, 1994년 1월에 우리 부부의 혼인성사를 집전해 주셨다. 존은 다음 해 봄에 첫 고해를 했고 견진성사와 영성체를 했다.

이제 우리는 서로 깊이 사랑하며 서로에게 새로운 존경과 신뢰를 갖게 되었다. 우리는 새 사람이 되었고 새로운 결혼을 했다. 아직 목적지에 도달하지는 않았지만 교회는 어떻게 사랑하고 살아가야 하는지를 가르쳐 주고 있다.

| 조지아 캔턴에서 브렌다 맥클라우드

하느님의 깜짝 놀랄 선물

지난해에 주님께서는 놀라운 경험을 통해 나를 회개로 이끄셨다. 2004년 마지막 날에 가브리엘 아모스 신부님의 구마 의식에 관한 책을 읽고 있었는데, 차츰 나의 유물론적 사고방식과 파티를 즐기는 습성과 동성애적인 생활 태도가 죄가 될 뿐만 아니라 악한 것이라는 깨달음을 갖게 되었다. 아모스 신부님은 고해성사를 하고 영성체를 하는 것이 악을 몰아내는 데 가장 좋은 방법이라고 하셨다. 그래서 나는 두 가지를 모두 하기로 마음먹었다.

두 달 후에(이날 나는 베네딕토 십자가를 목에 걸었다) 동거하는 파트너에게 우리가 이제부터는 함께 자면 안 되겠다는 말을 꺼냈다. 처음에 그녀는 주저했지만 이제는 함께 매일 미사에 참례하고 묵주기도도 바치고 있다. 주님과 성모님께서 우리 두 사람이 금욕 생활을 하도록 은총을 내려 주셨다.

이 최초의 회개 이후에 주님께서는 나를 위해 더 깜짝 놀랄 선물을 준비하고 계셨다. 아주 오랜 기간 알코올 중독 가족력이 있는 나는 술을 많이 마셨다. 건강에 대한 걱정도 되고 내 생활에 영향을 주긴 했지만 한 번도 술을 끊을 생각을 해 본 적이 없었다. 가족들은 내가 파티나 모임에서 언제나 '만취해서 주정한다'고 불만스러워했다.

작년 주님 수난 성지 주일에 캘리포니아 패서디나에 있는 은총의 성모 승천 성당으로 고해성사를 보러 갔다. 제라르도 오브라이언 본당 신부님이 고해성사를 베풀어 주셨다. 내가 술을 너무 많이 마시는 것 같다는 말씀을 드리자 신부님은 나이를 물으셨다. 42살이라고 말씀드렸더니 가족들이 그 사실을 알고 있는지 물으셨고, 그렇다고 하자 알코올 중독이냐고 물으셨다. 나는 그런 것 같다고 대답했다.

신부님은 언제까지 그렇게 살 수는 없으니 이제 그만 술을 끊으라고 하시며 AA(알코올 중독자 구제회)에 갈 것을 보속으로 주셨다. 너무 뜻밖이라 놀랐지만 고해성사를 통해 주님께서 말씀하신다는 생각이 들자 그분의 뜻을 거역할 수 없었다. 나는 보속을 해야 했으므로 AA에 나가기 시작했다.

몇 주가 지나자 술을 마시고 싶은 욕구가 현저히 줄었다는 것을 알았다. 그때 이후 지금까지 술을 마시지 않았고 전혀 술 생각도 나지 않는다. 그리고 기도하고 매일 미사에 참례하기 시작했다. 하느님께서 고해성사를 통해 영적 치유를 해 주셨을 뿐만 아니라 중독에서도 벗어나게 해 주셨다고 나는 믿는다.

내 이야기를 사람들에게 하면 믿지 못하겠다는 반응을 보이는 사람들이 많다. AA에 나가는 사람들은 제라르도 신부님의 지혜와 통찰에 깊은 인상을 받았다. 내 친구 몇 명은 믿어지지 않는다고 말하면서도 내가 술을 끊어서 정말 잘했다고 생각한다.

주님께서 나와 가족에게 얼마나 많은 은총을 내려 주고 계신지 말로 다 설명할 수 없을 정도다. 주님께서는 일주일에 몇 번씩 나를 미사에 초대하신다. 제라르도 신부님은 나에게 성체 분배자를 하라고까지 말씀하신다. 술을 마시지 않는 독신의 신앙심 깊은 가톨릭 신자로 내가 얼마나 행복해졌고 얼마나 충만한 삶을 사는지 그것은 말로 다 할 수가 없다.

| 캘리포니아 패서디나의 실비아 A. 그린

공항에서 고해성사를

가톨릭 사제인 나는 6년 전 거의 죽을 뻔했던 일을 겪었고, 주님께서 나를 살려 주셨을 때 고향인 캘리포니아로 돌아가 체력을 회복하고 가족들의 애정 어린 보살핌 속에서 잠시 지내기로 했다.

시카고오헤어국제공항에서 이륙을 기다리며 구석진 자리에 앉아 내가 제일 좋아하는 리지외의 성녀 데레사의 일생에 관한 책을 읽고 있었다. 나는 사제복을 입고 있지 않았다. 몸에 맞지 않아 가족과 집에서 지내는 동안 새것을 사기로 했기 때문이다.

책을 읽고 있는데 어떤 남자가 다가와 혹시 신부님이냐고 물었다. 나는 놀라움을 감추려고 애쓰며 그렇다고 대답했다. 그랬더니 그 남자는 혹시 고해성사를 베풀어 줄 수 있는지 물었고 나는 그러겠다고 했다. 그는 오래 전에 신앙을 버렸는데 이제 비행기를 타려고 하니 두렵다고 했다. 그래서 하느님께 자신의 완고함을 용서해 주시기를, 그리고 사제를 보내 주시기를 청했다는 것이다. 그런 기도를 마쳤을 때 그는 자신도 모르게 K-6 출구로 발걸음을 옮기게 되었고, 구석에 앉아 있는 나를 보는 순간 하느님께서 보낸 사제임을 알았다고 했다.

그렇다. 나는 그 남자가 자신의 영혼을 전부 내보일 수 있도록 그 순간 그 자리에 있었다. 우리는 한 시간 가량 이야기를 나누었는데 마치 몇 분이 지나간 것처럼 짧게 느꼈다. 그는 좋은 사람이었다. 사랑과 구원이라는 맥락에서 그의 인생을 설명해 줄 필요가 있는 사람이었으므로 열심히 최선을 다해 말해 주었다. 그에게 손을 얹고 죄를 사해 줄 때 사제로 살아온 내 인생에서 가장 숭고한 순간 중에 하나임을 느낄 수 있었다. 나는 주님께서 그 남자의 삶과 그를 용서해 주도록 나를 살려 주셨다고 믿는다.

| 일리노이 워싱턴에서 게리 C. 캐스터 신부

(「Mary, In Her Own Words: The Mother of God in Scripture」(Servant Books, 2006.10)의 저자)

낙태 후에 고해성사를 보다

17살이었을 때 나는 임신을 하고 말았다. 매우 엄격한 교육을 받고 자란 나는 이 일을 부모님께 어떻게 말씀드려야 할지 몰랐다. 부모님은 절망하실 것이 분명했다. 그래서 남자 친구와 나는 임신 중절 수술을 받는 것이 최선이라고 판단했다. 갈등이 심했지만 나는 어렸고 두려웠으며 임신 상태에서 얼른 벗어나기만을 바랐다. 당시 우리는 1년쯤 사귀고 있었지만 그런 일이 일어나리라고는 생각지도 못했다. 그러나 그 일이 일어나고 말았던 것이다. 나는 산부인과에 전화해서 상담 예약을 했다. 병원에서 상담이 진행되면서 기다리는 가운데 그들은 임신 단계에 따른 낙태 수술을 사진으로 보여 주었다. 그것을 보고 나서 그 영상들을 머릿속에서 지워 버렸다. 내 머릿속에는 어서 아기를 없애고 부모님께 반드시 비밀로 해야 한다는 생각뿐이었다.

수술을 받으러 가는 날, 잠에서 깨어나 하느님께 제발 용서해 달라고 기도했다. 나는 두려웠고 얼른 끝났으면 좋겠다는 생각뿐이었다. 남자 친구가 동네 어귀에서 나를 태워 병원으로 가는 동안 우리는 아무 말도 하지 않았다. 병원에 들어가 이름을 부를 때까지 앉아서 기다렸다. 내가 태어나지 않은 아기를 죽이려 한다는 사실을 깨달았을 때의 그 죄책감은 살면서 한 번도 느껴 보지 못한 것이었다.

수술을 받고 지금까지 살면서 그 사실을 잊으려고 애썼다. 나중에 참 좋은 남자와 결혼해서 두 아이를 낳았다. 그러나 그 모든 것에도 불구하고 그날의 죄책감을 떨쳐 내지 못하고 극복하지도 못했다. 15년이 지났는데도 내가 낳을 수도 있었을 그 아이에 대한 생각이 떠나지 않았다. 임신 중절 수술을 받은 나 자신이 정말 싫었다.

나는 성당에서 유아 세례를 받았고 내 아이들도 세례를 받게 해 주고 싶었다. 그리고 그때까지 받지 못한 견진성사를 받고 싶었다. 나는 견진성사를 준비했고 아이들은 세례를 준비했다. 불행하게도 생전 처음 고해성사를 받아야 한다는 생각은 나를 두렵게 했다. 그러나 이것이 오랜 시간 내가 짊어지고 있는 죄책감을 벗어버리는 데 필요하다는 것을 알았다.

나의 첫 고해성사는 유타의 웨스트 벨리에 있는 성 베드로와 바오로 성당에서 오신 펠레그리노 신부님이 베풀어 주셨다. 신부님께 말씀 드릴 내용을 여러 번 되뇌면서 바보 같은 기분이 들지 않기를 간절히 바랐다. 그날 밤에 성당으로 차를 몰 때 가슴이 답답해져서 집으로 차를 돌리고 싶었지만 '이제 괜찮아질 거야.' 하는 말이 귓전에 계속 들려왔다.

줄을 서서 고해성사를 기다리는 시간은 영원처럼 길게 느껴졌다. 그 옛날 했던 임신 중절 수술이 자꾸 마음에 떠올랐다. 펠레그리노 신부님이 나를 부르셨고 내 고백을 들으셨다. 나는 울면서 마음속에 있는 것을 털어놓았다. 주님의 용서를 청했고 신부님이 기도해 주시는 동안 평화로워지는 것을 느꼈다. 집으로 돌아올 때 지난 15년 동안 나를 따라다니던 먹구름이 마침내 사라지는 것 같았다.

| 유타 스탠스배리 파크에서 폴린 M. 윌슨

제 생각엔 …

웨스트민스터 성당의 신부님이 고해성사 때 하신 말씀을 저는 항상 기억할 것입니다. 저는 저 자신에게 실망하고 환멸을 느끼고 있었습니다.
신부님께서는 아주 짧게 말씀하셨습니다.
"그리스도께서는 당신을 지극히 사랑하십니다."

| 잉글랜드 미들섹스 사우스 해로우에서 오드리 린 뉴버리

고해성사를 준비하면서 - 영적 체온을 재다

| 토마스 M. 케이시 신부

이런 질문을 받아 본 적이 있습니까?
"하느님께 직접 말씀드려도 되는데 왜 신부님께 죄를 고백해야 합니까?"
이에 대한 대답은 우선 우리는 하느님께 직접 죄를 고백하고 용서를 청할 수 있다는 것입니다. 미사의 참회 예절에서 우리는 그렇게 하도록 허용하고 있으며, 많은 가톨릭 신자들이 자신의 양심을 성찰하거나 영적 체온을 점검하고 용서를 구하는 기회로 이용하고 있다는 조사 결과가 있습니다. 하느님께서는 남에게 해를 끼치는 말과 행위, 태도를 진정으로 뉘우치는 사람은 누구라도 용서하시고 받아 주시며 사랑하신다고 교회는 가르쳐 왔습니다.

대부분의 사람들은 어떤 특정한 때나 아니면 매일같이 하느님께 뭔가를 말씀드리며 살고 있습니다. 하느님께 '시험 잘 보게 도와주세요. 어떤 팀이 이기도록 도와주세요. 아니면 친구 누구가 나를 좋아하게 해 주세요.' 라는 청을 드릴 수도 있습니다.

또는 자신이 내린 결정에 확신이 서지 않아서 그에 대한 기도를 하고 싶을 때도 있습니다. 가까운 친구가 부모님이 허락하지 않은 사람과 함께 지내고는, 자기와 같이 있었다는 거짓말을 자기 부모님께 해 달라고 부탁하는 경우도 있습니다. 이런 경우 하느님께 기도하면 여러분은 생각을 정리하고 자신의 솔직한 마음을 보는 데 도움을 받게 됩니다.

또 어떤 때는 누군가에게 조언을 부탁하거나 어떤 문제에 대한 단순한 의견이 필요하기도 합니다. 이럴 때 언니나 오빠에게 "친구가 술을 마시자고 하거나 마약을 해 보자고 하면 어떻게 말해야 할까?" 라고 물을 수도 있습니다.

- **진실을 보기 위한 성사**

고해성사에서 고백을 듣는 역할을 하는 사제는 고해자가 미처 생각하지 못했던 요점을 보도록 돕는 일종의 공명판이나 거울의 역할을 할 수도 있습니다. 여러분이 다른 사람들, 즉 사제나 가족 또는 친구에게 도움을 청하는 것은 하느님을 의심해서가 아닐 것입니다. 신뢰하고 존경하는 그 사람들이 여러분을 위로해 주고 정보를 줄 수 있는지 알아보는 것입니다. 하느님께서는 주변의 그런 사람들을 통해 우리에게 말씀하십니다. 고해성사도 그와 마찬가지입니다.

때로 여러분의 기분을 이해하고 동기를 찾고 행동을 분석하고 문제에 답을 제시해 주는 다른 누군가의 의견이 필요할 때가 있습니다. 가톨릭 신자들은 하느님께서 피조물과 너무나도 흡사한 분이기 때문에, 우리가 생각할 수 있는 가장 인간적인 방식으로 우리 삶에 들어오신다고 믿습니다. 하느님께서는 예수 그리스도라는 사람으로 인간 세상에서 우리가 볼 수 있는 분이 되셨습니다.

이 예수님이 여러분의 일상에서 가장 흔한 것, 즉 물과 빵과 포도주, 접촉과 언어 등을 통해 당신 현존의 선물을 주기 위해 교회의 성사에서 여러분을 만나십니다.

예수님은 여러분을 돕기 위해 고해성사를 베푸십니다. 그분께서는 여러분이 '용서를 받았다. 다 괜찮다. 지난 잘못으로 괴로워할 필요가 없다.'는 말을 자신의 목소리가 아닌 다른 사람의 목소리로 들을 필요가 있다는 것을 이해하시기 때문입니다.

- **고해성사의 변천사**

만일 가톨릭 신자들은 왜 예수님께서 고해성사를 주셨다고 믿는지 궁금하다면 요한 복음서 20장 21-23절을 보면 됩니다.
" '… 아버지께서 나를 보내신 것처럼 나도 너희를 보낸다.' 이렇게 이르시고 나서 그들에게 숨을 불어넣으며 말씀하셨다. '성령을 받아라. 너희가 누구의 죄든지 용서해 주면 그가 용서를 받을 것이고, 그대로 두면 그대로 남아 있을 것이다.' "

초기 그리스도인들은 하느님이신 예수님께서 당신의 공동체에 죄를 용서하는 권한을 남겨 주셨다는 것을 의심하지 않았습니다. 분명하지 않은 것은 그 용서를 받는 형식이었고, 분명한 것은 고해성사에 대한 이해가 세기를 거치면서 변화해 왔다는 점입니다.

학자들은 죄를 용서하는 초기의 형식은 세례성사를 통해서 표현되었다고 말합니다. 세례를 받으면 그리스도 공동체의 일원이 되는 동시에 그 사람의 죄는 용서를 받았습니다. 그런데 시간이 지나면서 세례 후에 범한 죄를 어떻게 할 것인가에 대한 의문이 생겨났습니다.

테르툴리아노(160~230년) 같은 엄격한 그리스도인은 살인과 간음 같은 죄는 교회에서 용서할 수 없다고 가르쳤습니다. 하지만 그 견해는 공동체 다수에게 받아들여지지 않았습니다.

테르툴리아노의 사상은 널리 보급되지 않았지만, 초대 교회는 고해를 했던 당시 그리스도인들에게 공적인 성격의 엄한 보속을 주라고 대부분의 주교들에게 명했습니다. 이 보속은 길게는 2년까지 걸렸고 그 후에야 죄인은 공동체와 화해할 수 있었습니다. 예상하듯이 소수의 신자들은 예식에 참여할 수 없는 매우 중대한 행위를 범했다는 사실을 모두가 알고 있다는 수치심을 기꺼이 견뎠을 것입니다. 그런 사람들은 종종 자신이 죄 중에 있음을 알리는 상징으로 넝마를 걸치고 교회 밖에 서 있어야 했습니다.

이 보속은 일생에 한 번만 행하지만 너무 지나친 전통이라는 인식에, 그리스도교 신자가 되려는 사람들 대부분이 세례를 받지 않고 기다리다가 죽음이 가까워졌다고 여겨질 때 비로소 세례를 받곤 했습니다. 이런 식으로 죄를 용서받았던 것입니다. 대부분의 그리스도인들은 자신을 위대한 성인이나 몹쓸 죄인으로 여기지 않았고, 기도, 자선, 단식, 성찬식 참례 등의 보다 일반적인 방식을 취하는 것으로 공공연하고 엄중한 보속을 회피했던 것으로 보입니다.

5세기 아일랜드에서 고해성사의 형태에 중대한 변화가 일어났습니다. 이곳에서는 당시에 수도사들이 지방을 다니며 개별적인 고해성사를 주었습니다. 보속을 주고 떠났다가 몇 달 후 다시 그 지방에 들렀을 때 죄인과 함께 하느님의 용서를 청하는 기도를 올리곤 했습니다. 이 고해성사 예식이 너무 관대하다고 생각하는 일부 교회 지도자들은 비록 받아들이지 않았지만 점차 유럽에 퍼져 나갔고, 1215년이 되어서 교회는 공식적으로 사제의 개별 고해성사 예식을 채택했습니다. 그러나 죄를 사하는 것은 죄를 고백한 이후, 지정된 보속을 행하기 전에, 즉 죄를 고백하고 죄 사함을 받고 보속을 행하는 순서로 되었고, 이것이 오늘날 가톨릭교회에서 일반적으로 행하는 고해성사로 남아 있습니다.

소속 본당에서 공동 참회 예절에 참여한 적이 있을 것입니다. 공동체가 함께 모여 기도문을 외고 성경을 봉독하고 나면, 신자들은 자신의 본죄와 잘못을 참회하라는 권고를 받습니다. 이 예절이 끝나면 사제에게 개별적으로 고해할 기회가 주어집니다. 이런 방식으로 죄의 사적이고 공동적인 차원이 강조되는 것입니다.

세 번째 형태는 흔하지는 않지만, 일괄 사죄가 있습니다. 특별한 경우, 가령 전쟁 중이거나 신자 수에 비해 고해 사제가 부족한 경우가 이에 해당됩니다. 이때 신자들은 사적으로 자신들의 죄를 통회해야 하며 그런 다음 사제가 전

신자에게 한꺼번에 죄 사함을 베풀게 됩니다.

이상은 변화하는 상황에 기초를 둔 것이지만, 각각의 성사 예식은 요한 복음서의 가르침을 반영하고 있습니다.

- **무엇을 뉘우쳐야 하는가**

어렸을 때, 부모님이나 선생님이 화를 내시거나 벌을 주었던 것은 어떤 잘못을 저질렀기 때문입니다. 밖에서 놀다가 옷에 흙을 잔뜩 묻히고 돌아오면 어머니가 소리를 지르셨던 일이나, 수업 중에 떠들면 선생님이 구석에 세워 놓고 벌을 주시던 일이 생각날 것입니다. 이런 어른들이 칭찬하거나 상을 주면 '뭔가 잘했구나.' 하고 느꼈을 것입니다.

이제 나이가 들어 부모님과 선생님의 마음에도 들어야 하지만, 또래 친구들의 옳고 그르다는 판단을 받아들일 필요가 생겼습니다. 많은 사람들에게 이 시기는 무척 혼란스러운 단계입니다.

어떤 십대 친구들 사이에서는 공부만 하는 것에 죄책감을 느끼고, 또 다른 친구들 사이에서는 유흥을 거절하는 것에 죄책감을 느낍니다. 이는 또래 친구들의 가치관에 상당히 좌우되는 것으로, 부모님과 사회 또는 교회가 이제까지 가르쳐 왔던 가치관과 충돌하거나 더 강화할 수도 있는 가치관들입니다.

어떤 어른들은 그룹에서 형성되는 이런 가치관의 단계로 성장하지 못한 것 같습니다. 그래서 이들은 도덕성을 그룹 구성원들의 칭찬을 얻기 위한 그룹의 충성도 정도로 여깁니다. 그러나 무엇을 뉘우쳐야 하는가를 판단하는 것은 궁극적으로 자신의 양심에 따라야 합니다.

양심이란 '올바른 인식으로 판단하는 것'을 의미합니다. 양심은 좋은 일이나 나쁜 일을 했을 때 내면에서 자동적으로 들려오는 '작은 소리'가 아닙니다. 양심은 어떤 선택을 했을 때 자신의 느낌, 말과 행동에 능동적으로 참여한 것을 인식하는 의미입니다. 이는 도덕적 문제에서 자신이 느끼는 인간성입니다.

양심은 언어나 자신감처럼 계발되어야 합니다. 여기에는 삶에서 어떤 선택을 할 때 자신의 소리를 듣기 위해 최선을 다해 부모님과 공동체, 가족, 친구 그리고 교회의 말씀에 귀를 기울이는가가 포함됩니다. 양심은 자신이 하는 행동에 대해 하느님과 다른 사람들에게 책임지려고 애쓰는 가장 성스러운 공간입니다. 이 공간 안에서 자신의 '영적 체온'을 판단해야 합니다.

성사 안에서나 밖에서 화해는 자신의 행동과 태도를 솔직하고 겸손하게 대면하는 것으로 시작합니다. 고대 그리스의 철학자 소크라테스는 이를 잘 말해 주고 있습니다.

"성찰이 없는 삶은 살 가치가 없다."

그리스도인들에게 성찰이 없는 삶은 도덕적 성장과 계발을 할 수 없습니다. 만일 자신의 행동을 성찰하지 않는다면 '도덕적 유아'에 머물고 말 것입니다. 그래서 고해성사의 첫 단계를 양심 성찰이라 부르는 것입니다.

양심 성찰을 하면서 자신의 생활 방식을 솔직하고 자세히 살피고 나면 두 번째 단계인 뉘우침에 도달합니다. 이 단계에서는 대체로 자신의 선택에 대한 생각과 감정이 뒤섞입니다. 여기서 한 가지 알아야 할 점은, 어떤 잘못을 했더라도 양심에 어긋나는 잘못들에 가책을 느낀다는 것이 중요하다는 점입니다. 다른 사람에게 상처를 준 행동에서 그 사람의 시각으로 보게 되고 그에게 준 고통을 느끼게 됩니다. 그것이 가책을 느끼는 것입니다.

이런 시각은 예수님의 삶과 가르침에 일치하는 삶을 살기 어렵게 하는 잘못된 가치와 기준을 깨닫는 데 도움을 줄 것입니다. 고해성사에서 사제는 여러분이 뉘우치도록 돕고 죄를 고백하도록 도울 수 있으며, 치유자이신 예수님의 이름으로 죄를 사해 줍니다.

• **양심을 두 번 점검하기**

가톨릭 신자들은 고해성사의 준비로 십계명을 살핍니다. 이것은 확고한 전통으로, 나는 여기에 계명과 예수님의 가르침에 기초한 몇 가지 실제적 질문을 하고 싶습니다. 이들 질문은 양심을 올바르게 형성하고 고해성사를 준비하는 데 도움이 될 수 있을 것입니다. 때로 질문 내용이 본죄와 거리가 있을지라도 도덕적 가치를 깊이 생각해 보는 데 도움이 될 것입니다.

이 항목들은 여러분의 영적 체온이 어느 정도인지 자세히 알려 주지는 않지만 영적 혹은 도덕적 '질병' 의 증상을 깨닫게 해 줄 수는 있을 것입니다. 아래 내용을 읽어 가면서 어떤 질문이 영적 상태에 아무런 변화를 주지 않거나 깨달음이 없었습니까? 자신의 대답에 변명을 하고 싶습니까? 자신의 태도나 행동을 바꾸어야겠다는 생각이 들고, 자신의 대답이 내면 깊은 곳의 믿음을 반영하는 것을 느꼈습니까?

만일 좀 더 사랑하는 마음을 가져야겠다는 결심을 하게 되었다면 근본적으로 건강합니다. 만일 '다른 사람들을 소유물처럼 대하고 있다, 다른 사람들의 명예에 의도적으로 흠집을 냈다.' 라고 깨닫는다면, 그것은 도덕적 '건강' 에 문제가 있음을 인정하고 도움을 구하는 용기를 기도로 청하는 은총의 순간입니다.

① 소비중심주의나 또래 친구들의 찬사 같은 '우상' 을 숭배하는가? 인기가 많은 친구 집단에 들어가려고 오랜 친구를 피하거나 모른 척하는가? 부모님에게 옷이나 돈에 관련된 합당치 못한 요구를 하거나 대학 교육에 대비한 저축에 책임을 느끼지 않는가? 친구들이 인종 차별적인 혹은 소수민족에 대한 농담을 할 때 합세하는가? 가난한 사람들이나 노숙자들을 사회의 '낙오자' 라 생각하며 혐오감을 갖거나 냉담함을 보이는가? 자신

과 다른 사람들이 갖는 가치를 생각해 보는 것에 어려움을 느끼는가?

② 할머니 앞에서라면 절대로 입 밖에 내지 않을 그런 언어를 사용하는가? 그 언어가 다른 사람들을 얕보고 모욕하는 폭력성이 있기 때문에 일부러 사용하는가? 왜 그런 언어를 선택하는가?

③ 성당에 다니는 가까운 친구가 거의 없어서 또는 하느님 현존의 선물이 MTV를 시청하는 즐거움 정도라고 느끼기 때문에 미사 참례를 하지 않는가? 예수님께서 성찬 전례를 마련해 주신 이유가 무엇이라고 생각하는가?

④ 부모님들이 나를 위해 해 주시는 것을 감사하게 여기는가? 집안일을 돕는가? 아니면 손님처럼 구는가? 부모님이 이혼했거나 별거 중이거나 또는 한 분이 돌아가셨다면 부모님의 괴로움이나 외로움을 이해하려고 노력하는가? 다른 사람들에게는 좋은 인상을 주려고 애쓰면서도 가족에게 무엇이 필요한가에 대해서는 무감각한가?

⑤ 자신과 다른 사람들의 삶을 존중하는가? 그런 사람들과 술을 마시거나 함께 여행을 하는가? 마약을 하면서 그것이 자신의 품위, 자존감 혹은 다른 사람들과의 관계에 영향을 주지 않는 것처럼 행동하는가? 여자 친구나 남자 친구에게 폭력을 가한 적이 있는가? 자신이 마음을 쓰고 있다고 여기는 사람의 자존심을 상하게 하거나 억눌러야 할 필요를 느끼는가?

⑥ 자신의 이기적인 즐거움을 위해 다른 사람을 이용하는가? 성관계를 맺기 위해 거짓말을 하거나 상대의 가치를 모욕하는 행위를 강요하는가?

성관계를 자랑거리나 부모님에 대한 반항으로 여기는가? 자신이나 다른 사람의 몸을 아무렇게나 다루는 것이 자존감에 어떤 영향을 준다고 생각하는가?

⑦ 시험이나 숙제에 부정행위를 하는가? 다른 친구의 물건이나 가게의 물건을 훔친 적이 있는가? 그런 행동을 한 다음에 자신을 어떻게 느끼는가?

⑧ 다른 사람들에게 상처가 되는 유언비어를 퍼뜨리거나 험담을 하는가? 비밀을 반드시 지키는 사람으로 다른 사람들의 신뢰를 얻고 있는가? 누군가 상처를 받게 되더라도 자신의 자존심 때문에 거짓말을 하는가? 입장이 바뀌어서 상처를 받게 될 때 왜 화가 나는가?

⑨ 다른 사람들을 질투하는가? 그들의 인기나 성공에 화가 나는가? 기분이 좀 나아지기 위해 그들을 끌어내려야겠다고 느끼는가? 그럴 때 속마음은 어떤가?

⑩ 친구들과 수준을 맞추기 위해 필요한 것을 사 줄 능력이 안 된다고 말씀하시는 부모님께 화가 나는가? 부모님께 경제적 근심거리가 무엇인지 물어본 적이 있는가?

• **용서는 우리를 자유롭게 한다**

여러분의 도덕적 성숙을 나타내는 요인 한 가지는 사물을 분명히 보고, 자기 자신에게 솔직하고, 내면의 소리를 듣고, 다른 사람들에게 감정적이지 않은 태도로 이의를 제기하는 능력입니다. 상대방이 여러분의 의도가 진심에서 우러나온 것이라고 믿지 않을 경우에는 어렵습니다.

고해성사는 여러분 자신을 하느님의 다정한 현존 안으로 부르시는 초대입니다. 예수님께서 여러분의 상처를 치유해 주기를 원하시기 때문에 여러분은 온전하고 자신감 있는 존재가 될 수 있습니다. 예수님은 사제의 말씀과 죄 사함을 통해 여러분이 하느님께 받아들여졌음을 확실하게 전하고 계십니다. 사제도 여러분과 마찬가지로 자신에게 용서가 필요하다는 것을 잘 알고 있습니다.

예수님께서 "진리가 너희를 자유롭게 할 것이다."(요한 8,32)라고 가르치셨습니다. 이것은 자기중심적이고 이기적인 자아에서 벗어나는 자유이며, 자신의 양심을 성찰하고 진정으로 후회하며, 하느님과 다른 인간들의 관계를 방해하는 것들을 모두 용서하려고 할 때 여러분에게 주어지는 것입니다. 그러한 생활 태도를 바꾸고 주어진 보속을 행하겠다는 확고한 목적의식이 고해성사를 결심하게 합니다. 이런 체험이 "나는 양들이 생명을 얻고 또 얻어 넘치게 하려고 왔다."(요한 10,10) 하신 예수님의 약속을 눈앞의 현실로 만들 것입니다.

하느님께서는 항상 우리 곁에 계시고 여러분은 깊은 내면의 고요한 곳에서 언제라도 하느님께 말씀드릴 수 있습니다. 그렇지만 '영적 체온'을 점검해야겠다고 느낄 때가 있을 것이며, 고해성사로 하느님의 용서를 보다 생생하게 확실히 느끼고 싶은 때도 있을 것입니다.

그럴 때 하느님께서는 여러분의 두려움을 없애 주시고, 그리스도인의 삶을 살도록 부르심을 받은 여러분이 사랑받고 편안하다고 확신하는 미래로 이끌어 주십니다.

[토마스 M. 케이시 신부는 아우구스티노수도회 소속 사제로, 메사추세츠 노스 앤도버에 있는 메리맥 칼리지에서 신학부 부교수로 재직하고 있으며, 고등학교 학생들을 가르치기도 했다.]

고해성사를 볼 용기

　　대죄를 범한 나는 고해성사를 보지 않고는 주일 미사에서 영성체를 할 수 없다는 것을 잘 알고 있었다. 감사하게도 하인즈 신부님이 특전 미사 전에 항상 고해성사를 베풀어 주고 계셨다. 그러나 간단해야 할 이 일이 내게는 전혀 간단하지 않았다. 내가 범한 대죄를 고백하기 위해서는 많은 용기가 필요했다.

평소 같았으면 고해성사를 볼 용기쯤은 문제도 되지 않았겠지만 너무도 큰 죄를 지은 그때는 도움이 절실했다. 남편 마크가 미사 시간에 맞추어 나를 성당에 데려다 주면서 운전을 했기 때문에, 차 안에서 부족한 용기를 낼 시간은 충분했다.

나를 잘 모르는 고해 신부님이라면 용기를 내기가 훨씬 수월했을 텐데 하는 생각이 들었다. 그러나 이미 성당으로 가고 있는 나는 그런 생각을 지워 버렸다. 우리는 포틀랜드의 집을 떠나 시내로 들어가는 도로에 접어들고 있었다. 성령께 내가 해야만 하는 일에 필요한 은총을 간구하는 기도를 드렸다. 고해성사를 볼 용기를 내지 못하고 비겁하게 영성체를 하지 않게 될까 봐 두려웠다. 예수님을 받아 모시지 못한다는 생각은 무엇보다 괴로웠다. 기도를 계속하고 있을 때 정말 이상한 일이 일어났다. 지금까지도 그것이 내 상상이었는지 확신할 수 없지만, 성모님께서 양팔로 나를 따뜻하게 안아 주시는 것을 느꼈다. 정말 편안했다. 그런데 '왜 성모님이 오셨을까? 나는 성모님이 아니라 성령께 기도하고 있었는데.' 이런 생각이 들었다.

성당 앞에 차를 세우자마자 얼른 차에서 내려 서둘러 성당으로 들어갔다. 고해소 밖에 줄을 서 있는 사람들이 아무도 없어서 바로 고해소로 들어갔다.

　'아까 차에서 일어난 일이 무슨 의미일까?' 하고 몇 시간째 생각하다가 성령이 성모님의 정배라는 것이 기억났다. 남편과 아내가 혼인성사로 하나가 된다는 것은 우리 모두가 알고 있다. 성모님과 성령은 아마 그 이상일 것이라는 사실을 깨달았다.

그날 성당으로 갈 때 겪은 일은 아직도 완전히 이해하지 못한다. 어쩌면 하늘 나라에 갈 때까지 이해하지 못할지도 모른다. 그것이 내 상상이었을 수도 있지만 어쨌든 그로 인해 기도의 힘을 얻게 되었다.

| 오하이오 포틀랜드에서 주디스 F. 스메들리

고통 없는 고해성사

2004년 11월에 메인주 오번으로 **여정** 피정을 갔다. 두 번째 참가였는데, 그 전해에 처음 참가했을 때 굉장히 좋았다. 한 가지 맘에 걸리는 점은 매일 고해성사를 준다는 것이었다. 고해성사가 중요하다는 것은 알고 있었지만 정말 너무너무 두려웠다.

그때 대학 1학년이었던 나는 마음을 새롭게 할 준비가 되어 있었고, 사람들이 왜 그렇게 고해성사에 열광하는지 그 이유를 알아보고 싶기도 했다. 피정의 고해성사에 나를 데려가려고 애쓰던 한 친구의 말에 나는 드디어 일어나 줄을 섰다. 너무나도 떨려서 잘할 수 있을지 도무지 확신이 서지 않았다. 그리고 드디어 내 차례가 되어 신부님 앞으로 갔다.

마침내 고통 없는 고해성사를 보고 나는 웃으며 나왔다. 정말 깨끗해지고 새로워진 느낌으로 행복했다. 처음으로 고해성사가 얼마나 아름다운 것인지 알고 이해할 수 있게 되었다. 그리고 친구들과 자리에 앉자 금방 내게 일어난 일을 곰곰이 생각했다. 이 생각은 무려 두 시간이나 계속되었다! 그리고 다시 고해소로 가야 한다는 결론을 내렸다. 이유는 알 수 없었지만 진심으로 다시 고해성사를 보고 싶었다. 나는 다른 신부님께 가서 고백을 시작했다.

"저는 죄를 지었습니다. 용서해 주세요. 고해성사를 본 지 두 시간 되었습니다."

신부님은 재미있다는 표정으로 나를 바라보시더니 왜 왔냐고 물으셨다. 난생 처음 고해성사의 기쁨을 알았고 그래서 다시 돌아왔다고 말씀드렸다. 결국 그 시간은 고해성사로 진행되지는 않았다. 신부님은 나를 자리로 돌려보내시며, 내가 전에 경험했듯이 고해성사에 어려움을 느끼는 사람들을 위해 기도하라고 하셨다.

1년 반이 지난 지금도 고해성사 보는 것이 정말 좋다. 기회만 되면 고해성사를 본다. 여러분이 어떤 죄를 범했더라도 주님께서는 용서하시고 놀라운 은총을 내려 주신다.

| 메인 그린에서 대니얼 M. 사비나

첫 속죄 기도회

13년 전, 내키지 않는 마음으로 성 비오 성당에서 열리는 속죄 기도회에 참가했다. 나는 엄격한 정교회 신자로 자라 언제나 전통적인 방법으로 고해성사를 보았기 때문에 이런 형태의 기도회를 믿지 않았다.

다른 곳에서 오신 세 분의 구속주회 신부님이 진행한 사흘간의 기도회의 마지막 날이었다. 기도가 진행되는 중에 한 신부님이 은총 중에 있지 않거나 대죄를 범한 신자들을 위해 개별적으로 고해성사를 주겠다고 공지하셨다.

기도회를 끝내면서 한 신부님이 우리 모두의 죄를 사해 주셨다. 순간 내 모든 죄가 씻겨 사라지는 것을 느꼈다. 내 영혼은 비가 내리는 자동차의 앞 유리창 같았다. 와이퍼가 유리창을 닦듯이 내 죄가 깨끗이 닦였다. 내 영혼은 완전히 깨끗해지고 내 존재 전체가 변화되는 느낌이었다. 내가 마음을 열고 처음으로 속죄 기도회에 갔던 날 주님께서 내려 주신 은총을 나는 잊지 못한다.

| 미시건 플린트에서 루 테레사 앤서니

위대한 시

내가 살고 있는 요양원의 2000년 10월 넷째 수요일은 여느 날과 다르지 않았다. 그날 아침 9시 30분에 간단하게 아침 식사를 준비하려고 조심스러운 발걸음으로 체육관 앞을 지나갔다. 그곳에서는 매달 한 번 거행되는 봉성체가 있을 예정이었다. 교회를 떠나 9년 동안 고통스럽고 분노에 가득 찬 세월을 보낸 나는 20년 가까이 고해성사도 하지 않고 있었다. 그들 양떼 무리에 들어갈 생각은 추호도 없었다.

누군가 방문을 두드리는 소리에 문을 열었을 때 내 눈높이에 제일 먼저 보인 것은 로만 칼라였다. 그리고 소리가 들렸다.

"문을 닫을 생각이시죠?"

그럴 생각이었다. 그러나 사제에게 그런 무례를 범하지 않을 정도의 존경심은 갖고 있었다. 그래서 눈을 들어 그 큰 키의 인물을 살폈다. 검은 셔츠, 회색 양복, 투박한 카우보이 부츠, 그리고 어깨 정도 길이의 흰머리에 숱이 많은 팔자수염을 한 얼굴이 미소 짓고 있었다. 그가 물었다.

"들어가도 될까요? 카렌 수녀님 말씀이 저를 보셔야 한다구요?"

카렌 수녀는 요양원의 훌륭한 봉사자였다. 속으로 '카렌 수녀의 입을 막았어야 했는데…' 하는 생각을 하며 문을 가로막은 채 서 있었다. 그가 말했다.

"저는 에드 몰럼비 신부라고 합니다. 문을 닫으신다면 저는 다음 달에나 올 겁니다."

그리고 진지하게 물었다.

"가톨릭 신자십니까?"

"네."

"세례는 받으셨죠?"

"네."

"견진성사는요?"

"아, 네."
"됐습니다. 그러면 고해성사를 드리고 집으로 돌아오시게 해 드리죠."
그러면서 문간에 버티고 서 있는 나를 살짝 밀고 방으로 들어와 하나뿐인 의자에 앉으며 맞은편에 놓인 사용하지 않는 침대 발치를 가리켰다. 나는 신부님이 지시하는 대로 고해성사를 보았다.
"인자하신 천주 성부께서 당신 성자의 죽음과 부활로…." 하는 말씀을 내가 들었는지 지금도 확실하진 않지만, 마침내 무겁디무거운 돌덩이가 내 마음에서 치워진 것을 알았다. 나는 돌아왔다.
몇 주 후에 영문학 교수였던 친구에게 내 이야기를 편지에 적어 보냈다. 그녀는 이렇게 말했다.
"그건 위대한 시의 소재가 되겠어. 그리고 당신이 바로 그 시야."

| 워싱턴 스포캔에서 안젤라 스위그, SFO

제 생각엔 …

우리는 고해성사를 준비하면서 양심 성찰을 하기 전에 성령께 도움을 청하는 기도를 해야 한다고 생각합니다. 그런 다음 현재의 상황에서 십계명과 우리의 의무를 생각해 본다면, 다른 사람들에게 불친절했는지, 다른 사람들에게 자신이 할 일을 떠넘기는 불성실한 행동을 했는지, 용서에 인색했는지 등과 같은 되풀이되는 잘못을 고백하는 데 도움이 된다고 생각합니다.

자신도 모르게 드러나는 우월감 같은 태도도 고백해야 합니다. 그런 생각들이 속되고 불쾌감을 주는 행동을 만들기 때문입니다.

우리가 나쁜 습관을 극복하려는 정신력을 지니고 바른 태도로 진실하고 솔직하게 죄를 고백하기 위해 노력하면 주님께서 상을 주시리라 믿습니다. 또한 신부님이 고해성사를 주실 때 우리의 걱정거리나 문제를 말씀드리면서 도와주시도록 청하는 것은 어떨까요?

| 마리아 카리타스 퀸 수녀

은총이 가득한

1960년대 초반, 고해소 앞에 줄을 서는 것은 토요일 아침마다 행하는 의식이었다. 캔자스주 헤이스 근처 농장에 살았던 우리는 시골 학교에 다녔다. 토요일 아침이면 부모님은 교리반에 다니는 나와 여동생을 차에 태워 16km 떨어진 시내까지 데려다 주시곤 했다. 우리는 성아녜스수도회 수녀님들께 2시간에 걸쳐 볼티모어 교리문답집으로 교리를 배웠다. 성 요셉 성당에서 오신 프란치스코수도회 신부님이 교실에 오셔서 30분 동안 우리가 배우고 있는 내용과 관련된 짧은 강론을 해 주시곤 했다. 교리 공부가 끝나면 우리는 곧바로 성당으로 가서 고해성사와 아침 미사 참례를 했다.

내 영혼의 죄가 어떤 모습인지를 처음 알게 된 때가 생각난다. 1학년 교리문답집에는 우유병 세 개가 그려진 페이지가 있었다. 하나는 하얀색 우유(은총 중에 있는 영혼), 또 하나는 얼룩이 섞여 있는 우유(소죄를 범한 영혼), 그 다음은 검은색 우유가 담겨 있었거나 비어 있는 병(대죄를 범하고 은총이 없는 영혼)을 보면서 내 영혼이 세 번째 병처럼 되고 싶지 않다는 생각을 쉽게 할 수 있었다. 그래서 우리는 영혼이 계속 하얀 상태로 있다는 확신을 갖기 위해 매주 고해성사를 보도록 독려되었다.

첫해에 고해성사를 본다는 의미는 몇 시간처럼 길게 느껴지는 긴 시간 동안 줄을 서서 기다리는 것이었다. 사실은 몇 분에 지나지 않았지만 1∼5학년생들이 고해성사를 볼 때까지 기다리고 나서야 내 차례가 되었다. 고해소 문을 열고 들어가 캄캄한 어둠 속에서 더듬거리며 무릎 받침대를 찾아 무릎을 꿇고 기다리면 내 앞에 작은 문이 열린다. 그곳에 어슴푸레하게 신부님의 모습이 보였다.

"신부님, 저를 축복해 주세요."

이렇게 시작하고 일곱 살 나이에 범한 아주 나쁜 죄들을 전부 고백했다. 그 죄의 대부분은 여동생을 때리거나 엄마에게 거짓말을 한 것이었다. 신부님이 보속을 주시면 자리로 돌아가 기도문을 외웠다. 그때는 내가 밤에 죽으면 수녀님이 말씀하신 대로 곧바로 하늘나라로 간다고 믿었다.

그 후 몇 년에 걸쳐 시내에 있는 중학교와 가톨릭계 고등학교에 다녔다. 그때까지도 신앙 교육의 일부로 매주 고해성사를 보았다.

수녀님 한 분이 고해성사는 아주 귀한 손님을 맞이하기 전에 집 안을 깨끗이 청소하는 것과 같다는 말씀을 하신 기억이 난다. 수녀님은 성체로 오시는 손님이 도착하기 전까지 깨끗하게 청소하고 불을 꺼 놓은 방과 같다고 설명하셨다. 나는 거룩한 성체 안에 계신 그리스도의 몸을 받아 모시는 순간, 갑자기 환하게 불이 밝혀지는 것을 상상하곤 했다.

대학에 들어가서도 한 달에 한 번은 고해성사를 보려고 했고 언제나 **죄가 깨끗이 사라져**서 다시 한 번 더 잘할 수 있다는 느낌이 들기를 기대했다.

1970년대 중반에 남서부의 캔자스로 옮겨 그곳에서 결혼하고 가정을 꾸렸다. 두 딸에게도 자주 고해성사를 보라고 강조했다. 아이들이 나처럼 고해성사를 하나의 습관으로 갖길 원했다.

그로부터 몇 년 후, 사순절 피정 중에 본당 신부님 한 분이 고해성사를 통해 우리가 얼마나 많은 하느님의 은총을 받는지에 대한 강론을 하셨다. 그때 처음으로 고해성사를 조금 다른 각도로 보게 되었다. 그저 내 **죄가 전부 사라진다**는 생각 대신 내 영혼이 **은총으로 채워진다**는 생각을 하게 된 것이다. 그 은총이란, 내가 더 잘 살아갈 수 있도록 도와주시는 성령이 나에게 임하시는 것이다.

그때 나는 고해소를 나와 절을 하고 십자가의 예수님께 시선을 고정했다. 그 순간 갑자기 예수님께서 나를 얼마나 깊이 사랑하시는지를 깨달았다. 십자가의 예수님께서는 양팔을 활짝 펴시고 이렇게 말씀하시는 것만 같았다.

"나는 너를 이만~큼 사랑한다."

내 아이들이 어릴 때 함께했던 놀이가 떠올랐다. 아이들의 작은 손을 잡고 팔을 벌리면서 내가 물었다.

"엄마가 너희를 얼마나 사랑하는지 아니? 이만~큼 사랑해!"

하늘에 계신 아버지께서 이 말씀을 계속 들려주셨고 고해성사는 전혀 새로운 의미로 다가왔다.

| 캔자스 휴고턴에서 아네트 소사

성공적인 선교

나는 아주 작은 본당의 신자를 위한 특강을 하기 위해 파견되었다. 본당 신부님을 도와 선교를 준비하는 가족이 있었다. 그 가족은 파티마의 성모님에 대한 신심이 매우 깊었고, 선교 행사가 있기 6개월 전부터 다른 두 가족과 함께 토요일 아침 미사를 포기하는 대신 성공적인 선교를 위해 묵주기도를 바치고 있었다. 아이들에겐 참 힘든 일이었는데도 그들의 기도가 도움이 되리라 굳게 믿었다.

첫날 참석한 사람은 35명뿐이었다. 본당 신부님과 세 가족 그리고 나는 많이 실망했다. 첫 기도가 끝나고 성당 고해실로 갔다.

첫 고해자는 이렇게 고해를 시작했다.

"신부님, 고해성사 한 지 40년 되었습니다."

두 번째 고해자는 이렇게 시작했다.

"신부님, 고해성사 한 지 25년 되었습니다."

나는 놀라움을 금할 수 없었다.

세 번째 고해자는 이렇게 말했다.

"신부님, 고해성사 한 지 얼마나 됐는지 잘 모르겠습니다."

몇몇 고해자를 제외하고는 고해성사를 받은 지 정말 오래된 고해자들이 차례로 들어왔다.

고해소를 나오면서 성당에 아무도 없을 것이라고 생각했는데 다른 고해소에서 나오시는 본당 신부님이 보였다. 우리는 가운데 통로에서 만났다. 내가 그

멋진 경험을 말씀드리기도 전에 신부님이 감격한 목소리로 먼저 말씀하셨다.
"지금까지 사제 생활을 하면서 오늘 같은 고해성사는 처음이었어요. 아주 오랫동안 고해성사를 보지 않았던 신자들이 왔어요."
그때서야 나도 똑같은 고해성사를 경험했다는 말씀을 드리고, 우리는 감실을 향해 서서 주님과 성모님께 감사드렸다.
다음 날 우리는 그 세 가족들과 그 경험을 나누고 지난 여섯 달 동안 그들이 바친 기도가 얼마나 많은 사람들에게 고해성사를 하도록 용기를 주었는지 함께 이야기했다. 그리고 모두 본당 선교가 성공적이었다는 데 동감했다. 참가 인원수가 아니라 고해성사를 통해 새 삶을 찾은 사람들 때문이었다.

| 뉴욕 아일랜드 하이츠 쉼터에서 에드워드 R. 올랜스키 신부, 예수수난회

치유하는 사랑

2000년 8월, 샌디에이고에서 동쪽으로 한 시간 거리에 있는 작은 산골 마을에서 여름을 보내고 있었다. 그곳은 미국 원주민들이 거룩한 곳이라고 여겼던 장소로 풍경이 정말 아름다웠다. 나는 특별히 개인적 청원을 두지 않고 요셉 성인에게 자주 기도했는데, 다음의 이야기는 이 훌륭한 성인의 사랑 가득한 중재 덕분이라는 것을 알았다.
그 동네에서는 일주일에 한 번 밤 시간에 어떤 집에 모여 묵주기도를 봉헌했는데, 기도가 끝나면 그 집 수영장에서 수영을 즐기며 햄버거와 핫도그를 구워 먹는 작은 바비큐 파티를 열었다. 몇몇 가족이 모여 웃고 즐기는 시간을 보내곤 하는 것이었다.
그 자리에 모인 사람들은 사랑과 신앙심이 깊은 신자 공동체의 축소판 같았다. 그런데 어느 날 한 여인이 임신 중절 수술을 화제로 삼으면서 그 좋았던 인상이 바뀌었다. 오래 전부터 그 주제에 관한 여성들의 시각이 올바르지 않다고 생각해 왔던 터였지만, 그 여성의 견해는 내가 보기에 정말 동정심이 없고 완고했다.

여자들이 왜 그런 극단적인 선택을 하게 되는지를 이해하기를 바라는 마음으로 나는 낙태한 여자들의 이야기를 해 주었다. 열띤 토론이 이어지면서 언성이 높아졌고 다른 사람들도 이야기에 끼어들었다. 나는 몰이해와 혼란스러움을 느끼며 마음이 상한 탓에 그 상황을 어떻게 해 볼 수가 없었다. 궁지에 몰린 기분이었던 낙태한 여자들을 알고 있을 뿐만 아니라 나 역시 한 번 낙태한 적이 있다고 실토하고 말았다. 사람들은 충격을 받았고 질문 공세가 이어졌다. 정말 죽고 싶은 심정이었다. 내가 친구라고 여겼던 사람들이 내가 한 행동과 그 연유를 받아들이지 못하는 것이었다.

그들이 보인 반응 때문에 낙태한 이야기를 할 때 내 말투가 감정적이었던 것은 사실이다. 그날 이후 며칠 간 나는 좌절과 죄책감, 두려움, 분노 등으로 혼란스러웠다.

그러고 나서 며칠 후 고해성사를 보러 갔다. 성사를 주신 토니 신부님이 너무 젊은 분이어서 조금 놀랐다. 그 신부님은 우리 지역 본당 출신으로 남아프리카에서 선교사로 일하시다가 건강 문제로 귀국해 계셨다. 다시 선교 사목을 하고 싶은 열망에 불타고 있었지만, 지속적인 치료를 받고 건강을 회복할 때까지 우리 지역에 머물라는 상급자의 지시에 따르고 있었고, 이따금 우리 본당 사목에 도움을 주러 오시곤 했다.

나 자신을 변호하는 기분으로 낙태한 죄를 전에 이미 고백했다고 말하고, 그날 사람들과 이야기를 나눈 후 여러 가지 혼란스러운 감정으로 도무지 어떻게 해야 할지 모르겠다고 말씀드렸다. 마음이 진정되지 않아 아직도 내가 어떤 죄중에 있는 것만 같다는 고백도 했다.

토니 신부님은 놀랍게도 내가 처한 상황에 동정하는 말씀을 하시면서, 내가 그 일로 얼마나 힘든지, 얼마나 깊이 절망하고 있는지를 이해하셨다. 그리고 이어서 하신 말씀은 나를 더욱 놀라게 했다. 신부님은 낙태된 아이의 이름으로 미사를 봉헌했는지 물으셨다. 나는 무슨 대답을 해야 할지 몰랐다. 태어나지도 않았던, 이름 없는 태아를 위한 미사라니. 그래서 물었다.
"그런 미사를 봉헌해야 하나요?"
그러자 신부님은 잠시 망설이시더니 그 아이에게 이름을 지어 주라고 하셨다. 하지만 여자아이였는지 남자아이였는지도 모르는데 어떻게 이름을 지어 줄 수 있을까?
그런 물음을 안고 고해소를 나와 일주일 내내 머릿속에서는 그 생각이 떠나지 않았다. 그러나 어느 순간 남녀 모두에게 지어 줄 수 있는 이름이 있다는 생각이 떠올랐고 프란시스라는 이름으로 결정했다. 아시시의 프란치스코 성인을 생각했고, 그 이름에서 마음이 따뜻했던 추억이 떠올랐기 때문이다.
그 다음 주일은 성모 승천 대축일이었고 그날은 내게도 아주 특별한 날이었다. 또한 내가 동부에서 서부로 이주한 기념일이기도 했다. 생각지도 못했는데 토니 신부님이 그 특별한 축일 미사를 봉헌하러 다시 우리 본당에 오셨다. 작은 기적은 또 있었다. 성당에 일찍 도착해서 미사 전에 그 신부님을 만날 수 있었다. 얼른 '프란시스'라고 적은 종이를 20달러와 함께 봉투에 넣어 신부님이 제대를 향해 걸어가시기 전에 건넸다.
그날의 미사는 영원히 잊을 수 없을 것이다. 영적인 축복으로 깨끗이 씻기고 치유되고 새로워지는 시간이었다. 생전 처음 우는 사람처럼 울었다. 눈물이 멈추지 않고 흘렀다. 그때까지 내가 미처 깨닫지 못했던 아픔이 온몸에 느껴졌다. 그리고 어느 순간 갑자기 그 아픔이 사라졌다. 소나기가 퍼붓듯이 거룩한 에너지가 내게로 쏟아졌다.
미사가 끝날 때쯤 나는 평화와 기쁨과 넘치는 사랑으로 가득 찼다. 내 상처와 고통, 분노와 혼란스러움이 모두 사라지고 없었다.

| 매사추세츠 베드포드에서 익명의 신자

> **제 생각엔 …**
>
> 신앙 교육을 담당한 지 6년이 되었을 때, 신앙을 갖게 된 사람들이 지나칠 정도로 세심한 양심 성찰을 하지 않고도 고해성사의 놀라운 은총을 받을 수 있다는 점을 알려 주고 싶었습니다.
>
> 사람들과 이야기를 나누면서 매일 밤 기도할 때 하느님과의 관계를 살펴보라는 말을 했습니다. 매일 그렇게 점검한다면 죄가 되는 습관에 덜 빠지게 되고 고해성사가 언제 필요한지 더 잘 알게 될 것입니다.
>
> 저는 예비신자들에게 어떤 내용을 고백해야 하는가에 대해 이야기할 때, 하느님과 진정한 관계를 갖는 데 문제가 되는 것은 어떤 것이든 전부 고백하라고 알려 줍니다. 대죄와 소죄를 구분하라는 말보다는 하느님과의 관계 그리고 다른 사람들과의 관계를 해치는 습관과 행동을 잘 식별하라고 말합니다.
>
> | 매기 진

아무것도 바뀌지 않은 동시에 모든 것이 바뀌었다

우리 본당은 '모든 성인들의 성당'으로, 남북 전쟁 당시의 잘 알려진 싸움터가 있는 버지니아주 매너서스에 있다. 2001년 4월에 나는 남북 전쟁과 아무 상관없이 정신적인 전쟁터에서 싸우고 있었다. 어른이 되어 어린 시절에 겪은 성폭행의 기억과 싸우며, 부활 대축일의 기쁨을 맞이할 준비를 하지 못하고 있었다.

우리 본당 신자가 18,000명이나 되었기 때문에 이웃 본당의 신부님들이 사순절 참회 예절에 파견되어 오셨다. 스물다섯 분의 신부님들이 고해성사를 주고 계신 가운데 우리는 길게 줄을 서서 기다리고 있었다. 나는 어느 신부님께 성사를 볼지에 관심이 없었다. 오직 내 무거운 짐을 내려놓을 수 있는 주님의 은총만이 필요했다. 어떤 기도를 해야 할지조차 모르고 있었다.

마이크 바산 신부님이 내게 고해성사를 베풀어 주셨다. 3개월 전부터 내가 네 살이었을 때 당한 일들이 떠올라 두려움과 불안 속에 있다는 말씀을 드렸다. 신부님은 주님을 초대하라는 말씀을 하셨다. 나는 "그렇지만 주님께서는 언제나 저와 함께 계시잖아요?" 하고 말했다. 그러자 신부님은 내가 성폭력으로 갖게 된 두려움과 고통, 불안감에 주님께서 직접 임하시도록 초대해야 한다는 말씀을 해 주셨다. 또한 내가 그 경험을, 익숙하기 때문에 마치 안전한 담요인 것처럼 계속 붙잡고 있다고 하셨다.

"주님께서는 자매님의 안전한 담요가 되고 싶어 하십니다. 그 경험은 지울 수도 없고 버릴 수도 없습니다. 자매님의 지난 세월을 없앴다면 그 자리에는 커다란 틈이 생길 것입니다. 그러나 과거가 자매님의 현재를 설명하지는 않습니다."

나는 그 분명한 사실에 깜짝 놀랐다. 내 과거를 주님께 봉헌하고 내 불안과 공포에 주님을 초대하라는 보속을 받았다. 제대 앞에 꿇어 앉았을 때 쉽지 않을 거라고 생각했다. 기도를 시작하며 주님께서 내가 겪은 그 경험에 임하시기를 청했다. 눈물이 뺨을 타고 흘렀고 치유와 평화를 간구하며 주님께 나의 눈물을 봉헌했다.

아무것도 변하지 않았다. 그러나 모든 것이 변했다.

차를 몰고 집으로 돌아오면서 내가 실망하거나 불행하다고 생각할 때마다 다른 사람들을 탓했다는 것을 깨달았다. 이제 내가 책임을 지고 내가 선택하고 그 결과를 받아들이며 살아야 할 때라는 것도 알았다. 내 잘못에서 배울 필요가 있었고 내 삶을 긍정적으로 변화시킬 필요가 있었다.

| 버지니아 게인즈빌에서 자넷 L. 스미스

그렇게 큰 죄는 없다

1980년에 잘못된 판단으로 엄청난 대죄를 범했다. 그 후 후회와 죄책감으로 극심한 괴로움을 겪었다. 여러 신부님께 가서 고해성사를 보고 죄 사함을 받았지만 계속 용서받지 못한 느낌이 들었다. 그러나 하느님의 자비로움에 대한 내 생각을 완전히 바꾸게 된 어느 신부님의 말씀으로 나는 그 괴로움에서 벗어날 수 있었다.

그분은 매사추세츠주 메수엔에 있는 성 바실리오 신학교의 쿠르실료 주말 쇄신 지도 신부님이셨다. 나는 대죄를 범했으며 이미 여러 번 고해성사를 보았다고 말씀드렸다. 그러자 신부님은 내 가장 큰 죄는 자만심이라고 하셨다. 자만심으로 인해 내가 너무도 엄청난 대죄, 너무도 큰 죄를 범했기 때문에 주님께서도 용서하실 수 없다고 믿는다는 말씀이었다. 신부님의 그 말씀으로 나는 겸손해졌고 진정으로 주님의 큰 사랑과 자비를 알게 되었다.

| 매사추세츠 하버힐에서 보니 E. 도허티

숨어 있는 죄를 고백하다 | 비니 플린

저에게는 고백할 죄가 한 가지 있습니다. 진심으로 고백해야 할 죄. 진짜 큰 죄. 아주 오랫동안 내 안에 숨어 있었고, 깨닫지 못했으며, 고백하지 못했고 뉘우치지 못했던 아주 큰 죄가 있습니다.

이 죄는 교만, 탐욕, 질투, 음욕, 음주, 절도 등 누구나 일상생활에서 흔히 범하거나 접하는 죄 목록에는 포함되지 않습니다. 이들 죄는 쉽게 깨달을 수 있고 맞서 싸우기도 쉬운 편입니다. 제가 말하는 죄는 이런 죄들과 다릅니다. 이 죄는 마치 배신자처럼 제 안에서 조용히 기다리고 있다가 뛰쳐나오기도 하고 저를 끌고 들어가기를 반복합니다.

이제 이 죄는 암세포처럼 제 안에서 자라고 저를 하느님에게서 끌어내리고, 제 곁의 사람들과 저를 끌어내리기도 합니다. 그래서 저는 이 죄를 드러내야만 하고 귀 기울여 들어주는 사람들 모두에게 공개적으로 고백해야만 합니다. 고백하는 것이 두렵지 않습니다. 왜냐하면 누구나 저처럼 이 죄를 범한 적이 있기 때문입니다.

그 죄는 바로 '불행하다고 느끼는 죄', 약간은 화가 난 상태에서 반복적으로 불행하다고 느끼는 죄! 바로 이것입니다.

"아니 그게 무슨 죄라고. 불행하다고 느끼는 건 죄가 아니죠! 사람들은 누구나 불행하다고 느낄 때가 있기 마련인데…."

여러분은 이렇게 말하겠지요. 맞습니다. 사람들은 누구나 그렇게 느낄 때가 있습니다. 그런데 그것은 죄입니다. 위험한 죄입니다. 왜냐하면 이 죄는 습관이 되고 전염성이 무척 강하기 때문입니다. 게다가 죄라고 진단받지도 않는다는 것이 문제입니다. 이 죄는 마치 감기 같다고 생각합니다. 어느 순간 이런 느낌이 찾아오고, 우리는 그 감정이 사라질 때까지 그냥 참고 기다립니다. 사실 어떻게 해 볼 방법이 없다고 생각합니다.

그러나 이 말들은 전부 거짓말입니다. 대단한 거짓말의 일부라고나 할까요. 우리는 이 감정을 통제하고 삽니다. 자신이 불행하다고 느끼는 것은 자신에게 일어난 어떤 일 때문이 아닙니다. 어떤 일에 대한 자신의 반응으로 생긴 것이고, 사물을 보는 자신의 방식과 태도에서 생겨난 것입니다. '잔이 반이나 차 있네, 아니면 반이나 비었네.' 하는 것처럼 그 감정은 생각의 문제이며, 자신의 감정적 반응을 결정하는 사물을 인식하기 위해 자신이 선택한 방법의 문제입니다.

한 가지 예를 들어 보겠습니다.

'감옥에 갇힌 두 남자가 철창 밖을 내다봅니다. 한 사람은 더러운 진창을, 다른 한 사람은 하늘의 별을 바라봅니다.'

몇 년 전, 예수회의 요한 파웰 신부님이 쓰신 책을 읽다가 이 오래된 시구를 읽고 깊은 감동을 받았습니다. 파웰 신부님의 책 제목은 「완전한 인간, 완전한 삶Fully Human, Fully Alive」입니다. 이 책의 기본 전제는 행복이 우리의 상황에 의해 결정되는 것이 아니라 그 상황을 받아들이는 개인적 인식에 의해 결정된다는 것입니다. 이 시에서 두 남자는 같은 경험을 나누고 있습니다. 그 경험에 의미를 부여하는 것은 두 사람의 시각입니다.

감옥에 있는 두 사람 모두 결코 즐겁지 않다는 것은 당연합니다. 그러나 한 사람은 자신이 처한 제한된 상황을 뛰어 넘어 기뻐할 것을 찾아냅니다. 다른 한 사람은 자신의 괴로운 상황을 다른 모든 사물을 보는 시각에 덧씌워 버렸기 때문에 육신과 마찬가지로 정신까지 감옥에 갇혀 있습니다. 피할 수 없는 고통에서 불행하다는 불필요한 고통까지 더하고 있는 것입니다.

저는 죄를 아주 편협하게 인과응보라는 관점에서 생각해 왔습니다. 죄는 대죄든 소죄든 하느님을 거스르는 것으로, 벌을 받아야 하는 잘못이라고 여겼습니다. 그리고 제 마음속에 이들 잘못을 분류해 놓았습니다.

이런 시각이 전부 잘못되었다고 말하려는 것은 아닙니다. 사실 오늘날과 같은 세상에서는 죄에 대해 더 광범위한 인식이 필요할지도 모릅니다.

제가 말하려는 것은 제 시각이 **불완전**했다는 것입니다. 저는 대죄, 즉 하느님을 거스르는 큰 잘못을 범하지 않으려고 노력했고 소죄에 대해서는 크게 걱정하지 않았습니다.

죄가 **저 자신**도 거스르는 잘못이라는 것을 결코 깨닫지 못했습니다. 죄를 '죄악'이라는 보다 넓은 인식 안에서 본 적이 없었습니다. 죄악은 자체적으로 벌을 가하고 저를 무력하게 만들어 바람직한 가능성을 막아 버리는 상태로, 별을 볼 수 있을 때 진창을 보게 만듭니다.

불행하다는 느낌을 갖는 것이 왜 죄가 될까요? 그 이유는, 모든 죄와 마찬가지로 그 느낌 또한 하느님께 등을 돌리고 자기 자신, 자신의 욕망·문제·고통 등에 마음을 두기 때문입니다. 그리고 모든 죄와 마찬가지로 그것은 반발심의 한 형태입니다. 불행하게 느끼는 모든 것을 추적해 보면 그것은 자신이 원하지만 갖지 못하는 어떤 것 때문입니다. 그것은 전부 욕구와 관련이 있습니다. 자기 자신에 대한 기대, 주변의 다른 사람들 그리고 하느님께조차 기대를 갖고 있습니다. 저는 매사를 제가 조종할 수 있기를 원합니다. 태양이 빛났으면 좋겠고, 자동차가 달리기를 원하고, 제시간에 도착하기를 바라고, 사람들이 저를 좋아하기를 희망합니다. 다시 말해서 모든 것이 저의 대본에 따라 움직이기를 원합니다. 매 순간 그러기를 원합니다. 이 모든 것이 **저 자신**에서 비롯된 것입니다. 테레사 성녀께서는 이렇게 말씀하셨습니다.

"저 자신을 잊고 나서부터 저는 행복했습니다."
제가 지닌 또 다른 문제는 괴로움과 슬픔이 같은 것이라고 생각해 왔다는 점입니다. 그러나 이 두 가지는 다릅니다. 괴로움은 **피할 수가 없습니다**. 우리는 괴로움을, 많은 괴로움을 안고 삽니다. 어떤 괴로움은 상처가 됩니다. 괴로움 앞에서 어떻게 할 수가 없습니다. 할 수 있는 것이라곤 괴로움을 안고 불행하다고 느끼지 않도록, 괴로움이 더 깊어지는 것을 피하는 것입니다.
그러나 저는 거의 그렇게 하지 않습니다. 괴로움으로 불행에 잠겨 있지 않는 유일한 방법은 그것을 받아들이는 것인데, 그렇게 하고 싶지 않습니다. 여기에 제 죄가 있습니다. 대본대로 되지 않을 때 저는 반발합니다. 괴롭고 싶지 않기에 괴로움을 받아들이지 않으려고 거부하고, 그 결과 비참해집니다. 고통을 겪는 것뿐만 아니라 고통 중에 있음을 **불행**하다고 느끼는 것입니다.
헤르만 헤세의 책 「싯다르타」에 이런 내용이 있습니다. 고통은 비록 피할 수 없지만 불행하다는 느낌은 피할 수 있다고 아주 힘 있게 주장합니다. 싯다르타는 엄청난 고통의 시간을 겪고 있지만 그것을 받아들임으로써 성장했고 참으로 큰 슬픔 가운데서도 내면의 평화를 유지할 수 있게 되었습니다. 지혜로운 그의 친구가 그를 보며 말합니다.
"그런 고통을 겪고도 … 자네 마음에 슬픔이 들어오지 않았다는 것이 보이네."
그리스도인이 된다는 것은 바로 그런 것입니다. 마음에 기쁨을 지니고 아무리 나쁜 것일지라도 하느님이 당신을 사랑하는 사람들을 위해 모든 것을 좋게 해 주시리라고 굳게 믿는 것입니다. 바오로 성인은 이렇게 권고했습니다.

"주님 안에서 언제나 기뻐하십시오. … 모든 일에 감사하십시오."(1테살 5,16-18)
얼마나 힘 있는 가르침입니까! 언제나 기뻐하십시오. 모든 일에 감사하십시오. 좋은 것에만 감사하지 말고 고통, 괴로움, 실패, 비극처럼 나쁜 것에도 감사하십시오. 이 말씀이 우리에게 가르치는 것은 행복이란 감정이 아닙니다. 그것은 선택하는 태도로, 믿음에서 나오는 내면의 평화입니다.

기쁨은 슬픔이 없는 상태가 아닙니다. 그것은 하느님의 현존입니다. 만일 우리가 자신의 내면 깊이 들어오시도록 하느님의 현존을 허락한다면 엄청난 고통 중에도 우리는 행복할 것입니다.

그런데 우리가 정말 그렇게 할 수 있을까요? 아니면 이것은 비현실적이고 실현할 수 없는 이론일까요? 「의미를 찾는 사람Man's Search for Meaning」이라는 책에서 저자 빅터 프랭클은 아우슈비츠 수용소에서 자신과 동료를 관찰하면서 얻은 결론을 이야기하고 있습니다. 그는 죽음의 수용소라는 같은 환경에서 어떤 사람들은 동물처럼 변했고, 어떤 사람들은 인간의 존엄성을 유지했으며, 또 어떤 사람들은 기꺼이 순교자가 되는 것을 관찰했습니다.

"수용소에서 살아남은 우리는 천막을 돌아다니며 사람들을 위로하고 그들이 가지고 있던 마지막 빵을 나눠 주었던 이들을 기억합니다. 그런 사람들이 소수에 불과했는지는 모르지만, 인간에게서 모든 것을 빼앗아 갈수는 있지만 인간의 여러 자유 가운데 마지막 자유, 즉 주어진 상황에서도 자신의 태도를 선택하는 자유, 자신만의 길을 선택하는 자유는 빼앗을 수 없다는 것을 그들은 충분히 증명했습니다."

그러므로 저는 이렇게 고백하고 결심합니다.

"네, 저는 죄를 범했습니다. 하지만 그것 때문에 불행에 빠지지는 않을 것입니다. 그것이 아무리 깊은 어둠일지라도 저는 하느님을 믿고 밖을 내다보면서 별을 보기 시작할 것입니다."

[숨어 있는 죄를 고백하다 A Confession of Hidden Sin ⓒ Congregation of Marians of the Immaculate Conception, Stockbridge, MA 01263.]

오직 나를 위해

어린 시절, 나는 모든 일에서 내 뜻보다 부모님과 조부모님의 뜻에 순종했다. 교리 수업도 착실하게 받았고 주일 미사도 거르지 않았다. 그러나 견진성사를 받고 나서는 신앙생활과 멀어졌고 차츰 미사 참례도 하지 않게 되었다.

어른이 되어 결혼하고 첫아이를 임신하자 다시 신앙생활이 하고 싶어졌다. 남편과 나는 1년 이상 아이를 갖기 위해 노력했지만 임신이 되지 않아 무척 낙심하고 있었는데, 마침내 주님의 은총으로 아이를 갖게 되었던 것이다. 우리 아이가 하느님께서 주신 선물이라는 것을 알았고 가톨릭 신앙에 충실하고 싶은 마음이 간절했다. 나의 구원을 위해서뿐만 아니라 좋은 부모가 되어 우리 아이를 주님의 뜻에 따라 키우고 싶었다.

임신 중에 무척이나 미사 참례가 하고 싶었고 매일 묵주기도도 하고 싶었다. 그런 열망은 분명 주님의 선물이었다. 퍼즐을 완성하는 마지막 조각은 견진성사를 받은 후 거의 20년 동안 받지 않은 고해성사를 받는 것이었다.

두려웠다. 20년 동안 지은 그 많은 죄 때문에도 그랬지만, 신부님이 나를 몹쓸 인간이라고 야단치실까 봐 더 두려웠다. 우리 본당 신부님께 고해성사를 볼 용기가 나지 않았다. 나를 어떻게 생각하실지 무척 두려웠다.

하루속히 고해성사를 봐야 한다는 생각이 마음에서 떠나질 않았지만 두려움을 극복하지 못하고 한두 달 지내던 중에 지역 성체 대회가 거행된다는 공고문을 보게 되었다. 성체 현양과 함께 고해성사도 베푼다는 내용이 있었다. 주님과 화해할 기회가 마침내 찾아왔다고 생각했다. 나를 모르는 교구의 다른 신부님들께서 고해성사를 베풀어 주시기 때문이다. 고해성사 지침서를 한 권 사서 내 죄를 분명히 알고 고해성사를 잘 볼 수 있도록 청하는 기도를 계속했다. 오랫동안 내가 범한 죄는 종이 한 장에 적기에도 모자랄 만큼 많았다.

성체 대회에 참석한 나는 곧바로 성체 조배실로 들어갔다. 그곳에서는 고해성사도 함께 이루어지고 있었다. 몇 분 정도 기다린 다음 비어 있는 고해소로 들어갔을 때, 책을 보다가 고개를 들고 미소 지으며 나를 반기시는 신부님 얼굴을 대하는 순간 가슴이 철렁 내려앉았다. 신부님과 얼굴을 마주하고 고백한다는 사실을 전혀 몰랐던 것이다! 그 많은 죄를 고백해야 하는데 계속 신부님 얼굴을 대해야 하다니! 도저히 못할 것 같았다.

나는 불안한 미소를 지으며 무릎을 꿇었다. 그리고 20년 동안 고해성사를 보지 않았다는 것과 무척 떨리고 힘들다는 말씀을 드렸다. 신부님은 웃으시며 함께 극복해 보자고 말씀하셨다. 아주 긴 죄 목록을 신부님 앞에 펼치고 차분하고 정직하게 고백했다.

울음이 터졌다. 아마도 내가 깨끗해졌다는 데서 오는 안도감 때문이었을 것이다. 신부님은 정말 친절하고 따뜻하게 나를 대해 주셨다. 교회로 돌아온 것을 축하해 주시며 내가 깊은 겸손함을 지녔다고 말씀해 주셨다. 내 죄를 사해 주시고 보속을 주셨다. 해냈다! 드디어 해냈던 것이다! 나는 하느님께 돌아왔고 그분께서 나의 모든 죄를 사해 주셨다! 무거움이 사라지고 날아갈 듯 가벼워지는 느낌이었다. 소지품을 챙겨 고해소를 나가려고 할 때 신부님은 그날 고해소에서 거의 하루 종일 책만 읽고 있었다는 말씀을 하셨다. 그리고 내 얼굴을 바라보고 웃으시더니 이렇게 말씀하셨다.

"내가 오늘 자매님을 위해 여기 온 거예요."

| 매사추세츠 밀버리에서 멜리사 쇼

아주 긴 목록

2005년 여름, 내가 다니는 북부 애리조나 본당에 은퇴한 신부님 한 분이 오셨다. 한 달 동안 본당 신부님을 대신할 분이었다. 그 주에 나는 메주고리에 기도 모임의 동료에게서 이메일을 받았는데, 그 내용은 고해성사와 죄(주로 대죄)를 열거한 아주 긴 목록이었다.

그 목록을 보면서 내가 청소년기와 청년기에 범한 죄가 많이 포함되어 있다는 사실을 알았다. 예를 들면, 파티를 즐기거나 과음하는 것은 죄라고 생각하지 않았고, 다른 죄들은 인정하기 부끄러운 그런 것들이었다. 그런 죄들에 대해 전에 고해성사를 보지 않았다는 것은 알았지만, 그 밖에도 고백하지 않은 큰 죄가 무척 많을 것이라는 생각이 자꾸 들었다. 어쨌든 문제는 고백한 죄와 고백하지 않은 죄가 무엇인지 알아내는 것이었다.

혹시나 하는 마음으로 그 긴 목록을 가지고 본당으로 갔다. 그때까지도 나는 새 신부님이 오셔서 고해성사를 베풀어 주신다는 사실을 모르고 있었다. 나중에 그 사실을 알고 실망할 수밖에 없었다. 나를 전혀 모르는 신부님께 어떻게 자초지종을 설명할 수 있단 말인가!

피하고 싶은 마음이 간절했다. 평소처럼 일상적인 죄에 대한 간단한 고해성사를 볼 수도 있겠지만 뭔가가 나를 그렇게 하지 못하도록 막았다. 솔직하게 내 의도를 설명하고 이것이 내게 왜 중요한지를 말씀드리기로 했다. 목록이 너무 길어서 그날 밤에 따로 고해성사를 보고 싶다는 말씀을 드렸다. 신부님은 잠시 걱정스러운 표정을 지으시더니 시간을 내겠다고 하셨다.

그 시간은 많이 힘들고 창피했지만 그 신부님이 영적으로 훌륭한 조언을 해 주시는 분이라는 사실을 알고 정말 기뻤다. 신부님이 우리 본당에 계시는 동안 내 영적인 삶이 꽃을 피웠다. 이런 변화를 생각하면서 내 고백을 전부 들어주신 신부님 덕분이라고 믿는다.

| 매사추세츠 베드포드에서 익명의 신자

변화된 태도

여러 해 동안 고해성사로 갈등을 겪고 있었다. 고해성사는 당연히 필요한 것이라고 믿었지만 시간을 내고 싶지 않았다. 누가 내 뒤를 따라다니며 확인하는 것도 아니니 고해성사를 보지 않고 지내는 것은 쉬운 일이다. 게다가 직접 주님께 죄를 고백하고 용서를 청하는 것으로 충분하다고 생각했다. 그런데 내 아이들에게 가톨릭 신앙을 물려주고 싶다는 생각을 하면서부터 고해성사라는 문제가 나를 압박했고 내 태도에 변화가 일어났다. 1년에 적어도 두 번은 고해성사를 했고, 그러면서 차츰 고해성사에 이끌리는 자신을 느꼈다. 신자인 친구가 고해성사를 보지 않는다고 말했을 때는 나도 모르는 사이 친구에게 고해성사를 옹호하는 말을 하고 있었다. 내가 하는 말을 들으면서 친구는 고해성사의 아름다움과 강한 힘을 깨닫기까지 했다. 우리 죄를 신부님께 가져가면 우리는 예수님과 직접 연결된다는 것을 확실히 알게 되었다. 고해성사는 우리가 믿음 안에 살도록 그리고 주님과 함께하도록 해 주는 주님의 선물이다.

고해성사를 통해 수많은 멋진 경험을 하고 있다. 어떤 사람은 이것을 '주님 앞으로 나아가는 여정'이라 불렀다. 고해성사가 우리를 하느님께 가까이 인도하는 것만이 아니라는 사실을 점차 알게 되었다. 가족의 평화, 공동체의 평화, 그리고 세계의 평화는 우리가 서로 고백하고 또한 주님께 고백하는 능력에 달려 있는 것이다.

| 버지니아 오크 힐에서 토니 I. 리치

스카프를 입에 물고

나는 캐나다 서스캐처원/앨버타의 작은 마을에서 자랐다. 우리 마을의 주도로가 두 지방의 경계선이다. 아버지의 건설 회사 직원들이 우리 본당인 파도바의 성 안토니오 성당을 지었고, 부모님과 우리 일곱 형제는 이 일을 명예롭게 여겼다.

1950년대와 1960년대에 버니 고먼 신부님을 본당 신부님으로 모시게 되는 은총을 입었다. 그분은 정말 인자한 분이었고 부모님과 아주 가까운 친구셨다. 우리 집에 자주 오셔서 저녁 식사를 함께하셨고 토요일 밤에는 빠짐없이 카드놀이를 하셨다. 모든 이들이 신부님께 고민을 털어놓았고 신부님은 아무리 바빠도 시간을 내주셨다. 우리는 모두 신부님을 사랑했다.

열 살 된 아이가 고먼 신부님 같은 훌륭한 신부님께 자신의 불완전함을 인정하고 고해성사를 본다는 것은 정말 하고 싶지 않은 일이었다. 신부님은 정말 좋은 분이었고 **하느님의 사람**이었기 때문에 고해성사 후에 나를 다시 보셨을 때, 그것도 끔찍하게 우리 집에서 나를 보셨을 때 내가 부족한 아이라고 생각하실까봐 전전긍긍했다.

그래서 일주일 내내 걱정하다가 고해소에서 하느님의 거룩한 사람인 신부님이 나를 알아채지 못하도록 일종의 장치를 고안하기로 마음먹었다.

원래는 금요일 저녁에 고해성사를 받기로 했지만 나는 토요일 오후에 가기로 했다. 이것이 신부님을 속이는 계획의 1단계였다.

작은 고해소 안의 칸막이가 스르르 열리고 낯익은 신부님의 실루엣이 눈에 들어왔다. 나는 누나의 옷장에서 훔친 스카프 몇 장을 내 입에 쑤셔 넣었다. 이것이 계획의 2단계였다. 나는 목소리까지 변조하고 최대한 빨리 고백했.

지금 그 시나리오를 돌이켜 보면, 당시 내가 범한 죄는 사순 시기에 몰래 사탕을 훔친 것과 남동생을 나쁘게 생각한 일이었다. 고해성사 내내 여러 장의 스카프를 입에 쑤셔 넣은 채 일부러 심하게 기침을 하고 이야기를 꾸미면서 쉰

목소리로 속삭이듯 말하려고 애를 썼다.

고먼 신부님은 언제나처럼 인자하셨고 귀 기울여 내 고백을 들어주셨다. 그리고 용기를 북돋는 말씀을 몇 마디 하시고 가벼운 보속을 주셨다. 이어서 죄를 사해 주신다는 말씀을 하시더니 거기 덧붙여 이렇게 말씀하셨다.

"그런데 데니스야, 아버지께 내가 네 시쯤 낚시하러 갈 수 있다고 전해 주겠니?"

나는 숨이 막힐 것 같아 침을 꿀꺽 삼키고 콜록거렸다.

"네, 신부님!"

나는 낭패한 기분이 되어 보속을 하려고 어두운 성당으로 살금살금 들어갔다. 그러면서 고해소에서 발작적으로 기침을 하며 스카프까지 동원해 목소리를 변조한 것도 혹시 죄가 되는 것은 아닐까 하는 생각이 들었다.

| 캐나다 브리티시 콜롬비아 커먹스에서 데니스 R. 버클리

가톨릭의 보물

유아 세례를 받은 나는 어렸을 때 무척 열심히 신앙생활을 했고, 그런 믿음 안에서 즐거움과 생기를 느꼈다. 그러나 청년기에 접어들면서 믿음에 시련이 왔고 냉담에 이르렀다.

30대 후반이 되었을 때 주님께 그리고 어떤 특별한 신앙에 나를 온전히 봉헌하고 싶은 강한 열망을 갖게 되었다. 몇 개월에 걸친 기도와 깨달음을 얻고 나서 내가 시작한 곳, 가톨릭교회로 다시 기쁘게 돌아왔다. 몇몇 개신교에 다녀보려고도 했지만 성체의 부르심이 나를 불태웠고, 성체가 아니고서는 충만한 삶을 살지 못하리라는 것을 알았다.

참으로 놀랍게도 가톨릭 신앙에 나 자신을 다시 의탁하고 나자 교회를 통해 내가 받는 성체만이 하느님께서 주시는 유일한 보물이 아니라는 것도 알게 되었다.

그때 몇 해 동안 고해성사를 받지 않은 채 2003년 사순 시기를 맞았다. 고백을 해야 한다는 것을 알면서도 자꾸 내키지가 않았다. 그러나 비가 내리는 3월의 어느 쌀쌀한 날에 마침내 결단을 내리고, 워싱턴 스포캔에 있는 우리 집에서 가까운 성 가롤로 성당으로 향했다. 깊이 후회하며 죄를 고백했고 용서를 구하며 열심히 기도했다. 그러자 즉시 고해소에서 하느님의 현존을 느낄 수 있었다. 눈물을 흘리지 않고는 고해성사를 마칠 수가 없었다.

혼란을 겪으며 하느님을 잊고 살았던 시간에 범한 모든 죄를 고했다. 비록 신부님께는 단편적으로 말씀드릴 수밖에 없었지만, 주님께서 내가 기억하지 못하는 죄까지 전부 듣고 계신다는 것을 알았다. 보속을 마치자 마음이 가벼워지면서 주님의 자비와 사랑을 깊이 느낄 수 있었다. 그러나 축복은 거기서 끝나지 않았다.

그날 밤 아주 깊은 잠을 자면서 너무나도 생생한 꿈을 꾸었다. 꿈속에서 우리 가족은 크리스마스를 맞아 선물을 열어 보고 있었다. 그 가운데 아주 큰 리본으로 포장된 상자가 보였고, 나는 그것이 아주 특별한 선물임을 알고 있었다. 그리고 의심의 여지없이 그 선물이 내 것이란 것도 알았다.

가족들에 둘러싸여 그 선물을 열었다. 그 안에는 말로 표현할 수 없는 고해성사의 선물이 들어 있었다. 하느님께서는 나를 속속들이 알고 계셨다. 선물을 열었을 때, 주님께서 나보다 더 많이 나를 아시고 내가 표현할 수 없을 만치 나를 사랑하신다는 것이 느껴졌다. 그 상자 안에서 밝음과 선함과 치유의 빛이 비추었고 그것들이 이제 내 존재의 내면에서 빛나고 있었다.

다음 날 아침에 일어났을 때 그 선물은 내 안에 있었고 그 꿈은 다른 어떤 경험보다 더 현실적으로 느껴졌다. 힘들고 믿음이 흔들릴 때면 나는 그 꿈으로 돌아간다. 고해성사로 받는 선물은 항상 나에게 필요한 것들이다.

| 워싱턴 스포캔에서 줄리아 M. 베커

변화를 위한 용기

내가 애리조나 유마 본당에서 첫 사목을 할 때였다. 어느 날 한 젊은이가 사제관 쪽으로 걸어오더니 신부님과 이야기를 할 수 있느냐고 물었다. 그는 샌디에이고에서 동거하던 여자 친구와 헤어지고 방금 유마에 도착했다고 말했다. 그는 여자 친구에게 돌아가려고 생각하고 있었는데 마음속에서 먼저 성당으로 가라는 소리를 들었다고 했다.

우리는 꽤 오래 이야기를 나누었다. 그는 주님께서 바라시는 삶을 살고 있지 않다는 것은 알지만, 낯선 것에 대한 두려움이 익숙한 것에 대한 두려움보다 더 크다고 고백했다. 그는 그녀에게 돌아가고 싶었지만 계속 어떤 소리가 그에게 먼저 조언을 구하라고 말한다고 했다.

우리는 인생의 목적에 대해 이야기하고, 미래가 불확실하다 해도 긍정적인 변화를 위한 용기를 갖는 것에 대해서도 이야기를 나누었다. 그 젊은이는 고해성사를 보기로 했고 캘리포니아로 돌아가는 대신 고향으로 가기로 결심했다. 그리고 한 달 후 그 젊은이의 편지를 받았다. 샌디에이고로 돌아가지 않기로 한 결정은 정말 잘한 일이며 지금은 마음이 평온하다고 했다. 용서받고 새로 태어난 느낌이라고도 했다. 주님께서는 그 젊은이의 앞날을 이끌어 주실 것이다. 그는 내가 그곳에서 하느님과 그가 화해하는 데 필요한 시간을 내주어서 고맙다고 했다.

| 애리조나 투손에서 제임스 W. 머딘 신부

기쁘게 춤을!

서른다섯 살의 가톨릭 신자인 나는 한때 학교에서 낙태 반대 운동가로 활동하고 강연도 하면서 생명의 권리를 외치던 여자였다. 나는 독선적이고 도덕적 비판을 일삼았으며 세상일에 무지했다. 그리고 스물한 살이 되던 해 결혼할 생각이 없었던 남자 친구의 아이를 임신했다. 나는 공황 상태에 빠져 깨어 있을 때나 잠들어 꿈을 꿀 때나 혼란과 괴로움으로 고통을 받았다. 낙태 후에 절망감과 수치심을 잊기 위해 술을 마시고 파티를 찾아다니고 낙태하는 여성들을 옹호했다. 나는 나 자신이 싫었다. 괴로움을 없애려고 남자 친구와 자고 세상 즐거움에 빠져 생활했다. 그리고 스물세 살에 다시 임신했을 때는 아이를 낳고 싶었다.

남자 친구와 싸우면서 아이를 낳자고 애원했다. 그러나 절대로 안 된다는 말에 또다시 혼돈스러운 미래에 봉착하게 되었다. 교육 대학을 막 졸업한 나의 앞날은 불확실했다. 아이를 갖기 전에 해결하고 준비할 일이 너무나 많았다. 그래서 결국 비참한 심정으로 다시 낙태를 했다.

고통과 수치심은 말로 표현할 수 없었다. 일과 사람들과의 관계는 심각한 지경이 되었고, 명랑하고 행복하고 성공적인 삶을 살던 아가씨는 어두운 과거를 지닌 침울하고 불안하고 죄 많은 여인이 되고 말았다. 시간을 다시 돌려 잘못을 바로잡을 수 있기를, 과거에서 벗어날 수 있기를 얼마나 바랐던가. 무엇보다 나의 가장 큰 잘못은 결혼 전에 성관계를 가진 것이었다.

스물네 살이 된 그 다음 해, 친구가 해외여행을 간다고 했을 때 삶에 변화를 원했던 나는 여행으로 지난 시간의 기억들에서 벗어날 수도 있을 것이라는 기대에 친구와 함께 가기로 했다. 4개월에 걸친 그 여행은 나에게 참으로 아름답고 흥미진진한 새로운 시간이었다.

우리는 세계 청년 대회에 참가해서 좋은 사람들을 만나 즐겁게 보냈다. 그러나 마음은 언제나 괴로웠고 내 영혼은 용서와 치유를 갈망했다.

크로아티아에 갔을 때 우리는 메주고리예에 갈 생각이었지만, 몸도 아프고 교통편도 좋지 않은데다 게을러지기까지 해서 여러 가지 이유로 단념하려고 했다. 무엇보다 고해성사를 보고 싶지 않았고 내가 죄인으로 보이는 것도 원치 않았기 때문에 주님에게서 도망치려는 내 마음이 크게 작용했다.

그러나 결국 우리는 갔다. 메주고리예는 내가 본 중에 가장 평화롭고 가장 깊은 신앙심이 느껴지는 곳이었다. 내 마음과 영혼이 고양되면서 천천히 회복되는 것을 느낄 수 있었다. 성당에서 기도했고 몇 번의 기적도 목격했다. 하지만 가장 기억에 남는 일은 네 시간 동안 고해성사를 본 것이다. 잊을 수 없는 일이었다. 나는 고해성사 중에 울고 또 울었다. 신부님이 죄를 사해 주셨을 때 새 사람이 된 기분이었다.

사람들은 낙태를 저지른 나를 아직도 비난한다. 그러나 내가 용서를 받았고 예수 그리스도의 새 피조물이라는 사실을 나 자신에게 자꾸 일깨운다. 이런 경험은 나를 더 정열적이고 겸손하고 다정한 사람으로 만들었다. 나는 지금도 낙태를 반대하고 기회가 되면 여성들에게 그렇게 조언한다. 결혼 전에 금욕을 지지하지만 그렇지 않은 사람들을 비판하지는 않는다.

나는 고해성사로 깊은 위안을 받았고 이따금 **영혼을 살펴보기** 위해 고해성사를 본다. 명랑한 소녀가 사라진 자리에 깊이가 자리를 잡았다. 나는 예수님의 자녀로, 하느님의 눈으로 나를 사랑하는 가톨릭 신자인 남자와 결혼했다. 예쁜 딸을 낳았고 주님의 뜻으로 지금은 임신 중이다.

나는 축복받았고 나를 용서하신 주님을 찬미한다. 내가 고통으로 울부짖었을 때, 주님께서 내 소리를 들으시고 나를 진창에서 건져 내시어 빛으로 나오게 해 주셨다. 그 어떤 것도 낙태로 인한 고통과 후회를 없애 주지 못하겠지만, 내가 용서받았고 언젠가 하늘나라에서 내 아이들을 만나 기쁘게 춤출 수 있는 자격을 얻었음을 안다.

| 오스트레일리아 빅토리아 멜버른에서 라헬 S. 윌리엄스

마지막 선물

5학년 때 본당에서 우리 집과 가깝게 지내는 조셉 아저씨에게 바이올린 레슨을 받았다. 아내와 이혼한 그 아저씨는 미혼인 두 여동생과 살고 있었는데, 이혼 후 냉담 중이었지만 주일이면 차로 동생들을 성당까지 데려다 주고 미사가 끝날 때까지 차에 앉아 신문을 읽곤 하셨다.

세월이 흘러 나는 신부가 되었다. 사제품을 받은 지 2년이 지난 어느 날 어머니를 뵈러 콜럼버스로 갔다. 어머니는 조셉 아저씨가 많이 편찮으시다는 말씀과 함께 한번 찾아뵈라고 하셨다. 아저씨 집에 도착해서 메리 아줌마의 안내를 받아 이층으로 올라갔다. 침대에 누워 계신 아저씨를 만나고 얼마 후 아래층으로 내려오니 아줌마께서 기다렸다는 듯이 물으셨다. 혹시 아저씨가 고해성사를 보셨는지에 대해서.

"아저씨는 제가 어렸을 때부터 저를 알고 계시잖아요. 그러니 저한테 고해성사를 보지는 않으실 거예요."

"오빠는 지난 30년 동안 냉담 중이지만, 우린 오빠를 그대로 돌아가시게 할 수는 없어요."

아줌마는 간절히 말씀하셨다.

내가 다시 이층으로 올라가 말씀을 드리는 동안 아줌마는 거실에서 무릎을 꿇고 묵주기도를 드리라고 청했다. 아저씨께 다시 가서 영성체를 하시겠는지 여쭈었다. 아저씨는 "네." 하셨고 고해성사를 보시겠는지 묻자 다시 "네."라고 대답하셨다.

나는 고해성사를 드리고 그곳 본당에 전화해서 다음 날 아침에 봉성체를 하도록 했다. 그날 랭커스터의 우리 본당으로 운전하며 돌아올 때 나는 말할 수 없이 기뻤다. 하루 종일 구름 위를 걷는 기분이었다. 그렇게 기쁠 수가 없었다! 그 다음 주, 주님의 은총으로 조셉 아저씨의 장례 미사가 그곳 본당에서 거행되었다.

| 오하이오 길르앗 산 성당에서 찰스 포엘러 신부

절대로 말하면 안 돼

어렸을 때 내가 좋아하고 따르던 어른에게 성폭행을 당했다. 너무 어려서 그것이 무슨 행위인지 이해하지 못했지만 부모님께 절대로 말하면 안 된다고 주의시키는 말에서 나쁜 일이라는 것은 알았다.
비록 어려서 어른에게 당한 일이었지만 씻을 수 없는 기억과 나 자신이 끔찍하게 더럽다는 느낌을 지울 수 없었다. 부모님께 말해야 하지만 용기를 내지 못한다는 사실이 나를 더욱 괴롭혔다. 게다가 40년이 지난 지금도 이 말을 입 밖에 내기 어렵지만, 성폭행을 당하는 것이 수치스럽고 싫으면서도 시키는 대로 했고, 그가 사람들 앞에서는 나를 본 척도 하지 않거나 함부로 대했기 때문에 그 순간 내게 관심을 보이는 것이 고맙기까지 했다. 주님의 자비로운 은총으로 더 많은 일이 있기 전에 그를 거부할 수 있었다.
그 후 몇 년이 지나 내가 8학년이 되어 견진성사 피정을 하게 되었을 때였다. 그 전에 고해성사를 몇 번 보았지만 내 어두운 과거를 누구에게도 말할 수 없었다. 그 일로 고해성사를 볼 생각만 하면 숨이 막히고 심장이 뛰면서 자기혐오감과 공포에 휩싸이곤 했다.
그러나 주님의 은총으로 계속 이렇게 살 수 없다고 결심하고 처음으로 모든 것을 고백하기로 했다. 내가 다니는 워싱턴 스포캔에 있는 성 파트리치오 성당의 존 맥그래인 신부님은 인자하고 자상하게 고해성사를 베풀어 주셨다. 그리고 나는 "당신의 죄를 사합니다."라는 놀라운 축복의 말씀을 들었다.
고해성사를 통해 깨끗이 씻기고 상처는 치유받았다. 내가 용서를 받았으며 이제 그 보답으로 내게 상처를 준 사람을 용서할 수 있다는 것을 알았다. 행복했다. 안도와 평화가 찾아왔다. 고해소를 나오자 날아갈 것만 같았다. 오랫동안 고통스러운 병으로 쇠약해진 몸이 갑자기 건강해져서 햇빛 아래에서 춤을 출 수 있게 된 것 같았다.

| 워싱턴 시애틀에서 익명의 신자

환영합니다

"거기 아무도 없니?"

굵은 남자 목소리가 칸막이 저편에서 물었다. 나는 어두운 고해소에서 무릎을 꿇고 겁에 질려 아무 말도 못한 채 떨고 있었다. 내가 나쁜 짓을 했고 죄를 고백해야 한다는 것은 알고 있었지만 어떻게 해야 할지를 전혀 몰랐다. 한 번도 해 본 적이 없었다. 교리 시간에 예행 연습이 있던 날 아마 감기로 결석했던 것 같다.

내가 어떤 말을 해야 할지 몰라 땀을 뻘뻘 흘리고 있을 때, 고해소 문이 열리고 엄격하신 1학년 담당 수녀님과 신부님이 나를 내려다보셨다. 그때 어떤 말씀을 하셨는지 생각나진 않지만 나는 창피함 속에서 이런 생각을 했던 것 같다. '나한테는 왜 만날 이런 일만 생기는 걸까?'

다행스럽게도 예상했던 꾸지람은 없었다. 수녀님은 자리를 뜨시고 신부님께서 고해성사를 어떻게 시작해야 하는지 알려 주셨다. 그런 다음 내가 죄를 생각해 낼 수 있도록 격려해 주셨다. 고해성사가 끝났을 때 나는 비로소 안도의 숨을 내쉴 수 있었다.

그 후 매주 토요일 오후가 되면 우리 가족은 고해성사를 보러 갔다. 고해소 앞으로 갈 때면 신부님이 나를 알아보실까 봐 두렵고 불안했다. 미리미리 고백할 내용을 준비하고, 첫 고해 때 망신스러웠던 경험을 되풀이하지 않기 위해 아주 작은 목소리로 재빨리 죄를 고백했다.

후에 나는 교회를 떠났다. 15년간의 냉담 후, 1987년 다시 주님께 돌아올 생각을 했을 때, 먼저 죄를 고백해야 한다는 생각에 마음이 막막해졌다.

기쁜 마음으로 고해성사를 본 적도 없었고 그 목적을 잘 이해하지도 못했으며, 너무도 많은 세월이 흘러서 어떻게 고해성사를 봐야 할지도 몰랐다. 제2차 바티칸 공의회 이후 이제 신부님과 얼굴을 마주 보고 고해성사를 하고 있으니 어떻게 한단 말인가? 나는 죄가 무엇인지조차 잊고 있었다. 물론 내가 살인을 하거나 강도짓을 하지는 않았지만 정확히 무엇을 죄라 정의할 수 있을까? 교회에 규정과 십계명이 있다는 것은 알지만 그조차도 기억나지 않았다.

그래도 고해성사를 보기로 마음먹었다. 어느 토요일에 성당에 간 나는 나이든 여인 옆에 앉았다. 그리고 주님께 용기를 달라고 기도했다. 다시 두려움에 몸이 떨려 왔지만 일단 마음먹고 여기까지 왔으니 나머지는 주님께서 인도해 주시리라 믿었다.

고해소에 불이 켜져 있는 것이 사람이 안에 있다는 뜻인지, 아니면 비어 있다는 뜻인지 알 수가 없었다. 옆에 앉은 여성에게 낮은 목소리로 물었더니 그 여인은 성당 안에 있는 사람들이 다 들을 만큼 큰 목소리로 "뭐라고요? 지금 뭐라고 하셨어요?" 하고 말했다. 그러고 보니 그 여인이 보청기를 끼고 있는 것이 보였다. 그래서 나는 아무것도 아니라는 뜻으로 손을 저었다. 그리고 잠시 혼자서 가만히 지켜보기로 했다.

고해소로 들어가 보니 신부님의 얼굴이 보였다. 나는 고해성사를 본 지 얼마나 지났다는 말씀을 드리고 어떻게 고해성사를 보는지 모르겠다고 간단하게 말씀드렸다. 신부님께서는 찬찬히 알려 주셨고 나는 그에 따랐다. 기억할 수 있는 죄, 죄라고 생각되는 죄를 고백하고 나자 신부님이 웃으며 말씀하셨다.

"돌아오신 것을 환영합니다!"

그 순간 한 번도 느끼지 못한 평화로움이 밀려왔고 내가 있어야 할 곳으로 돌아왔다는 것을 알았다.

| 캔자스 위치토에서 진 M. 헤이만

고해소의 다른 쪽 | 크리스토퍼 월시 신부

유명한 영국 배우인 알렉 기네스가 프랑스 부르고뉴에서 영화 촬영을 하던 어느 날이었습니다. 촬영을 잠시 쉬게 된 그는 성직자로 분장한 채 촬영장을 나서서 묵고 있던 호텔로 향했습니다. 길을 따라 걸어가고 있을 때 어린 남자아이 하나가 "신부님!" 하고 소리치며 그에게 달려오는 것이었습니다. 기네스는 그때의 기억을 「변장으로 받은 축복Blessings in Disguise」에서 자세히 말하고 있습니다.

"내 손은 7~8세 되어 보이는 그 아이의 손에 꼭 잡혀서 아이가 흔드는 대로 앞뒤로 흔들렸습니다. 아이는 신이 나서 깡충깡충 뛰며 뭐라고 쉴 새 없이 재잘거리면서도 내 손을 놓지 않았습니다. 나는 내 형편없는 프랑스어 때문에 아이가 놀랄까 봐 아무 말도 할 수가 없었습니다. 그 아이는 낯선 사람인 나를 신부님으로 알고 신뢰하는 것이 분명했습니다. 그러다 갑자기 "신부님, 안녕히 가세요."라고 말하며 옆으로 비스듬히 고개 숙여 인사하고는 울타리에 나 있는 구멍 속으로 사라졌습니다. 아이는 행복하고 평화로운 발걸음으로 집으로 향했을 것이고, 나는 뜻밖에도 우쭐하고 고양된 기분이 되어 거기 그렇게 서 있었습니다."

기네스는 가톨릭 사제직의 힘과 신비에 감동을 받았던 그 순간을 회상합니다. 그 어린 소년은 낯선 외국인이었지만 그를 신부라고 믿었기 때문에 보자마자 신뢰와 애정을 느꼈을 것입니다. 기네스는 1년 후 가톨릭 신자가 되었습니다.

물론 알렉 기네스는 자신이 감동을 받은 이야기에서 사제라는 배역을 연기하면서 느낀 바를 말하고 있을 뿐입니다. 그렇다면 진짜 사제는 어떨까요? 고해소에 앉아 고해자의 솔직한 고백에 귀를 기울이고 권고하고 가장 중대한 죄까지도 사해 주는 사제의 생각과 느낌은 어떤 것일까요?

이 책의 기획 의도를 말했을 때 아주 많은 평신도들이 가장 궁금해 하는 것도 바로 이 점이었다는 것이 내게도 흥미로웠습니다.

"신부님들은 때로 지은 죄를 장황하게 늘어놓는 신자들이 귀찮지 않은가요? 고백을 들으면서 지겹지 않은가요? 가톨릭 신자들이 도덕적 기준에 따르며 좀 더 신앙적으로 살지 않아서 슬퍼지세요? 고해소 다른 쪽에 앉아 있는 기분은 어떤가요?"

• **큰 노력을 요하는 소임**

교황 요한 바오로 2세께서는 고해성사에서 고해 사제의 역할을 다음과 같이 말씀하셨습니다.

"의심의 여지없이 사제에게 가장 어렵고 민감하며, 가장 힘들고 큰 노력을 요하지만, 또한 가장 아름답고 가장 큰 위로를 주는 소임입니다."

저도 저 자신에게 이렇게 말하곤 합니다. 다른 사목적 상황과 비교해 볼 때 고백을 듣는 것은 가장 큰 주의와 집중이 필요하고 그 대답에는 가장 큰 배려와 신중함을 요합니다. 쉬지 못하고 고해소에서 몇 시간 있다 보면 때로는 신체적으로도 큰 노력을 기울여야 합니다. 특히 바빴던 어느 성주간에 고해소 칸막이에 오른쪽 귀를 대고 몸을 기울여 계속 고백을 듣다가, 목 근육에 쥐가 나서 의자를 돌려 왼쪽 귀를 대기도 했습니다.

하지만 교황님처럼 저도 고해성사를 행하는 소임이 제 사제직에서 가장 보람 있고 감동적인 소임 가운데 하나라는 것을 알게 되었습니다. 미사를 기다리는 신자들을 위해 고해소를 나올 수밖에 없는 경우를 제외하고는, 신자의 고해성사 요청을 거절한 적이 한 번도 없었고 앞으로도 그러기를 희망합니다.

거기에는 예외가 없습니다. 성품을 받기 전이나 후나, 제 생애 그 많은 고해성사에서 제가 고해성사를 요청한 그 어떤 사제라도 시간과 장소를 가리지 않고 한 치의 망설임도 없이 고해성사를 주었습니다. 90세가 되신 노사제 한 분이 어느 날 제게 분명히 이렇게 말씀하셨습니다.

"사제로 지낸 65년 동안 고해성사를 거절한 적은 한 번도 없다네!"

교회법에서 '영혼을 돌보는cura animarum' 직무를 위임받은 사제는 '합리적으로 이 성사를 요청할 때마다' 신자들에게 고해성사를 베풀도록 하고 있습니다. 그리고 교회법은 '중대한 필요가 있을 때' 어떤 고해 사제라도 가톨릭 신자의 고백을 들을 권한이 있다고 명시하고 있습니다. 저는 사제들이 이 성사의 집행을 성찬식과 마찬가지로 우리가 신자들을 위해 행하는 가장 거룩한 권한이며, 중요한 임무 가운데 하나임을 직관적으로 느끼고 있다고 믿습니다. 교회의 오랜 역사에서 사제들이 행한 잘못과 남용에도 불구하고, 고해성사의 절대적 비밀성을 위반했다고 성직자들을 고발한 시대는 한 번도 없었음이 이를 나타내고 있습니다. 오히려 사제들은 성체를 축성하고 보존하는 데 그들의 생명을 바쳐 온 것과 마찬가지로, 성사의 봉인 아래 그들이 알게 된 어느 영혼의 비밀을 발설하라는 왕이나 전제 세력의 요구에 발설하기보다는 죽음을 택했던 것입니다.

세속적인 서구 사회에서 일반 종교와 특히 그리스도교를 향한 집권 정부의 적대감으로, 사제들이 개인적 고통을 감내하며 신성불가침한 성사의 고백을 증언하라는 요구를 받을 수 있다는 것을 생각해 볼 수 있습니다. 가령 몇몇 주에서는 고해성사에서 사제와 고백자 간의 절대적 비밀에 대한 어떠한 면제도 없이, 어린이 학대 같은 특정 범죄에 '피의자를 신고할 의무가 있는

자'로 성직자들을 포함시키고 있습니다.

몇 년 전에 우리는 어느 주의 검찰이 살인 혐의를 받고 있는 피의자가 고해성사를 본 감옥 고해소에 비밀리에 녹음 장치를 한 사실을 알게 되었습니다. 해당 교구의 고해 사제는 그 같은 비밀 녹음을 전혀 알지 못했습니다. 포틀랜드 대교구 케네스 스타이너 주교님의 강력한 비난과 이어진 공개적 항의의 결과, 유일하게 오리건주의 검찰은 법정에 테이프를 제출하지 않았습니다.

이제 처음 질문에 답을 해야겠습니다.

"고해소의 다른 쪽에 앉아 있는 기분은 어떤가요?"

사제가 고해성사로 대하는 사람들이 각양각색이라는 점을 생각해 보십시오. 자제력을 잃고 남편과 아이들에게 화를 내고 죄책감을 느끼는, 스트레스로 지친 엄마. 알코올, 마약, 또는 섹스를 처음 경험한 고등학생. 수 년 동안 고해성사를 보지 않다가 결혼을 앞두고 갑자기 고해성사를 봐야겠다고 결심한 이삼십대 남자. 큰 수술을 앞두고 병상에 누워서 살아오면서 내린 윤리적 결정들을 성찰하게 된 중년의 회사 임원. 20년 전에 낙태를 하고 하느님과 그 태아가 자신을 용서한다는 말을 간절히 듣고 싶어 하는 50대 여성. 홀로 되어 외로움과 질투와 절망으로 괴로워하며 하느님께서 자신을 잊지 않고 계신지를 알고 싶은 노인들. 그리고 부모님 말씀을 안 듣고 형제들과 싸우고 고양이를 괴롭힌 일을 무척 중대한 잘못으로 여기는 어린 소년.

고해 사제에게는 그 거룩한 곳에 고해자들이 들어올 때, 모든 고해자들이 고해소나 그저 평범한 병상을 거룩한 곳으로 만드는 뭔가 알 수 없는 공통된 특성이 보입니다. 범한 죄를 인정하는 인간의 자유와 용서의 은총으로 쏟아지는 하느님의 사랑이 만나는 그 굉장한 자리에서, 모든 그리스도인은 남녀노소를 막론하고 복음 말씀에서 약속한 하늘나라에 들어갈 '어린이'와 같아집니다(마태 19,14 참조).

워싱턴 대교구의 사제이자 신학자인 로렌조 알바세테 몬시뇰께서는 〈뉴욕 타임스 매거진The New York Times Magazine〉의 칼럼에 고백을 듣는 소임을 이렇게 정리했습니다.

"고해성사는 치료 요법이 아니며 도덕적 평가를 하는 것도 아닙니다. 우리 내면의 삶의 근본 진실이 우리의 완전한 가난, 철저한 의탁, 해결할 수 없는 목마름, 사랑받고자 하는 간절함이라는 것을 확인하는 것일 뿐입니다. 저는 사람들이 정말 힘들어 하면서도 가장 단순한 언어, 혼란스러운 세상을 이해하기 전의 어린아이의 언어로 고백하게 되는 것을 알았습니다. 그 경이로움에 침묵하는 것이 모든 말을 뛰어넘는 계시에 대한 가장 자연스러운 응답입니다."

[『The Untapped Power of the Sacrament of Penance』의 저자인 크리스토퍼 월시 신부는 코네티컷 쉘턴의 성 요셉 성당의 주임 신부로 뉴욕 용커스에 있는 성 요셉 신학교에서 교리신학과 외래 교수로 재직 중이다. 13년 동안 브리지포트 교구 미래사제구성회의 소임 지도자로 일했으며 코네티컷 스탬퍼드의 성 요한 피셔 신학교에서 영적 지도자로 일했다.]

모범이 되는 부모

1954년생인 나는 가톨릭 신앙 안에서 성장했다. 그러나 1960년대의 다른 많은 청소년 세대처럼 교회에 반발하며 신앙생활에서 점점 멀어져 갔다.

결혼 후 아이들을 낳아 기르면서 우리 부부는 뉴욕 메릭에 있는 아르스의 성인 성당에 교적을 두고 주일 미사에 참례하기 시작했다. 이것이 옳은 일이라고 생각은 했지만 마음을 다해 신앙생활을 한 것은 아니었다.

1998년에 딸이 첫영성체를 준비하게 되었고, 아이들의 첫 고백을 위한 부모들의 모임이 있었다. 본당 신부님이 고해성사에 대한 말씀을 해 주시고, 우리에게 부모로서 아이들의 모범이 되기 위해서는 규칙적으로 고해성사를 보라는 말씀을 하셨다.

신부님의 그 말씀이 내 양심을 찔렀고, 바로 그것이 나에게 필요하다는 깨달음도 있었다. 그때 나는 마지막 고백을 한 지 30년이 되어 가고 있었다. 본당 신부님 가운데 한 분인 로베르토 로메오 신부님께 면담을 청하고 고해성사를 준비하며 양심 성찰을 하기 시작했다. 쉬운 일은 아니었다. 30년이란 세월 동안 참으로 많은 일들이 있었던 것이다!

신부님은 나를 위해 집무실에서 고해성사를 보는 편이 좋겠다고 하셨다. 말도 못하게 떨렸지만 내가 반드시 해야 할 일이라는 것을 알고 있었다. 신부님은 고해성사 내내 친절하고 자상하게 도와주셨다. 죄를 사한다는 말씀을 듣는 순간 엄청난 무게로 나를 짓누르던 것들이 전부 사라졌다. 그 느낌은 너무나 놀라웠다.

보속으로 받은 기도를 하고자 성당에 가서 무릎을 꿇었을 때, 주님의 사랑과 은총이 나를 감쌌다. 나는 기쁨의 눈물을 흘렸다. 예수님께서 나를 사랑하시고 용서하셨음을 깊이 깨닫는 순간이었다. 그분은 이제 더 이상 추상적인 개념이 아닌 내 마음에 실존하는 분이셨다.

이후 내 신앙생활은 마지못해 하는 의무가 아니었다. 내 믿음은 나의 주님, 나의 구세주와 연결된 깊고 친밀한 개인적인 관계가 되었다. 그토록 오랜 세월이 흐른 뒤, 고해성사는 내가 교회의 품으로 다시 돌아가는 기쁜 여정의 시작이었다. 이제 남편과 나는 본당에서 많은 봉사를 하며 정기적으로 기쁘게 고해성사를 본다.

| 뉴욕 프리포트에서 캐서린 M. 주브로비치

매주 받는 치료

열일곱 살이었을 때 사춘기로 혼란스러웠던 나는 유아 세례를 받은 신자였지만 부모님과 함께 살 때만 어쩔 수 없이 미사에 참례했다. 부모님은 매주 성당에 가라고 하셨지만 그것이 왜 그렇게 중요한 일인지 알지 못했을 뿐만 아니라, 미사 참례를 경멸했다. 하느님이 진짜 존재하시는지도 확신하지 못했기에 성당에 가는 것은 엄청난 시간 낭비라고 여겼다.

첫 고백 역시 나를 화나게 했다. 내 자존심은 나에게 고해성사를 볼 필요가 없다고 말했다. 내가 지은 죄에 죄책감을 느끼지 않는다면 고해성사를 보는 것 역시 시간 낭비일 뿐이라고 생각했다.

내 의지와 상관없이 강제로 교리를 배워야 한다는 것에도 화가 났지만, 당시 고등학교를 졸업하고 뭘 할 것인지, 내가 누군지 하는 자아에 관한 문제에 아무 대답도 얻지 못해 더욱 화가 나 있었다. 그렇듯 쌓여 가는 분노 때문에 어리석은 결정을 내리기도 했다. 괴로움으로 번민하며 어린 시절과는 너무도 다른 사람이 되어 있었다.

어린 시절에는 내면에 즐거움을 가진 아이로 무슨 일에나 올바른 판단과 행동을 했고 만나는 사람 누구에게나 기쁨과 사랑을 줄 수 있었다. 내가 세 살 때 부모님이 이혼하고 나서 할아버지 댁과 고모네, 삼촌네, 그리고 다시 엄마와 아빠에게, 이런 식으로 여기저기 옮겨 다니며 생활했지만 나는 가족들을 사랑했고 나 자신이 모든 것을 갖춘 사람이라고 느꼈다. 그런 행복한 느낌을 잃어버린다면 신앙생활을 되찾아야 할 것이라고 스스로에게 말했다.

그 괴로움 속에 내가 마지막으로 원한 것이 바로 믿음이었다. 어렸을 때 느꼈던 행복의 샘물을 목말라하고 있었다. 오랜 습관에서 벗어나려고 애썼지만 전부 실패하고 말았다. 그리고 마침내 내 실상과 대면하고 나서야 비로소 잘못 살아온 내 삶을 인정할 수밖에 없었다. 교회로 돌아가는 것 외에는 선택의 여지가 없었다.

하느님께 완전히 등을 돌리고 살았지만, 정말 하느님이 계시다면 그분만이 도와주실 수 있음을 깨달았다. 그리고 전혀 다른 태도로 미사 참례를 시작했다. 내가 어떻게 변할 것인지 지켜보자는 심정으로 미사에서 뭔가를 얻고 싶었고 변화를 위한 믿음을 실천해 보자고 생각했다. 그렇게 한다고 해도 내가 잃을 것은 아무것도 없었다.

그러다 정작 내가 잃어야 할 것은 죄라는 사실을 알게 되었다. 사실 죄책감 속에서 살고 있었던 나는 혼자 주님께 용서를 구하는 기도를 했지만, 죄책감이 사라진다기보다 오히려 내 마음대로 죄를 줄이고 있었다. 내가 범한 죄는 생각만 해도 수치스러웠고 두려웠다. 내가 저지른 일들을 다른 사람, 특히 거룩한 분께 어떻게 말씀드릴 수 있단 말인가?

말할 수 없이 수치스러웠지만 주님께서는 나만이 할 수 있는 그 무거운 발걸음을 내가 한 걸음씩 내딛기를 원하고 계신다는 것을 알았다. 그 몇 주 전에 예수님을 신뢰하게 되었고 이제 그분을 전적으로 신뢰할 때가 된 것이다.

내가 보기에 가장 모범적인 가톨릭 신자이며 자주 고해성사를 보는 친구에게 도움을 청했다. 첫 고백 이후 한 번도 고해성사를 보지 않은 나는 고해성사 보는 순서부터 다시 배웠다. 필요한 준비를 마치고 고해소를 들어가면서 수치심에 사로잡혔다.

그러나 다행스럽게도 신부님은 이해심이 많은 분이었다. 나를 아주 편안하게 대해 주셨고 내 수치심을 잘 이해해 주셨다. 그런 신부님을 통해 내 마음과 영혼의 상처를 치료받았다. 죄의 찌꺼기는 흉터로 남아 있었지만 그것도 시간이 흐르면서 서서히 사라졌다.

고해성사를 하고 난 후에도 몇 가지 대죄를 지었다. 중독성이 있는 죄였지만 매주 고해성사를 보고 시간이 흐르자 치유되었다. 그 신부님이 어떤 신자에게 고해성사는 항생제와 같다는 말씀을 하시는 것을 들었다. 어떤 죄는 한 번의 고해성사로 바로잡아지지 않기 때문에 여러 번 고해성사를 보아야 한다. 내 경우 7년 동안 매주 고해성사를 보고 나서야 다시 그 죄에 빠지지 않게 되었다.

나는 지금 대죄를 범하지 않아도 매주 고해성사를 본다. 날이 무딘 칼은 쓸모가 없다. 칼날은 갈아야만 쓸 수 있다. 그러나 다시 새것처럼 날을 세우려면 얼마나 힘이 들겠는가? 그러니 쓸 때마다 갈아 쓰면 되지 않겠는가? 그래야 항상 새것처럼 쓸 수 있을 것이다.

고해성사는 내 신앙의 중심이 되는 성사이다. 마른 흙이 마침내 습기를 머금고 부드러워져서 신앙의 씨앗이 자랄 수 있게 되었다. 그 씨앗은 오래 전에 주님께서 내 마음에 심어 주셨고, 이제 싹을 틔어 온 정원이 꽃으로 가득해졌다. 고해성사로 어릴 때 의탁했던 거룩한 은총의 빛을 나는 다시 누리고 있다.

| 워싱턴 콜팩스에서 조셉 M. 맥도널드

뭐 하러 성당에 가?

엄마의 죽음으로 나는 교회로 돌아왔고 고해성사를 보게 되었다. 이혼과 재혼 때문에 영성체를 할 수 없었고, 그 때문에 자주 미사 참례도 하지 않았다. 이혼 후에 재혼한 대부분의 가톨릭 신자들처럼 '영성체를 할 수 없는데 뭐 하러 성당에 가?' 하며 잘못된 생각에 빠져 있었다.

1992년 8월, 엄마의 장례 미사에서 영성체를 할 수 없자 더욱 슬펐다. 그래서 사우스캐롤라이나에 있는 집으로 돌아오자마자 가든 시티의 성 미카엘 성당에서 사목하시는 조셉 헨리 신부님과 약속을 잡았다. 면담을 하고, 내게 관면을 내리시는 문제로 신부님이 주교님과 협의하기까지 몇 주가 걸렸고, 마침내 고해성사를 보게 되었다. 헨리 신부님을 마주하고 30년 동안의 죄를 고백해야 한다는 생각에 온몸이 떨렸다. 혹시 빠뜨리는 죄가 있을까 싶어 그것도 겁이 났다.

신부님은 열심히 도와주셨다. 자리에 앉아서 내 죄를 전부 종이에 적어 그것을 신부님께 읽어 드리면 얼마나 좋을까 하는 생각도 했다. 심장이 쿵쾅거리고 깍지를 끼고 있어도 양손이 떨렸지만, 고해를 시작하자 나를 감싸는 그 느낌은 말로 표현할 수가 없었다.

내 눈물이 내가 범한 죄에 대한 슬픔이고 용서받은 기쁨이라는 말밖에 표현할 수 없었다. 성령께서 내게 임하시는 것을 느낄 수 있었고, 마침내 자비로우신 주님이란 말의 참의미를 깨달았다. 엄마의 죽음으로 그분께서 내게 두 번째 기회를 주신 것이다.

5년 전 부활 대축일에는 남편도 가톨릭 신자가 되었다. 지난 3년 반 동안 남편은 신장에 이상이 생겼고, 양쪽 다리를 절단하는 수술을 받았으며, 다른 몇 가지 병으로 고생했다. 거의 여섯 번이나 죽을 고비를 넘겼다. 그때마다 병자성사를 받았다. 주님께서 남편을 데려가기로 결정하셨다면 고해성사를 통해 그의 죄가 용서받을 수 있다는 것을 알기 때문이다. 우리가 가톨릭 신자라는 것과 고해성사를 받을 수 있다는 것이 얼마나 다행스러운 일인가.

예수님, 감사합니다.

| 오하이오 메리언에서 캐서린 P. 호프

어려운 장애물

루터교회에서 가톨릭으로 개종하면서 고해성사는 참으로 넘기 어려운 장애물이었다. 그러나 결국 뛰어넘었고 이제 고해성사 없는 삶은 상상도 할 수 없다. 고해성사는 평화와 안도감을 가져다준다. 가톨릭 신자가 된 지 10년, 나는 고해소에서 있었던 일 중에 결코 잊을 수 없는 기억이 있다. 5년 전 어느 날, 내가 죄를 고하자 젊은 신부님이 내게 몇 가지를 묻고 조언을 해 주셨다. 그리고 보속을 주려고 무슨 말씀을 하시려다가 갑자기 침묵하더니 잠시 후 다시 뭐라고 혼잣말을 하셨다. 그리고 내게 "예수 그리스도님, 하느님의 아드님, 저에게 당신의 힘을 주소서."라는 기도를 열 번 하라는 보속을 주셨다. 보속으로 주신 그 기도문만큼이나 신부님이 그런 기도문을 생각해 내신 것에 감동을 받았다. 그것은 마치 성령께서 신부님에게 내 보속을 바꾸도록 속삭이신 것처럼 보였다. 나는 새로운 기분으로 자리로 돌아와 주님의 은총에 열심히 보답했다.

| 미네소타 세인트 조셉에서 팀 A. 드레이크

[**제 생각엔 …**

16년에 걸친 가톨릭 교육과 여러 본당에서 배운 조언 몇 가지.
십계명을 하나씩 떠올리면서 충실히 지키지 못한 부분이 없는가를 생각해 봅니다.
하느님과 멀어지게 된 일(죄)들을 전부 고백합니다.
질투, 좌절, 조바심, 분노 같은 감정으로 인한 문제를 고백합니다.
칠죄종을 살핍니다. 흔히 범하고 누구나 범하는 그 안에서 우리는 죄를 볼 수 있습니다.
특히 교만이 그렇습니다.
인색.

음욕.
분노.
탐욕.
질투.
교만.
나태.

| 재클린 라이트하우저

우리 영혼을 항상 깨끗하게

"싱크대에서 왜 이렇게 냄새가 나는 거야!"
 나는 몇 번이나 투덜거렸다. 열심히 닦고 스프레이를 뿌려서 또 닦고 빡빡 문질러 닦아도 싱크대의 악취는 가시지 않았다. 그러던 어느 날 도저히 참을 수 없어 씩씩거리며, 말 그대로 코를 킁킁거리면서 싱크대 주변을 구석구석 살피기 시작했다. 그리고 마침내 가스레인지 후드 앞에서 걸음을 멈추었다.
"그래, 바로 여기야."
포수가 사냥감을 찾아낸 듯 의기양양하게 소리쳤다. 가스레인지 후드 필터의 찌든 때가 냄새의 주범이라 생각하고, 조심스레 필터를 꺼내 자세히 들여다보던 나는 기절할 만큼 놀랐다. 필터 망에 바짝 마른 채 죽어 있는 두 마리의 쥐를 보았기 때문이다. 그것을 들고 미친 듯이 뒷문으로 달려가 잔디에 내던져버렸다. 정신을 차리고 생각해 보니 쥐 두 마리가 천장을 통해 후드의 배기관으로 들어왔다가 망에 걸렸을 것이 분명했다. 결국 거기서 생을 마감하고 우리 집 주방에 그 고약한 냄새를 풍기고 있었던 것이다.

다음 날 새 후드를 설치했다. 이번에는 배기관 외부에 망이 달려 바깥에서 생물체가 침입하지 못하도록 되어 있어서, 더 이상 주방에 그런 악취가 나지는 않을 것이다. 아침 기도를 올리려는 순간에도 악취를 풍기던 죽은 쥐가 계속 떠올랐다. 그리고 그때 주님께서 이 일의 관점에서 훌륭한 영적 진실을 알려 주시기 시작했다. 주님께서는 이런 감동적인 비유로 **말씀하셨다.**

"보니야, 죄란 그 필터에 붙어 있던 냄새나는 두 마리 쥐와 같단다. 영혼에 붙어서 전능하신 분의 코에 그 악취를 풍기고 있지. 그러나 그건 없앨 수 있는 거란다. 영혼은 그걸 던져서 없애 버리고 깨끗함의 주인이신 분께로 갈 수 있단다. 불행히도 요즘 사람들은 너무도 오랫동안 그런 불결함과 더불어 살아서 감각을 잃고 그 불결한 존재를 느끼지도 못하는구나. 그 불결함을 깨끗이 청소하고 상쾌하게 하는 방법이 있다는 사실도 잊고 지내는구나. 이걸 기억해라. 규칙적인 양심 성찰과 고해성사로 너의 삶에서 죄를 찾아내 없애 버려라. 지속적인 고해성사는 하늘나라에 더욱더 가까워지는 유익한 길이란다."

그리고 몇 주 후, 내가 근무하는 고등학교의 영어 수업 시간에 문학 작품을 가르치던 가운데 죄라는 주제에 대해 이야기하게 되었다. 나는 그 주제와 관련해서 얼마 전에 겪은 일을 학생들에게 말해 주었다.

"선생님, 제 영혼의 망에 죽은 쥐는 없습니다. 그러나 죽은 물소 한 마리가 있습니다!"

교실 안은 한바탕 웃음이 터졌다.

"내던져 버려라."

나는 이렇게 말하고 수업을 계속했지만, 학생들 모두가 그 웃음 후에 깊이 생각해야 할 문제가 있다는 사실을 잘 알고 있었다.

그날 다른 반에서 수업하면서도 그 이야기를 들려주었다. 마지막 수업 시간이 끝난 후 학생들은 육상부가 주최하는 자선 경매가 열리는 강당으로 갔고, 나는 학교 신문을 편집하기 위해 컴퓨터실로 갔다. 편집위원들과 함께 한창 일하고 있는데, 내가 가르치는 학생 한 명이 들어오더니 물었다.

"선생님, 예쁜 천사상이 경매에 붙여졌는데 혹시 참여하지 않으실래요?"
"그래? 그럼, 최고가 10달러."

그 학생은 기회를 놓칠세라 얼른 달려 나갔다. 그리고 잠시 후 그 학생은 천사상과 함께 **덤**으로 받은 그림엽서집을 들고 왔다.

"고맙다, 헤더. 천사가 정말 예쁘구나."

그림엽서를 한 장 한 장 넘기던 나는 '헉' 하고 숨이 막혔다. 그림엽서 한 장에 죽은 두 마리 쥐 그림이 있었던 것이다! 우연이라고 하기엔 너무나 현실적이었다.

"이거 좀 봐라, 헤더."

그 여학생은 믿을 수 없다는 듯 두 눈을 동그랗게 뜨고 있었다. 우리가 본 것은 거부할 수 없는 현실이었다. 그것은 전날 내가 잔디밭에 던져 버린 말라비틀어진 죽은 두 마리 쥐와 너무나 흡사했다. 주님께서는 다시 그곳에 계셨다. 그리고 죄의 모습을 현실로 보여 주셨을 뿐만 아니라 그 메시지를 다시 보여 주고 계셨다. 모든 훌륭한 교사들이 그렇듯이 그 중요성을 일깨워 주시기 위해 내게 시각 자료를 보내 주셨던 것이다. 나는 지금도 어딜 가든 이 그림엽서를 가지고 다닌다.

그 다음 주 학교 신문에 육상팀 경매 행사 기사가 실렸다. 그 기사에는 두 가지 경매물을 손에 들고 있는 코치의 사진도 함께 실려 있었다. 천사상과 그림엽서집이었다. 사람들이 보기엔 멋지게 나온 사진 한 장이었지만 나에겐 그날 하루를 기록한 사진이었다.

그런데 이야기는 여기서 끝나지 않는다. 그 주, 그러니까 2월의 추운 주일에 미사 참례를 하러 성당에 갔는데 옷을 잘 갖추어 입고 자동차에 오르는 어떤 가족이 눈에 들어왔다. 그 가운데 첫영성체를 한 예쁜 여자아이가 화려한 드레스를 입은 것이 보였다.

그 모습을 보면서 전통적인 사고방식과 진보적인 사고방식 사이의 쟁점이 되곤 하는 문제가 떠올랐다. 첫영성체에 온갖 열성을 다하고 여자아이들을 신부처럼 차려 입히는 것이 과연 적절한 일인가? 허례허식에 치우쳐 진정한 경건함을 잃고 있는 것이 아닐까?

우리 딸이 첫영성체를 한 지도 오래되었고 그런 점에 대해 생각한 적도 거의 없었는데, 주일 아침에 본 그 어린아이로 인해 다시 그런 생각을 하게 되었다. 그래서 성당으로 들어가면서 기도 중에 이렇게 물었다.
"주님, 신부처럼 차려 입는 게 지나친 걸까요?"
그러자 주님께서 이런 답을 주셨다.
"아니, 그렇지 않단다. 흰 드레스와 미사보는 하느님에 대한 순결한 마음, 순수함과 천진함을 상징하는 것이란다. 성찬 식탁에 나아가는 사람은 누구나 흠 없는 신부 같아야 한다. 미사 전에 고해성사를 보고 그 아이의 순결한 모습을 본받아라."
다행스럽게도 일찍 성당에 도착해서 고해성사를 볼 시간은 충분했다. 그런데 고해소 앞에서 줄을 서서 기다리고 있을 때 바로 내 앞에 있던 젊은이가 뒤돌아서더니 미소를 띠고 속삭이는 것이었다.
"안녕하세요, 배리 선생님."
내가 누군지 모르겠다는 표정으로 바라보자 그가 작은 소리로 이렇게 말했다.
"지난주에 풀러 선생님 수업 중에 선생님께서 우리 반에 오셔서 영혼을 몸처럼 항상 깨끗하게 해야 한다는 말씀을 해 주셨잖아요. 영혼의 죄는 악취가 나는 죽은 쥐와 같다는 말씀도 해 주셨고요. 그 이야기를 듣고 제가 오늘 여기 서 있는 거예요, 선생님. 제 영혼에 붙어 있는 죽은 쥐를 얼른 떼어 내서 던져 버려야 한다고 생각했거든요. 선생님께서 말씀하신 것처럼요."
"그 이야기에 마음이 움직였다니 정말 기쁘구나. 나도 몇 마리 **죽은 쥐**를 내던지려고 여기 왔단다."
그런 이야기를 주고받은 다음 침묵 속에서 양심 성찰을 하던 중에 첫영성체를 한 그 여자아이도 내게 깨달음을 주었다는 것을 알게 되었다. 그 아이를 보지 않았다면 그 특별한 날 고해성사를 보지도 않았을 것이고, 그랬다면 그 젊은이의 고백도 듣지 못했을 것이며, 내가 해 준 이야기를 가슴으로 받아들인 사람이 있다는 것도 알지 못했을 것이다. 무엇보다 중요한 것은 우리가 주일을 가장 거룩하게 보내려면 우리 마음의 상태, 주님을 열렬한 마음으로 만나고 싶어

하는지를 살펴야 한다는 것을 다시 생각하지 못했을 것이라는 점이다.

| 루이지애나 선셋에서 보니 테일러 배리

제 생각엔 …

저는 하루, 한 주, 한 달 또는 그 이상의 시간을 뒤돌아볼 때마다 저 자신에게 세 가지를 묻습니다.

① 주님과 다른 사람들과 나 자신의 관계에 흠이 되는 어떤 생각과 말과 행위를 했는가?
② 나는 왜 그런 행동을 했는가?
③ 그런 행동들을 앞으로는 어떻게 할 것인가?

이 세 가지 질문은 아주 간단해 보이지만 나, 즉 내가 선택한 바람직하지 못한, 죄를 범한 일들에 대한 책임을 지도록 하고 죄의 원인을 알게 해 줍니다. 또한 제 마음을 변화시키고 무책임한 선택의 결과를 드러나게 하여 고해성사를 볼 수 있도록 해 줍니다.

| 애니타 칼리얀

주님과 솔직한 대화를

토요일마다 규칙적으로 고해성사를 보는 분위기 속에서 자랐지만, 어렸을 때는 무척이나 하기 싫은 일 가운데 하나였다. 신학적 지식이 풍부하고 깊은 영성을 갖춘 교사들에게 가르침을 받는 요즘의 많은 아이들처럼 기쁘게 준비하는 고해성사를 하지 못했다.

죄는 잘못한 것이고, 그것이 잘못이란 것을 알고, 다시는 범하지 말아야 한다는 것을 알면서도 범하거나 피하지 못하는 것이 죄라는 말을 교리 시간에 듣지 못했다. 또 '도둑질을 하지 마라.'는, 어린아이들에게도 무척이나 직접적이었던 한 가지 계명을 제외하고는 십계명이 내 생활에 어떻게 적용되는지도 이해하지 못했다.

거두절미하고, 이렇듯 무덤덤한 내 어린 시절의 기본 신앙으로 나는 기계적인 고해성사를 하곤 했다. 깊이 생각하고 진심 어린 고해성사를 하기보다는 그럴듯한 말로 장황하게 되풀이하는 고해성사로 회개하는 것처럼 들리게 했다. "거짓말을 다섯 번 했습니다.", "부모님 말씀을 세 번 어겼습니다." 등등. 이런 고해를 하면서도 사실 마음 깊이 죄책감을 느꼈다. 언제나 그런 마음으로 고백하고 회개하기 위한, 내가 범했을 수도 있고 아닐 수도 있는 그런 죄목들을 매주 늘어놓는 것에서 두려움을 느꼈다.

최근 신자들에게 더 가까이 다가가는 교회는 고해성사의 정신을 더욱 잘 보존하려는 모습을 시도해 왔지만, 지난 시절의 습관이 워낙 깊이 뿌리박혀 있어서 나는 아직도 형식적으로 고정된 고해성사를 했다. 이로 인해 나는 물론 신부님도 불만족스럽고 무의미한 고해성사라고 느낄 수밖에 없다고 생각한다. 또한 그 책임의 대부분은 내가 고해성사를 연중행사쯤으로 여기고, 아직도 두려워한다는 데 있다. 그러나 한 가지, 고해성사의 새로운 정신을 받아들이려는 노력으로 나는 개화된 기준에 따라 양심 성찰을 했다. 그 결과 어떤 기준에 따라 이야기를 지어내지 않고도 고백해야 할 죄가 얼마나 많은지 알게 되었다.

이 새로운 양심 성찰로 마땅히 해야 할 고해성사를 준비할 수 있게 되었다. 그것은 주님과 직접, 힘들지만 솔직한 대화를 하는 것이다. 이제 비로소 내가 얼마나 부족했고 얼마나 잘못했는지 깨달았고, 그 점에 용서를 빌어야 한다는 것과 나의 잘못된 습관을 극복하는 데 도움이 필요하다는 것을 알게 되었다.

나는 아직도 자주 고해성사를 보지 않는다. 사제에게 말하고 싶지 않은 죄 때문에 괴로움을 겪는다. 그러나 지금은 이 아름다운 성사를 통해 얻게 된 평화를 맛보았고, 오랜 세월 동안 내가 알고 있던 의미와 가치를 전혀 다른 태도로 보게 되었다.

| 메릴랜드 더우드에서 익명의 신자

따뜻한 황금빛

우리 할아버지는 성탄 전야에 고해성사를 보고 돌아오시는 길에 심장마비로 눈 위에 쓰러진 채 돌아가셨다. 이웃 사람들이 할아버지를 집으로 모시고 왔다. 열두 살이었던 나는 할아버지의 죽음에 깊이 절망했다.
"이럴 수는 없어."
나는 몸부림쳤다. 하느님께서 어떻게 우리 할아버지를 그렇게 추운 길거리에서 홀로 외롭게 돌아가시게 하실 수 있단 말인가? 할아버지는 여든네 살이셨지만 우리와 영원히 함께 사실 거라 생각했다. 혼자되신 할아버지는 저녁 식탁에 앉으실 때 언제나 옷을 잘 갖추어 입으셨고, 말없이 훌륭한 신앙생활을 하신 신사였다.
할아버지의 유품은 모두 싸서 나무 아래에 묻었다. 담배 파이프와 신문은 아직도 그 자리에 놓여 있었다. 정말 슬프고 혼란스러운 크리스마스였다. 하지만 일주일 후에 하느님께서 할아버지에게 베푸신 은총을 잘못 판단하고 있다는 것을 알게 되었다. 본당의 어떤 교우가 전화를 해서 엄마에게 이런 말을 했다.
"성탄 전야에 성당에서 자매님의 아버님을 뵈었어요. 그때는 무심코 생각했는데 돌아가셨다는 말을 듣고는 전화로 알려 드려야겠다고 생각했어요."
그날 그 교우는 어떤 어르신 한 분이 고해소를 나와 제대 난간을 따라 성탄 구유로 가더니, 무릎을 꿇고 성모님과 요셉 성인 그리고 아직 비어 있는 구유를 바라보는 모습을 보았다고 했다.
"그런데 그때 따뜻한 황금빛이 구유와 자매님의 아버님을 감싸며 빛나는 것이었어요. 옆에 있던 친구도 그걸 봤어요. 그리고 그분이 돌아섰을 때 아, 세상에! 평화와 기쁨이 가득한 아름다운 얼굴이 보였어요. 눈부시게 빛나는 모습이셨어요."

그리고 몇 분 후에 할아버지는 돌아가셨다.

그 교우의 말씀을 듣고, 나는 하느님께서 당신의 착하고 충실한 종을 외롭게 거두어 가지 않으셨다는 것을 깨달았다. 그렇다. 주님께서는 할아버지가 속삭이는 마지막 고해성사를 들으셨다. 감실에 계신 주님께서 할아버지가 구유의 아기 예수님을 사랑으로 바라보고 있는 것을 보셨던 것이다. 나는 주님께서 눈 내리는 성탄 전야에 새로 태어나시는 할아버지를 기쁘게 맞아 주셨을 것이라 확신한다.

| 매사추세츠 헐에서 게일 M. 베스

삶의 새로운 의미

아프리카 동쪽에 있는 나라인 케냐의 국민이며 스물세 살의 남자인 나는 중부의 망구라는 작은 마을 근처에 산다. 고해성사에 아주 특별한 가치를 두는 신자로서 고해성사가 인간을 향한 하느님 자비의 표시라고 믿는다.

불쌍한 죄인인 나에게 고해성사는 구원을 희망하는 근원 가운데 하나다. 내가 용기를 내서 진실한 마음으로 이 아름다운 고해성사를 받았던 때와 같은 처지에 있는 사람과 이 이야기를 나누고 싶다.

나는 열아홉 살 때 고향 망구에 살고 있었다. 적어도 1년에 한 번은 고해성사를 보라는 교회의 권고에 순명하기 위해 1년에 두세 번은 고해성사를 보았다. 1년이란 시간 동안 대죄를 포함해서 작은 죄까지 범하곤 했지만 영성체를 계속했다. 문제는 내가 항상 죄를 합리화하고 기껏해야 소죄라고 나 자신을 속이는 데 있었다. 너무나 창피한 나머지 고해소에서 대죄를 고백한 적이 없었다. 그런데 그때 이런 꿈을 꾸기 시작했다.

꿈에서 나는 성체를 받아 모시고 있었다. 그런데 성체가 내 혀에 붙어 떨어지지 않아서 다시 삼키려고 애를 썼더니 이번에는 목구멍에 붙어 버렸다. 또 다른 꿈에서는 어둠 속을 걷고 있는데 저쪽 고해소에서 어떤 신부님이 연민과 분노가 뒤섞인 표정으로 나를 바라보고 있었다. 나는 공포와 슬픔을 느끼며 잠에서 깨곤 했다.

이런 꿈은 내 안에 두려움을 불러일으켜 나를 성찰하게 되었고, 그러면서 대죄를 고백하지 않으려는 내 마음을 읽게 되었다. 그리고 내면의 목소리는 내가 이런 상태로 죽는다면 분명 지옥으로 가게 될 것이라고 계속 말하고 있었다. 나는 통회의 기도를 했다. 그때 그 목소리가 다시 내게 말하기를, 가톨릭 신자로서 깨끗해지는 회개의 길은 고해성사라고 알려 주었다.

일이 잘못되려는 것인지 아니면 잘되려는 것인지 주변 사람들이 더 자주 고해성사를 봐야 한다고 자꾸 말하는 것이었다. 내 친구는 봉헌의 삶을 살던 어떤 사람이 한 가지 대죄를 고백하지 않고 죽는 바람에 지옥에 갔다는 이야기를 했고, 고해성사에 관한 강론은 내게 엄청난 두려움을 느끼게 했다. 그런 두려움을 안고 2년을 살았다.

그리고 나는 오푸스데이에서 후원하는 스트라스모어 대학에 들어갔고, 2003년 티고니라는 곳에서 오푸스데이가 주관하는 피정에 참가했다. 그곳은 중부에 자리 잡고 있었고 안토니오 신부님이 피정 지도를 맡고 계셨다. 그곳에서 고해성사의 가치를 알게 되었고 곧 모든 것을 고백했다. **고백할 수 없는 죄**란 없다는 사실도 그때 알게 되었다.

그 이후로 악몽은 꾸지 않았고 주님께서 나에게 새로운 삶을 허락하셨음을 느낄 수 있었다. 영성체는 삶에서 새로운 의미를 갖게 되었고 고해성사를 더욱 성실하게 자주 보게 되었다.

요즘 나는 적어도 2주에 한 번 고해성사를 보려고 노력하며 혹시 깜박 잊기라도 하면 지난날을 잠시 뒤돌아보며 얼른 고해소로 간다. 지금도 죄인이고 힘든 삶을 살고 있지만 고해성사는 나를 완전히 다른 사람으로 만들었다.

| 케냐 중부 티카에서 버나드 M. 카고

조금씩 나아지는

가톨릭 신자가 되고 나서 1년 동안 두려움 속에서 고해성사를 하곤 했다. 무엇을 어떻게 해야 하는지도 잘 몰랐고 고해성사가 어떤 역할을 하는지에 대한 확신도 없었다. 교회가 가르치는 것을 전부 믿어야 했기 때문에, 무엇이든 받아들이기로 마음먹고 내 영혼을 드러내 보이기 위해 고해성사를 했던 것이다.

그런데 통회의 기도를 계속하면서 고해성사는 새로운 의미로 다가왔다. 내가 범한 죄로 인해 종종 두려움을 느꼈지만 '주님의 지극한 사랑과 은혜를 배반하였사오니'라고 기도할 때 왜 고해성사를 봐야 하는지 그 이유를 분명히 알게 되었다. 나는 나를 창조하신 분을 배반하고 있었던 것이다.

신부님은 잠자코 내 고백을 듣고 나서 이렇게 말씀하셨다.

"당신의 모든 죄를 사합니다."

이 말을 듣는 순간 마음이 따뜻해지고 거룩한 감실 앞에 무릎을 꿇고 신부님이 명하신 대로 내 죄를 깊이 되새겨 보았다. 전에도 했지만 이번에는 뭔가 다르다는 느낌을 받았다. 내가 계속 죄를 범할 것을 알고 있지만 전과는 다르리라는 것도 알 수 있다. 고해성사를 볼 때마다 신부님들이 말씀하신 대로 조금씩 나아질 것이다. 요즘엔 열심히 고해성사를 보고 있다. 그럴 때마다 조금씩 나아지는 나 자신을 느끼기 때문이다.

| 일리노이즈 메리빌에서 로버트 J. 데커

고해성사를 위한 지침 | 팻 움베저 신부

- **쉬운 일이 아니다**

  고해성사는 대부분의 신자들이 어려워한다. 에덴의 아담과 하와를 생각하면 된다. 두 사람은 자신의 잘못을 인정하기보다 다른 것에 그 책임을 돌리는 것이 훨씬 쉬웠다. 우리가 선한 일을 할 때 하느님께서 우리를 사랑하신다고 느낀다. 잘못한 일을 하느님께서 모르실 거라 믿으려고 애쓸 수도 있다.

- **하느님께서는 당신을 사랑하신다**

  하느님은 우리를 사랑하신다! 하느님께서는 인간의 삶이 어떤 도전에 직면하는지 알고 계신다. 돌아온 탕자를 생각해 볼 수 있다. 아들은 아버지에게 무례를 범하고 아버지의 마음을 아프게 했지만, 아버지는 아들이 용서를 빈다는 말을 하기도 전에 돌아온 것을 반긴다. 나는 가족이나 친구들에게 깊은 상처를 받은 사람들을 많이 만나게 된다. "그 사람들을 용서할 수는 없겠습니까?"라고 물으면 거의 언제나 "용서할 수 있을 것 같아요."라고 대답한다. 인간이 서로를 이렇게 용서할 수 있는데 하물며 주님께서야 당연히 용서하시지 않겠는가?

- **하느님께서는 기다리고 계신다**

  주님께서는 우리가 돌아오기를 기다리신다. "그렇지만 저는 50년 동안이나 고해성사를 보지 않았습니다!" 그러나 대답은 간단하다. "돌아오신 것을 축하합니다! 정말 잘하셨습니다!"

- **고해성사를 볼 준비가 되었는지 어떻게 아는가**

  이제까지 이 글을 읽었다면 당신은 이미 준비 단계에 이른 것이다. 우리는 때로 무슨 말을 어떻게 해야 할지 몰라서 고해성사를 꺼린다. 고백할 준비가 된 것을 어떻게 알 수 있을까? '가톨릭교회의 교리'에 따르면 세 가지가 필요하다.

  ① 통회

  통회는 영혼이 후회하는 것이고, 죄짓는 것을 싫어하는 것이며, 다시는 죄를 범하지 않겠다고 결심하는 것이다. 고해성사는 먼저 주님의 말씀의 빛 안에서 성찰이 있어야 한다.

  ② 죄의 고백

  죄의 고백(또는 털어놓음)은 단순히 인간의 관점에서도 우리를 자유롭게 하고 다른 사람들과 쉽게 화해할 수 있게 한다. 그렇게 되면 우리는 죄를 똑바로 보게 되고, 죄에 대한 책임을 지며, 그럼으로써 하느님께 다시 자신을 열게 되고, 새로운 미래를 가능케 하기 위해 교회 공동체에도 자신을 열게 된다. 사제에게 고백하는 것은 고해성사의 본질적인 부분이다.
  "참회자들이 고백할 때에는 진지하게 성찰한 뒤에 알아낸 모든 죽을죄들을 열거해야 한다. … 교회의 계명에 따라 모든 신자는 사리를 분별할 나이에 이른 뒤에는 매년 적어도 한 번 자기의 대죄를 성실히 고백할 의무가 있다."

  ③ 속죄

  많은 죄가 우리의 이웃에게 해를 끼친다. 그런 죄를 범한 사람은 반드시 그에 따른 가능한 보상을 해야 한다(예를 들면 훔친 물건을 돌려주고, 중상모략한 사람의 명예를 찾아 주고, 상해를 입힌 사람에게 보상하는 등). 물론 처벌도 있어야 할 것이다. 죄가 사해졌다 해도 죄를 다시 범하지 않기 위한 어떤 행위로써 영적인 건강함을 회복해야만 한다. 그런 사람은 죄를 '배상' 하거나 '갚아야' 한다. 이 속죄 행위를 '보속' 이라 부른다. 보속에는 기도, 봉헌, 자선 행위, 이웃에 대한 봉사, 자발적 극기나 희생이 있다.

- **무슨 말을 해야 하는가**

사제는 고해소에서 당신을 맞이할 것이다. 얼굴을 보고 고해하기를 원한다면 사제에게 일반적인 인사로 "안녕하세요."라고 말하든가 악수를 하면 된다. 사제는 당신이 고해를 시작하도록 도움을 줄 것이다. 사제와 함께 성호를 긋는다. "성부와 성자와 성령의 이름으로. 아멘."

걱정할 필요가 없다. 사제는 당신을 도우려고 그곳에 있는 것이다! 사제는 "우리의 마음을 밝혀 주시는 하느님의 은총으로 당신이 범한 죄를 사실대로 인정하고 하느님의 자비를 굳게 믿으십시오."라는 말로 당신이 주님께 믿음을 갖도록 이끌 것이다. 당신은 "아멘."이라고 응답하면 된다. 사제는 성경 말씀을 짧게 읽을 수도 있는데, 당신은 그냥 들으면 된다!

- **당신의 죄를 고백하라**

성호를 긋고 나서 사제가 잠자코 있으면 그때 당신의 죄를 고백하라. 우선 고해성사를 본 지 얼마나 되었는지 말한다. 많은 사람들이 이런 말로 시작한다. "주님의 은총을 빌어 주소서. 저는 죄를 지었습니다. 고해성사를 본 지 ___ 되었습니다. 저는 _____ 죄를 지었습니다."

이때 혹시 머뭇거리게 되면 사제는 "죄를 고백하십시오."라고 말할 것이다. 그러면 당신의 죄를 고백한다. 이때 모든 대죄를 고백하는 것이 중요하다.

죄를 고백한다는 것은 모든 죄에서 벗어난다는 의미이기도 하다. 죄를 전부 고백하지 않고 미룬다면 더 어려워질 수 있다. 그러니 아무리 힘들더라도 모든 죄를 고백하라.

- **보속과 통회의 기도**

사제는 당신이 죄를 범하게 된 근본 원인을 살피도록 도움을 줄 수도 있다. 우리는 이기적이기 때문에 죄를 짓곤 한다. 사제는 하느님이 당신을 사랑한다는 것을 말함으로써 당신에게 위안을 줄 것이다. 그런 다음 죄를 보상하고 당신의 삶을 개선하기 위한 보속을 줄 것이다. 사제는 다시 통회의 기도나 참회를 하라고 할 것이다. 그냥 자유 기도를 해도 상관없다. 예를 들면 이런 기도다.

"주님, 죄를 지어서 죄송합니다. 저에게 죄를 멀리하고 새로운 생활을 하는 데 필요한 힘을 주세요."

아니면 어릴 때 배워서 알고 있는 통회의 기도를 할 수도 있다.

"하느님, 제가 죄를 지어 참으로 사랑받으셔야 할 주님의 마음을 아프게 하였사오니 악을 저지르고 선을 소홀히 한 모든 잘못을 진심으로 뉘우치나이다. 또한 주님의 은총으로 속죄하고 다시는 죄를 짓지 않으며 죄 지을 기회를 피하기로 굳게 다짐하오니 우리 구세주 예수 그리스도의 수난 공로를 보시고 저에게 자비를 베풀어 주소서."

- **사죄**

사제는 당신을 향해 바른손을 펴 들거나 당신의 머리 위에 손을 펴 들고 사죄경을 외운다.

인자하신 천주 성부께서
당신 성자의 죽음과 부활로
세상을 당신과 화해시켜 주시고
죄를 사하시기 위하여 성령을 보내 주셨으니
교회의 직무 수행으로 몸소 이 교우에게 용서와 평화를 주소서.
나도 성부와 ✠ 성자와 성령의 이름으로
이 교우의 죄를 사하나이다.
아멘.

- **고해소를 나옴**

사제는 당신과 함께 짧은 마침 기도를 한다. 그리고 가서 평화 안에서 주님을 사랑하고 섬기라는 짧은 기도를 할 수도 있다. 당신은 자연스럽게 "아멘." 하거나 "감사합니다."라고 응답하고 고해소를 나와서 보속을 잠시 생각한다.

- **공동 참회 예절**

어떤 본당에서는 주로 대림 시기와 사순 시기에 공동 참회 예절을 행한다. 성가와 독서, 강론, 성찰의 순서로 진행된다. 사제는 모든 참회자에게 공통 보속을 줄 수 있고, 다 함께 통회의 기도를 할 수 있다. 다시 일괄 사죄를 받기 전에 개별 고백을 해야 한다. 예식에 따라 행하면 된다.

[팻 움베저 신부는 신앙에 기초한 목적으로 인터넷을 이용한 선구적 인물이다. 그는 위스콘신주 오널래스카에 있는 성 파트리치오 성당의 주임 신부이며, 로마 가톨릭 우애공제회The Knights of Columbus 회원이다. 팻 신부는 주님과 함께 걷는 발걸음을 더욱 힘차게 하기 위한 정보를 이해하기 쉽게 제공하는 규모가 크고 잘 알려진 웹사이트를 운영하고 있다. www.frpat.com을 방문하면 팻 신부를 만날 수 있다.]

곤란에 처하다

6년쯤 전에 우리 가족에게 죽음과 병마가 이어진 시기가 있었다. 그로 인해 엄청난 혼란을 겪으면서, 도대체 왜 그런 일들이 생기는지를 이해하려고 애썼다. 그래서 죽음과 관련된 문학 작품들을 거의 전부 찾아 읽었다. 대단히 흥미로운 내용들이었지만 내 의문에 답을 주지는 못했고 나는 계속 답을 찾아 헤맸다.

그 시기에 우리 본당에서는 초등학교 2학년 아이들을 가르칠 교리 교사가 필요했고, 나는 조금 주저하면서 그 봉사직을 맡았다. 그때부터 수많은 가톨릭 관련 책과 자료들을 읽으면서 내 안에 뭔가 변화가 일고 있다는 것을 깨달았다. 그러나 그것이 뭔지 꼭 집어 말할 수는 없었다. 뭔가를 알고자 하는 상황에서 나는 영적인 것을 이해하려고 아주 높은 수준까지 탐구를 멈추지 않았다.

우리 반 아이들의 고해성사를 준비하면서 십계명에 관해 읽게 되었는데, 완전히 마음을 빼앗기고 말았다. 더 깊이 알아가는 중에 내가 곤란한 상황에 처했다는 사실을 깨달았다. 나는 유아 세례를 받은 신자였지만 교회의 규칙대로 신앙생활을 하지 않았다. 내 생활 양식과 맞지 않으면 무시하고, 내가 하고 싶은 것을 하고 싶을 때 내 방식대로 하며 살았고, 교회는 주일에 가는 곳에 지나지 않았다.

내가 지키지 않는 것을 어떻게 아이들에게 가르칠 수 있는가. 고민에 빠진 나는 하느님의 계명을 따르지 않고 있던 내가 뭔가를 해야 한다는 것은 알지만 그것이 무엇인지는 알지 못했다. 친구에게 내가 처한 상황을 이야기하자 그 친구는 내가 하느님을 향해 열려 있는 한, 나를 깨우쳐 주는 선한 일들이 일어난다고 말해 주었다. 그리고 신부님께 면담을 청하는 것이 어떻겠냐는 말에 내키지 않는 마음으로 신부님과 약속을 잡았다.

신부님은 이해심이 많고 자상한 분이었고, 내 생애 가장 감동적인 고백을 하게 해 주셨다. 신부님도 내 친구처럼 내 마음이 하느님께 열려 있는 한, 많은 멋진 일들을 기대해도 좋다고 말씀해 주셨다. 그 말씀이 옳았다. 이 특별한 신부님은 나의 영적 지도 신부님이 되어 주셨고, 내가 완전히 만족할 때까지 신앙에 관한 모든 문제를 신부님을 통해 알 수 있었다.

영적 여정은 지금도 계속되고 있다. 내 마음이 주님을 향해 열려 있던 그날, 존경스러운 신부님께 고해성사를 한 그 아름다운 날을 기억하면 내 마음은 기쁨에 넘친다.

| 펜실베이니아 헤이즐턴에서 캐럴 앤 맷츠

요점을 놓치고 있구나

몇 년 전부터 오리건주 티가드에 있는 성 안토니오 성당에 다니고 있다. 여러 해 동안 냉담했지만 영성체를 하려면 고해성사를 봐야 한다는 것은 기억하고 있었다.

고해성사를 본 지 20년이 넘었기 때문에 고해성사를 볼 때 알아야 할 기도가 생각나지 않았고, 무엇보다 큰일은 신부님과 얼굴을 마주하고 성사를 봐야 한다는 것이었다. 그 많은 죄를 어떻게 신부님 얼굴을 보면서 고백할 수 있단 말인가? 너무나 창피한 마음에 고해성사를 3년이나 더 미루고 있었다.

고해성사를 생각할 때마다 눈물이 났다. 오랫동안 그 이유를 몰랐지만 지금은 그것이 내 안에 계신 성령께서 슬퍼하셨기 때문이라고 믿는다. 주님 앞에서 무릎을 꿇고 회개했지만 사람 앞에서 고백한다는 생각을 하면 두려웠고, 25년 동안 범한 죄를 고백하기에는 너무도 부끄러웠다.

혼자 마음속으로 고해성사 보는 생각을 하면 몇 살 때 그런 죄를 범했냐고 물으시는 신부님의 목소리가 들렸다. 그럴 때면 성령께서 한숨을 쉬시며 이렇게 말씀하시는 것이 들렸다.

"너는 지금 요점을 놓치고 있구나."
고해성사를 보려는 작은 시작은 인터넷에서 고해성사 시간을 알아본 것이었다. 의무감을 느낄 필요 없이 사실만 알아내는 것이었고 안전한 일이었다. 시간을 알아냈다. 그리고 신부님께 이메일로 성사를 본 지 오래되었다는 말씀을 드리고 요즘은 어떻게 고해성사를 보는지 여쭈었다. 신부님은 얼굴을 마주 보는 방법과 칸막이를 사이에 두고 보는 방법 중에 선택할 수 있다고 하셨다. 나는 안도의 숨을 쉬며 약간 용기를 가질 수 있었다.
몇 주가 지나가고 어느 토요일에 용기를 내서 고해성사를 보기로 마음먹었다. 주일에 영성체를 하고 싶었다. 정말 다행스럽게도 그날 오후 성당에는 아무도 없었다. 신부님을 기다리는 사람은 나 혼자뿐이었다. 일찍 도착했기 때문에 남은 시간에 주님께 고해소로 들어갈 용기를 청하는 기도를 했다. 신부님이 고해소로 들어가시는 것을 보고 벌떡 일어나 고해소로 들어갔다.
그런데 놀랍게도 칸막이가 없었다. 신부님의 얼굴을 보자마자 불쑥 성사를 본 지 25년 되었고, 기도문을 기억하지 못한다고 말씀드리고는 눈물부터 흘렸다. 신부님은 나를 보고 웃으시더니 따라 하도록 기도문을 외워주겠다고 하셨다.
"주님, 저는 죄를 지었습니다. 고해성사를 본 지 25년 되었습니다."
이렇게 고해성사를 시작했는데 그 순간 머릿속이 하얘졌다! 죄가 기억나지 않는 것이었다. 신부님은 가장 최근에 범한 죄부터 생각해 보라고 하셨다. 그러자 수문이 열리고 더러운 세균과 오물이 쏟아지듯 죄가 쏟아져 나왔다. 나는 기억을 더듬으며 그 더러움 안에 오랫동안 있었다. 마침내 죄를 전부 고백했을 때 신부님은 통회의 기도를 외우도록 도와주셨다. 고해소를 나오기 전에 신부님은 돌아온 아들 이야기를 해 주시면서, 하늘나라에서 천사와 성인들이 내게 용기를 북돋아 주고 있다고 말씀하셨다. 그때 처음으로 고해성사가 진정 무엇인지 가슴으로 느낄 수 있었다.
고해성사 자체와 내 죄로 인한 수치스러움에 너무 마음을 쏜 나머지 고해성사의 중요한 부분을 잊고 있었던 것이다. 아니면 사탄이 내가 그것을 기억하는 것을 원치 않았는지도 모르겠다.

전에는 혼자 죄를 회개했지만 사제를 통해 주님 앞에서 죄를 말씀드리는 것은 그 무엇보다 나를 자유롭게 했다. 마치 현존하시는 예수님 앞에서 그분의 죽음과 고통이 내 탓이라고 인정하는 것과 같았다. 또한 그분의 용서로 내가 느낀 기쁨이란 이루 말할 수 없는 것이었다! 슬픔과 수치스러움이 완전한 기쁨이 되는 순간은 정말 말로는 표현할 수 없다.

어렸을 때 나는 세상 사람들이 이렇게 말하는 것을 믿었다. 나이가 들면 인생을 충분히 즐기지 못한 것을 후회하게 될 것이며, 죄를 지은 것을 생각하면서 미소 지을 것이라고. 그러나 그것은 순전히 거짓말이었다.

미소 짓는 기억들은 정직하고 성실하며 순수하고 다른 사람들을 사랑하고 친절하게 대했던 일들이라는 사실을 알게 되었다. 죄는 나이가 들어도 나를 편안하게 하지 않았다. 하느님께 반발한 괴로운 기억들이 나를 괴롭혔다. 하느님께서는 그 죄를 용서하셨지만 그로 인한 결과와 흔적은 남아 있었다. 고해성사는 주님께서 당신의 교회에 주신 선물이기 때문에 우리는 그리스도께서 당신의 피와 생명으로 우리를 위해 이미 승리하신 싸움을 계속할 수 있다.

| 오리건 티가드에서 모린 팔로마

용서의 어려움

진정으로 용서하는 것은 참으로 어려운 일이다.

나는 오랫동안 돌아가신 아버지와 남편이 내게 준 상처를 용서하지 못하고 괴로워했다. 그러던 1991년 어느 주말, 오하이오주 메이슨에 있는 성 수산나 성당의 피정에 참가하게 되었다.

피정 중에 고해성사를 보면서 해리 메이어 신부님께 내 심정을 말씀드렸다. 신부님은 아버지와 전남편을 위해 기도한 적이 있느냐고 물으셨고, 그런 적이 없다는 대답에 매일 아침 두 사람을 위해 기도하라고 조언했다. 우리에게 상처를 준 사람을 위해 기도하는 것이 불가능하다면 주님께서 그토록 바라시는 치유도 이루어지지 않을 것이라고 말씀하셨다.

그때가 15년 전이고 나는 지금도 두 사람을 위한 기도를 바치고 있다. 결국 그들을 용서하게 되었고 상처는 서서히 사라졌다. 기도를 거듭하면서, 다른 사람들을 위해서 기도하면서 그들도 나를 위해 기도하기를 또한 기도했다. 진정한 용서는 아름다운 꽃에서 풍기는 향기와 같다.

| 오하이오 메이슨에서 몰리 N. 오코넬

고해성사를 보지 않을 거야

고향인 펜실베이니아로 엄마를 찾아갔을 때였다. 운전을 못하시는 엄마에게 토요일에 무엇이 제일 하고 싶으신지 물었다. 엄마는 고해성사를 보고 싶다고 하시면서 에밴스버그로 데려다 주었으면 좋겠다고 하셨다. 물론 착한 딸로서 기쁜 마음으로 그곳까지 엄마를 모셔 드리겠다고 했지만 내가 고해성사를 볼 생각은 없었다. 나는 그때 **교만**했다. 그런 규율은 구식이라 여기며, 현대적인 가톨릭 신자로서 내가 원하는 것만 선택하는 신앙생활을 하고 있었다.

성당까지 15분 쯤 운전을 하고 가면서 우리는 이런저런 이야기를 나누었지만 나는 내심 나에게 이런 말을 하고 있었다. '고해성사 같은 건 안 볼 거야. 난 이제 어른이고 엄마가 억지로 시킬 수도 없어.' 물론 엄마는 내게 묻지도 않았다. 그저 혼자 그런 생각을 했을 뿐이다.

고해성사가 시작되기 10분 전에 도착해서 자리에 앉아 기다리면서도 계속 고집스레 '아니, 안 볼 거야.' 라고 속으로 다짐하고 있었다. 그러나 엄마가 고해소로 들어가셨다가 잠시 후 나오시는 순간, 나도 모르게 자리에서 일어나 그 두려운 곳으로 걸어갔다.

마지막으로 고해성사를 보았던 때와 달랐다. 눈에 익은 무릎 받침대와 함께 한쪽 구석에 놓인 의자가 보였다. 신부님이 나를 보시기 전에 얼른 무릎을 꿇었다. 그리고 천천히 침착하게 말씀드렸다.

"저는 죄를 범했습니다. 고해성사 본 지 (숨을 크게 쉬고) 6년 되었습니다."

결국 고백을 시작했던 것이다. 온몸이 긴장된 상태로 큰 소리로 꾸지람하실 신부님의 목소리를 기다리면서 '내가 지금 여기서 뭐하는 거지?' 하는 생각이 스쳐갔다. 그리고 신부님의 말씀이 들렸다. 신부님은 상냥하고 기쁜 기색이 역력한 목소리로 이렇게 말씀하셨다.

"다시 돌아온 것을 환영합니다!"

그 순간 긴장이 풀리면서 눈물이 났다. 흐느낌을 억누르며 겨우 말씀드렸다.

"감사합니다, 신부님. 이제 저 의자에 앉아서 죄를 고백해도 될까요?"

그날 리틀 신부님을 통해 주님께서 나를 맞아 주셨던 그 기쁜 순간을 생각하면 지금도 눈물이 난다. 그리고 몇 년이 지난 후 엄마에게 그날 고해성사에 데려다 달라고 해 준 것에 감사드렸다. 그날은 나에게 진정한 그리고 온전한 회개의 시작이었다.

| 오하이오 세일럼에서 메리 케이 소이카

제 생각엔 …

가톨릭 신자라면 누구나 잘 알고 있는 죄가 있습니다. 십계명을 살펴보면 자신이 대죄를 범했는지 아닌지를 곧 알 수 있습니다.

그러나 때로 제가 한 말이나 행동이 죄인지 아니면 인간적인 실수인지 잘 모를 때가 있습니다. 그럴 때면 기도 중에 성령께 묻습니다. 제가 솔직하게, 적어도 자신에게 솔직하게 물으면 고요한 '느낌'을 받을 때가 있고, 마음 깊은 곳에서 불편함을 느낄 때가 있습니다. 불편함을 느낀다면 그것은 뭔가 옳지 않다는 것입니다. 그것은 마음속에서 지워지지 않고 계속 저를 괴롭힙니다. 그때 저는 고해성사를 봅니다.

아직도 이따금 죄인지 아닌지 명확히 구분하지 못할 때가 있습니다. 그러면 그런 내용을 고해소로 가져가서 신부님의 판단에 맡깁니다. 의심스러운 것이 있다면 고해성사를 보십시오.

| 메리앤 콜로드

판단 착오

고해성사는 많은 신자들이 두려워하는 것일 수도 있겠지만 나에게는 기쁜 일 중 하나다. 이것은 몇몇 훌륭한 신부님들의 도움으로 내가 갖게 된 사랑이다. 오랫동안 형제들과 싸운 일, 욕하거나 화를 낸 일 등 일상의 죄를 고백했다. 내게는 중독이라고 할 만한 한 가지 습관이 있었는데 고해성사 덕분에 내 삶은 파멸에서 벗어나 구원받을 수 있었다. 그 중독이란 도박에 빠진 일이었다. 빙고 게임, 로또, 카드 게임, 카지노 출입 등이 가족과 교육, 일 그리고 신앙생활에서 나를 멀어지게 했다.

도박은 어렸을 때부터 시작되었다. 십대였을 때 요즘 십대보다 더 깊이 카드 게임에 빠져 있었다. 요즘 십대들은 상금이 훨씬 많은 포커 게임 등을 하지만, 그 당시 카드 게임으로 시작된 도박은 로또 복권, 그리고 대학 근처에 세워진 카지노 출입으로 이어졌다.

스물한 살이 되면서부터 도박한 죄를 고백하고 사함을 받기 위해 토요일마다 고해소 앞에 줄 서는 일에 익숙해졌다. 끊임없이 더 많은 돈을 따고 싶었기 때문에 당시 가장 큰 죄목은 도박일 수밖에 없었다. 점점 심해지는 탐욕을 없애야만 했다. 그때서야 내가 심각한 상태라는 것을 알았다.

하느님의 은총으로 즉각 도박을 끊을 수 있었다. 더 이상 카지노에 가거나 도박을 하면 안 된다는 보속을 받았다. 내가 죄 사함을 받은 후 보속을 실천했던 때가 1999년이었다. 그리고 몇 년 후, 우리 주에서 임신 중절 합법화를 지지하는 가톨릭 신자 정치인을 정부로 보내는 선거가 있었다. 선거 다음 날 여동생 엘렌이 가까운 카지노에 함께 가자고 했다. 어깨를 다쳐서 운전을 할 수 없었던 동생은 내게 운전을 부탁하면서, 내가 돈을 안 가지고 가면 도박을 할 수 없을 테니까 그냥 운전만 해 달라고 했다.

고향 마을에는 다른 즐길 것도 없었다. 그래서 동생과 함께 가기로 하고 운전대를 잡았다. 카지노까지 가면서 내가 보속을 어기고 있다는 생각이 떠나지 않았다. 그러나 가진 돈이 없었기에 도박하는 일은 없을 것이라고 생각했다. 아무런 잘못도, 해로움도 없을 것이고 절대로 옛날 같은 일이 다시는 반복되지 않을 것이라고 장담했다!

카지노에 들어서자마자 아드레날린이 흘러넘쳤다. 그러나 가진 돈도 없었고 돈을 구할 방법도 없었다. 어쩌면 생각만 그랬을지도 모른다. 기계에 돈을 넣을 수 없다는 것을 깨닫자 처량한 기분이 들었다. 그리고 이렇게 중얼거렸다.

"멍청하기는. 게임도 못할 거면서 한 시간이나 운전해서 여기까지 왜 온 거야?"

동생은 미안해 했고 혼자 게임을 하다가 돈을 따기 시작했다. 그리고 내게 돈을 주며 말했다.

"오빠, 여기 돈 있어. 나대신 저쪽 기계에 가서 게임해 봐!"

나는 어느새 입이 벌어져 있었고 곧 돈을 따기 시작했다. 예전의 나로 돌아가 사탄의 환영을 받고 있었다! 한 시간도 못 되어서 우리는 딴 돈을 전부 잃었고 가진 돈마저 다 잃었다. 게다가 카지노에서 만난 동네 사람들이 놀라서 나를 바라보았다. 그중 한 사람은 이렇게 말했다.

"자네 여기서 뭘 하고 있는 건가? 도박을 끊은 줄 알았는데!"

정말 쥐구멍에라도 숨고 싶었다! 집으로 돌아오면서 참담한 심정으로 끝없이 눈물을 흘렸다. 도박을 끊으려고 그렇게 애를 썼는데 다시 제자리로 돌아오고 말았다!

다음 날 아침에 성 요셉 성당에 전화를 걸어 나의 영적 지도 신부님인 빌 신부님을 찾았다. 신부님이 안 나오시는 날인 것을 깜박 잊고 있었던 나는 대신 요한 신부님께 고해성사를 베풀어 주실 수 있는지 물었다. 신부님은 토요일 고해성사를 위해 성당에 있는 사제가 어떻게 그 청을 거절할 수 있겠느냐 하시며 웃으셨다. 신부님은 내 과거에 대해 알고 계셨고, 내가 다시 카지노에 갔다는 말씀을 드리자 내가 맡고 있는 청년부 일을 끝마친 후에 만나자고 하셨다.

요한 신부님께 내 잘못을 고백했을 때 비로소 마음이 놓였다. 카지노에 매일 출근하고 있다는 사실을 깨달았을 때 그만두어야 했다. 내가 또 전처럼 자주 카지노에 들락거리는 악습에 젖을까 봐 두려웠다.

고해소로 들어가서 돈을 가져가지 않았기 때문에 죄를 범하고 있다는 생각을 하지 않았지만, 동생에게 돈을 받았을 때 또다시 돈을 따겠다는 생각에 전율을 느꼈음을 인정했다. 그리고 알코올 중독자가 술집에 가면 안 되는 것과 마찬가지로, 카지노는 내가 가면 안 되는 곳인 줄 알면서도 발을 들여놓는 잘못을 범했다고 고백했다.

요한 신부님은 내가 아주 중요한 교훈을 얻었다는 사실을 상기시켜 주셨다. 다시 카지노에 발을 들여놓는 잘못을 범했지만 이제 다시는 돌아가지 않겠다는 마음으로 새로운 출발을 할 수 있다고 설명해 주셨다. 또한 도박과 관련된 것에 가까이 간다면 분명 죄를 범할 기회에 가까워지므로 절대 가까이 가지 말아야 한다는 것을 깨우쳐 주셨다. 카지노에 가지 않는다면 도박은 하지 않을 것이다.

나는 요한 신부님께 우리 본당인 성 바오로 성당 자매님을 카지노에서 만났다는 말씀을 드렸다. 그러자 신부님은 다음에 그 자매님을 만나면 카지노에 간 것을 사과하라는 보속을 주셨다. 내가 그 자매님을 만났을 때 미안하다는 말을 하자 그녀는 그럴 필요가 없다고 말했던 것이 생각난다. 그러나 내게는 그것이 내 잘못의 끝이었기에 정말 기분이 좋았다.

나의 판단 착오를 고백할 수 있었고, 영원한 생명을 최후의 상으로 받는 영적 여정으로 다시 돌아올 수 있었기에 무척 기뻤다. 그 상은 어떤 도박이나 복권 당첨으로 받는 거액의 상금보다 더 값진 것이다.

| 미시건 오왓소에서 리자 스텍술티

고해성사의 두려움

6년 전, 결혼 23주년 기념을 앞두고 거의 30년 만에 고해성사를 보았다. 혹시나 고해성사를 잘못하는 일이 없도록 한 달 동안 준비했다. 내가 어렸을 때와 달라진 것이 많았지만 그때 기억을 더듬으며 연습했다. 그동안 너무 많은 죄를 범했기에 고해소에서 할 말을 거듭 연습했다. 그런데 너무도 부끄러운 그 많은 죄들을 사제에게 고할 생각을 하면 눈앞이 캄캄했다. 두려움에 떨며 고해소 앞에 서 있다가 몇 번이나 뒤돌아 나오곤 했지만 결국 들어갔다. 고해성사 내내 더듬거리고 숨이 막혔고 눈물이 흘렀다. 신부님은 아주 침착한 분이었고, 내가 교회와 주님께 돌아오는 데 신부님을 선택해 도움을 청한 것을 기뻐하시는 것 같았다.

이제 자주 고해성사를 보지만 아직도 죄를 범했다는 생각이 들면 고해소로 가서 몇 시간 때로는 며칠에 걸쳐 계속 고백한다. 대죄를 범했다고 생각될 때만 고해성사를 보지만, 죄 사함을 받고 나서 내 영혼이 깨끗해지고 주님께 아주 가까이 있다는 것을 느끼고 싶어서 더 자주 고해성사를 보고 싶다.

이런 생각을 갖는 사람은 비단 나만이 아닐 것이라고 생각한다. 누구에게도 물어본 적은 없지만 혹시 묻는다 해도 대답을 거절할 사람은 아무도 없을 것이다. 30년 동안 내 속에 사탄이 자리 잡고 내 죄를 소리 내어 말하는 일은 부끄럽다며 두려움과 수치심을 느끼게 했다. 그것은 내가 아니었다.

우리 부부가 결혼 축하 기념식을 생각했을 때 고해성사를 볼 용기를 갖게 되었다. 미카엘 신부님은 고해성사 후에 내가 주님과 가까워진 느낌이 얼마나 좋은 것인지를 깨닫도록 촉매 역할을 해 주셨다.

| 루이지애나 그레트나에서 메리 그리사피

늦지 않았다

일반 교도소에서 수감자들을 위한 봉사를 한 지 몇 해가 지난 1998년, 플로리다의 사형수와 독방 수감자들을 위한 봉사를 해 달라는 부탁을 받았다. 플로리다에는 미국에서 세 번째로 많은 370명 이상의 사형수가 있고, 2천 명이 넘는 장기 복역수들이 두 군데 감옥의 독방에 수감되어 있다. 이곳에서 나는 평신도 봉사자로 일하고 있다. 가톨릭교회와 플로리다 주교, 그리고 신부님과 주교님의 사목 관리 하에 그곳 감옥 안의 복역수들을 직접 방문해 교도 사목을 하는 일이다.

또한 사형 집행 시 영적 조언자로도 봉사하고 있다. 사형수의 가족은 그곳에 들어올 수 없다. 내 아내는 사형이 집행되는 동안 그 가족들을 돌보는 봉사를 한다. 우리 부부는 함께 피살된 희생자의 가족들을 위한 봉사도 하고 있다. 우리는 교회의 관리 하에 자원 봉사자로 이런 일들을 하고 있으며, 각자 다른 직업으로 가족을 부양하고 있다.

나는 가톨릭 신자인 수감자들에게 영성체를 할 수 있고, 우리 본당 신부님과 주교님은 그들에게 고해성사를 베풀어 주시고, 병자 도유와 사형수를 위한 성찬 예식을 행하기 위해 자주 교도소를 방문한다. 예비신자들을 위한 세례와 견진성사도 행해진다. 8년 동안 아내와 나는 사형수 열 명의 후원자가 되어 그들을 교회로 인도하고 대부모가 되었다.

사형수를 만나려면 교도소 문에서 열 개의 철창문, 전기선이 설치된 400m에 이르는 담, 레이저 와이어, 그리고 강철과 콘크리트로 만들어진 곳을 수없이 지나야 한다. 사형수가 있는 감방은 사형 집행 영장에 정부 관리가 서명한 다음 사형수가 옮겨 오는 곳으로, 사형실과 같은 건물에 있다. 이곳은 사형 집행실에서 고작 6m 정도 떨어져 있다.

바깥세상 사람들 중에 이렇게 묻는 사람이 있을 것이다.

"그런 상황에 놓인 사람에게 고해성사가 무슨 소용이 있는가? 그에게 고해성사는 어떤 의미가 있는가?"

하지만 나는 고해성사와 성령의 힘이 사형수 감방의 어둠보다, 사형 집행장의 어둠보다 더 위대하다는 것을 증언할 수 있다.

교황 요한 바오로 2세에게 감명을 받아 가톨릭 신자가 되기를 간절히 원하는 한 남자가 있었다. 1년 동안 가톨릭교회로 들어오기 위한 준비를 마친 시점에서 그의 사형 집행일이 갑자기 결정되었다. 나중에 알고 보니 그날은 요한 바오로 교황께서 영면하시고 난 며칠 후였다. 가톨릭 신자인 정부 관리는 교황님께 대한 존경의 뜻으로 사형 집행일을 며칠 미룰 생각까지 했다.

사형 집행일 전날 아침에 주교님이 그에게 첫 고해성사와 첫영성체, 견진성사를 주기 위해 사형수가 있는 감방으로 오셨다. 사형수는 홀딩 셀holding cell이라고 불리는 아주 좁은 감방에서 발목에는 족쇄를 차고 손목은 쇠사슬로 묶인 채 서서 예식을 치렀다.

주교님이 죄를 사한다는 선언을 하시고 이어서 견진성사가 행해지는 중에 갑자기 그의 몸이 마치 감전된 듯 경련을 일으키더니, 성령 안에서 쉰다고 표현하는 그런 자세로 뒤로 넘어지는 것이었다. 이를 지켜보던 교도관들이 깜짝 놀랐고 그의 몸이 잠깐 동안 빛나는 것을 보았다고 했다.

그 다음 날 사형이 집행되기 몇 시간 전에 그는 내게 이렇게 말했다. 예식을 치르던 바로 그 순간 요한 바오로 2세께서 그를 찾아오셔서, 그가 죽는 순간 예수님께서 오실 것이라고 말씀하셨다고 했다. 아무도 그의 이런 믿음을 만류할 수 없었다.

그가 사형되기 얼마 전에 교도소장이 그에게 희생된 사람의 어머니가 보낸 편지를 가지고 그를 찾아왔다. 그녀는 교도소장에게 그를 용서했으며 악의도 품고 있지 않다는 말을 사형수에게 전해 달라고 했다는 것이었다. 고해성사로 이루어진 화해는 현세와 영원한 세상 사이의 커다란 경계 쪽에서 현실화되었다. 그는 평화로이 눈을 감았다. 주님과 함께.

이것이 나의 증언이다. 사람이 장애물이나 장벽이라 말할 수 있는 그 어떤 것도, 사형수가 절망하는 콘크리트 벽이나 철의 장막조차도, 인간의 기꺼운 마음에 들어와 자리 잡는 고해성사와 성령의 힘을 막을 수 없다는 것이다.

| 플로리다 맥클레니에서 데일 S. 레치넬라

완전히 깨끗한

때는 1945년, 아빠와 엄마와 아홉 아이들이 살고 있는 어느 집안의 토요일 모습이다. 엄마는 집 안을 깨끗하게 정리하는(혹은 유지하려고 최선을 다하는) 사람으로 유명하다. 이 말은 매주 토요일이면 우리가 각자 한 가지씩 집안일을 맡아서 해야 한다는 뜻이다. 리놀륨 바닥을 박박 문지르는 일부터 방 청소, 찬장의 먼지를 닦는 일, 서랍 정리 중 한 가지를 우리는 각자 맡아서 해야 했다.

그러고 나면 다음 날은 성당에 가야 하고 주일 만찬 준비를 해야 하기 때문에, 엄마를 도와 파이를 굽고 엄마의 특별 요리인 감자 푸딩(옛날 독일 요리로 무척 힘든 일이다)을 만들고 그 밖에도 해야 할 일이 많다.

그리고 다음 날 아침, 미사 참례 준비를 해야 한다. 여기에는 토요일 오후의 목욕, 내일 입을 옷 준비, 신발 닦기 등이 포함된다. 온 집 안이 깨끗하게 정리되고 우리 몸도 깨끗해져서 주일의 기쁨을 기다리는 기분은 얼마나 좋은지.

그러나 아직 한 가지 깨끗하게 하지 못한 것이 있다! 성 로즈 성당까지 한참 동안 걸어가서 고해성사를 보기 전에는 정말로 깨끗하다는 기분을 느낄 수 없다. 고해성사를 하고 나서야 내 영혼이 깨끗하고 주일 미사와 영성체를 위한 준비가 끝났다는 것을 느낀다. 몸과 특히 영혼이 완전히 깨끗해진다는 것은 얼마나 멋진 일인지!

| 오하이오 머미에서 로이스 M. 브루스

제 생각엔 …

아주 오래 전에 교리 선생님께서 해 주신 말씀을 독자 여러분과 글을 쓴 저자들에게 전해 드립니다.

"페기야, 하루를 마치고 저녁 기도를 드릴 때 네가 하루를 어떻게 보냈는지 생각해 봐라. 아침에 눈을 뜬 순간부터 네가 한 행동과 네가 만난 모든 사람들을 생각하고 네가 한 일과 하지 않은 일, 그리고 네가 한 말과 하지 말았어야 할 말을 전부 생각해 봐. 그러고 나서 그 모든 것이 주님을 기쁘게 해 드렸는지 너 자신에게 물어보는 거야."

이것은 사실 아주 쉽고 간단합니다. 지난 50년 동안 내게는 큰 도움이 되었습니다.

| 페기 머피

고해성사와 자신의 삶에 책임을 지는 일

| 알베릭 스미스 신부

고해성사는 로마 가톨릭 신자들에게 특전으로 부여된 특별한 의식입니다. 고해성사에서, 예수님은 사제라는 인간 안에서 우리를 만나러 오시고, 우리가 죄를 용서받기 위해 후회하는 마음으로 죄를 고백하도록 용기를 주십니다. 우리는 잘못을 후회하는 마음으로 주님 앞에 나아갈 때마다 용서를 받습니다. 이 성사에서 예수님께 우리 죄를 드러내 보여야만 용서받았다는 확신을 예수님께서 우리에게 주실 수 있으며, 또한 앞으로 죄를 피할 수 있도록 특별한 은총도 내려 주십니다. 인간에게 우리 죄를 말함으로써, 우리가 사랑하는 주님께서 바라시는 삶에 이르는 길로 새롭게 나아갈 용기를 얻는다는 것은 우리가 누리는 특권입니다. 연민을 지닌 다른 인간에게서 우리가 자신의 삶을 책임지고 당당하게 살 수 있도록 격려를 받는다는 것은 참으로 큰 축복입니다. 성사는 평화와 확신과 삶을 받아들일 새로운 힘을 주며, 잘못을 전부 고백할 용기와 앞으로 나아갈 힘, 또한 예수님께서 그렇게 하시듯 우리 각자의 선함을 베풀 힘을 줍니다.

고해성사는 우리가 자신의 삶을 **책임지고 살아갈 수 있도록** 돕습니다. 이것이 무슨 뜻입니까? 우리는 **책임감 있는 사람들**을 알고 있습니다. 그들은 때로 찬사를 받습니다. 그들이 해야 할 일을 알고 있고 가능한 한 많은 사람들에게 좋은 일을 하려고 헌신적으로 행동하기 때문입니다. 그러나 책임감이 있다는 어떤 사람들을 보면서 우리는 그들을 멀리하려고 합니다. 그들이 좋아하는 일에 우리를 억지로 끌어들이지 않을까 염려가 되기 때문입니다. 혹은 우리를 지배하려 든다는 느낌이 들어서인지도 모릅니다. 우리를 그런 식으로 통제하려는 사람들을 우리는 경계합니다. 우리는 그렇게 되는 것을 원치 않습니다.

우리는 진정 '그렇게 되는 것'을 원치 않습니다. 책임을 질 때 우리는 나 자신이 아닌 다른 것에 마음을 쓸 필요가 없습니다. 오직 나 자신의 삶을 책임지고 잘해 나가자면 많은 것을 해야 하지만, 다른 사람에게 피해를 주지 않는다는 것을 알기에 만족할 수 있습니다. 우리 자신에게 힘든 일일 수는 있지만 그것으로 인해 넘어지지 않도록 조심하면 됩니다. 위에서 말했듯이 로마 가톨릭 전통은 사람들이 자신의 삶에 책임지고 살도록 도와주는 중요한 방법으로 수 세기 동안 고해성사를 베풀어 왔습니다.

자신의 삶을 책임지기 위해서 우리는 잘할 수 있다는 확신을 가질 필요가 있습니다. 다행스럽게도 우리 삶의 경험이 우리가 잘할 수 있다는 것을 보여주고 있습니다. 우리는 학교에 다니면서 많은 것을 배우고, 다른 사람들과 어떻게 더불어 사는가를 배우고, 다른 사람들이 좋아하는 것에 적응하면서 그들에게 나 자신이 무엇을 좋아하는가를 알리며, 모두가 만족할 만한 중간 지점에서 일을 해결할 줄도 압니다. 우리는 이런 것을 책에서 배우는 것이 아니라 생활 속에서 보고 배우며, 특히 부모와 형제 그리고 가까운 친구들에게 배웁니다.

자기 자신에게 만족하는 것은 개인의 삶을 조절할 능력을 갖기 위한 또 다른 열쇠입니다. 정서적인 면에서 우리는 자기 자신에 대해 좋은 감정을 가져야 합니다. 이성적으로도 자신의 있는 그대로의 모습에 만족해야 합니다. 잘못을 했다고 해서 세상이 끝나는 것은 아닙니다. 개선할 수도 있고 미안하다고 말하고 정정할 수도 있습니다. 우리는 여전히 하느님께서 만드신 대로 좋은 사람입니다. 청년이 되어 가면서 젊은이들은 사람들의 상호 작용에 상대적으로 경험이 없기 때문에 때로 심각한 잘못으로 아주 깊은 상처를 입을 수도 있지만, 이는 미래의 긍정적인 인간 상호 작용으로 치유될 것입니다. 우리는 넘어진다 해도 다시 일어나 큰 불행을 반복하지 않도록 더 세심한 주의를 기울이게 된다는 것을 알아야 합니다. 따뜻한 사랑과 배려가 있는 가정 환경, 변함없이 함께하는 좋은 친구들, 이런 것들이 있는 그대로의 우리가 좋은 사람이라는 것을 깊이 알게 해 줍니다.

현실적인 관점에서 삶을 보면 우리는 이런저런 문제들을 안고 삽니다. 부모들은 완벽하지 않습니다. 위대한 사람들도 부모 입장일 때는 그랬습니다. 부모로부터 받은 어떤 대우는 지속적으로 우리를 따라다니면서 때로는 자신의 진정한 가치를 의심하게 만들기도 합니다. 이런 일은 힘들 때, 혹은 기분이 저조할 때 아니면 누군가 우리에게 별로 행복하지 않았던 과거의 일을 떠올리게 할 때 일어납니다. 이런 과거의 잔재들이 우리에게 큰 영향을 미치지 않도록 해야 합니다. 어쨌든 우리는 지금까지 잘 견뎠고 잘 극복해 왔습니다. 그러니 지금도 그렇게 해야 하지 않겠습니까? 자신의 감정과 대화할 필요가 있는지도 모릅니다. 그렇게 하면 다시 용기를 갖게 되고 또한 지금 자신의 삶을 책임지고 있다는 것을 다시 확인하고, 크게 걱정할 필요가 없다는 것을 알게 될 것입니다.

자신의 내면을 들여다볼 때 부분적으로 구속되어 있는 자유를 발견할 수도 있습니다. 자유란 그렇게 속박될 수 없는 것입니다. 우리가 무슨 일을 하든 그 부분 또는 그런 감정이나 충동을 힘으로 억제할 수는 없습니다. 이것 때문에 무력감을 느끼게 되고, 이것이야말로 삶을 책임지는 데 장애가 됩니다. 우리가 다른 사람이나 주변 세계를 통제할 수는 없을지라도 자기 내면의 삶은 모든 면에서 통제할 수 있다는 것을 알아야 합니다. 감정이 우리의 기본적 자유에 끼어들 때 인간의 감정을 잘 아는 전문가에게 도움을 청할 수 있습니다. 이들이 심리학자입니다. 이들은 감정, 충동, 욕망을 조절하게 함으로써 우리 내면의 삶이 진정한 그리고 영구적인 자유를 얻도록 도와주는 훈련을 받은 사람들입니다. 이들의 도움으로 우리의 행동은 진정 자유로운 인간의 행동에 가까워지고, 그 행동들이 우리의 통제 아래 있게 됩니다. 괴로움과 어려움을 겪으면서 그것을 온갖 형태의 완력을 사용해 다른 사람들의 탓이라고 비난하기 좋아하는 사람을 만난 적이 있습니까? 그런 사람이 바로 자기 인생을 책임지도록 잘 훈련받지 못한 사람입니다. 자기 내면의 삶을 책임진다면 자신이 어디에서 잘못했는지, 잘 해냈는지를 알 수 있으며, 경험하는 일들에 대한 책임을 어떻게 져야 하는지 알 수 있습니다. 고해성사는 우리의 실패와 성공을 두려움 없이 알고 인정하고, 다른 사람이나 사건들이 어디에서 문제를 일으키는지를 보게 해 줍니다. 우리 내면의 자율은 완전한 상태를 유지하려고 강화하며, 이 세상에서 예수님의 은총으로 우리가 마땅히 해야 한다고 생각하는 행동을 할 수 있고, 행동에 책임을 집니다. 우리는 복잡한 삶을 잘 꾸려 나갈 만큼 완전한 인간입니다. 그 과정에서 고통을 겪을 수도 있지만, 행복하고 즐거운 순간에 자신이 누구인지 아는 만큼 괴로움 안에서도 자신을 알고 있습니다.

그리스도인들이 자신의 삶에 책임을 지는 과정에서 예수님을 모범으로 삼아 큰 도움을 받을 수 있습니다. 예수님께서는 당신의 인성 안에서 하느님의 뜻을 따르는 것을 주요 관심으로 삼으셨습니다. 이분이 예수님 안에 계시던 하느님이시며 우리 한가운데에 현존해 계시는 하느님이십니다. 예수님에게 이것은 가장 깊은 사랑의 관계였으며 우리와의 관계도 마찬가지입니다. 우리가 세례를 받을 때, 하느님의 사랑에서 살고자 하느님의 초대에 "네."라고 대답했을 때 그것은 계속되는 선택의 문제입니다. 우리에게 주어졌고 우리의 온 마음과 정신과 의지와 함께 다시 하느님께로 돌아간 이 사랑은 내면의 삶을 책임지는 본질적·영적 기반입니다. 이 사랑하는 힘으로 우리의 모든 행동이 사랑에 따르도록 그 힘을 받아들이고, 그렇게 함으로써 우리의 모든 삶은 사랑하는 하느님을 중심에 놓는 것입니다. 우리는 자신의 삶을 책임지고, 최선을 다해 자신이라는 배가 사랑하는 주님의 뜻에 따라 적합한 항구로 가는 뱃길을 따르게 하는 동기를 갖고 있습니다.

운동선수는 자신의 삶에 큰 의미를 갖는 그 분야의 최고 자리에 도달하기 위해 수년 동안 연습합니다. 이와 마찬가지로 우리는 내면의 자신이 선에 쓰일 잘 연마된 도구가 되기 위해 일하고 어려움을 겪고 희생합니다. 이런 과정에서 한 달에 한 번이나 두 번 또는 필요하다면 더 자주 고해성사를 보는 것으로 도움을 받을 수 있습니다. 고해성사의 선물은 우리 자신에게서 보고 기뻐하는 선함, 우리가 사랑하는 하느님을 반영할 수 있는 선함, 다른 인간들과 열정적으로 나눌 수 있는 선함을 강화합니다. 우리가 자신의 삶을 책임질 때, 사랑이라는 동기를 안고 살아갈 때, 우리의 '통제된' 삶을 하느님의 손 안에 놓을 때 우리를 위해 하느님이 하실 수 있는 일에는 한계가 없습니다.

[알베릭 스미스 신부는 프란치스코수도회 샌타바버라 관구 소속 사제다. 그는 탁발 수도 사제로 고등학교 수준의 과학을 가르치고, 본당 사목, 수도회 행정 사무 등을 하는 틈틈이 저술 작업을 했다. 지금 워싱턴 스포캔에 있는 아시시의 성 프란치스코 성당에 머물면서 근처 클라라 수도원의 담당 신부로 일하고 있다.]

제 손을 잡아 주세요

나는 고해성사를 보는 것이 정말 싫었다. 사실은 한 번도 고해성사를 보지 않았다. 작은 방에 남자와 함께 있다는 것도 나를 두렵게 했다. 그럴 만한 충분한 이유도 있었다. '괜찮아.' 하면서 고해성사를 보지 않는 이유를 합리화하곤 했다.

나는 1년에 한두 번 가족을 찾아 알래스카로 갔다. 할머니는 팔마에 있는 성 미카엘 성당 근처에 살고 계신다. 나는 평안함을 느끼고 싶어 그 성당의 한적한 곳을 찾아간다. 편안한 장소는 고요한 마음으로 기도하기에 좋은 곳이다. 2년 전쯤에도 그곳에 가서 성당의 문을 열고 들어가 자리에 앉았다. 그런데 뭔가 다른 느낌이 들었다. 할머니께서 본당 신부님이 휴가 중이라 다른 신부님이 와 계신다고는 하셨지만… 뭐가 달라진 걸까? 그때 나는 고해소의 문이 열려 있는 것을 보았다. '아, 저거야.' 그리고 내 마음속에서 들리는 소리가 있었다. '이젠 어쩔 수 없어.' 그리고 보이지 않는 힘이 나를 밀었다. '안 돼.' 나는 자리에서 벌떡 일어나 걷기 시작했다. 그러나 고해소로 들어갈 수가 없었다. 공포에 질린 나는 도망칠 수도 들어갈 수도 없었다. 공포. 나는 학대받으며 자랐다. 내가 태어난 것을 저주했던 아버지의 학대, 알코올 중독자였던 엄마 남자 친구의 학대, 우리에게 가정 폭력이 무엇인지를 확실히 보여 주었던 계부의 학대. 나는 20년 이상 끊임없는 공포 속에서 살았다. 그것은 모두 남자로 인한 공포였다. 그런데 작은 방에 들어가 남자와 단둘이 있어야 하다니, 그것은 공포 이상으로 나를 질리게 했다. 그런데다 내 이야기를 해야 하다니, 그것 역시 두려운 일이었다. 남자와 단둘이 작은 공간에 마주하고 내 이야기를 한다고? 그럴 수는 없어. 더 이상….

그 누구와 어떤 주제로도 이야기를 나눌 수는 있지만 나 자신에 대해 말할 수는 없었다. 내가 그럴 수 없다는 것을 잘 알고 있었다. 두려움에 숨이 막힐 것만 같았다. 두려움이 나를 지배하지 못하게 하겠다고 굳게 다짐했다. 걸음을 내딛으며 내가 두려움을 지배하겠다고 맹세했다.

한쪽 구석에서 움직임이 느껴졌다. 신부님이었다. 고해소로 들어오겠느냐고 물으셨다. '천만에요!' 나는 말없이 고개를 저었다. 그리고 다시 걸음을 뗐다. 숨을 들이쉬고… 내쉬고… 들이쉬고… 내쉬고. '벽을 잡아야 해.' 벽을 잡은 채 눈을 감고 고개를 숙였다. 그리고 주님께 나를 진정시켜 달라고 청했다.

"저기 가서 잠깐 앉을까요?"

그러고 싶지 않아 고개를 돌려 신부님을 보면서 괜찮다고 말하려 했지만 내 입에서는 소리가 나오지 않았다.

"혹시 저와 **이야기하고 싶으세요?**"

신부님이 물었다. 나는 계속 벽을 잡고 서서 몸을 떨고 있었다. 내가 어떻게 '네, 그러고 싶어요. 그런데 그러지 않을 거예요.' 라는 말을 할 수 있겠는가? 나는 아무 대답도 하지 않았다. 그랬더니 신부님이 이번에는 낮은 목소리로 물었다.

"뭐가 그렇게 두려워요?"

그 순간 나는 신부님을 쳐다보았다. 신부님이 다시 물었다.

"뭐가 그렇게 두려워요?"

단도직입적이고 간단명료한 물음이었다. 나는 그때서야 말을 할 수 있었다. '주님, 감사합니다.' 더듬거리며 좁은 공간에서 남자에게 이야기하는 것이 두렵다고 짧게 말했다. 나는 신부님이 그런 두려움은 비이성적이라고 말하기를 기다렸다. 그래야 그것이 내게 왜 이성적인가를 말할 수 있으니까. 그러나 신부님은 물었다.

"잠시 걷는 게 어떨까요?"

밖으로 나와서 성당 주변을 걸으며 우리는 이야기를 나누었다. 내 과거를 말씀드렸고 신부님은 잠자코 들으시고는 이렇게 물으셨다.

"얼마나 자주 주님을 찾고, '나 여기 있다.' 하시는 목소리를 들었어요?"

잠시 생각해 보았다. 그런 적이 있었던가? 신부님은 우리가 밖에서 주님을 찾을 필요가 없다는 말씀을 해 주셨다. 우리는 그분을 만나기 위해 산꼭대기로 올라가거나 험한 계곡을 넘지 않아도 된다. 그분은 항상 우리와 함께 계시기 때문이다. 주님을 가까이 느끼고 싶을 때, 특히 두려움을 느낄 때는 그분께서 우리 손을 잡아 주신다고 했다. 그러니 주머니에 손을 넣거나 팔짱을 끼지 말고 손을 내밀며 예수님께 손을 잡아 달라고 말씀드리라고 했다. 아주 간단하고 쉬운 기도로 '예수님, 제 손을 잡아 주세요.' 하고 말씀드리면 주님의 손을 느낄 수 있다고 말씀하셨다.

그렇게 계속 걸으면서 예수님께 내 손을 내밀었다. 신부님과 나는 일상적인 이야기를 잠시 더 나누었다. 그러나 그 일상적인 것은 곧 특별한 것이 되었다. 발걸음을 멈추고 신부님은 처음으로 나를 똑바로 보셨고, 나도 신부님을 바라보았다. 내 앞에 서 있는 분은 우리와 같은 인간이 아니었다. 나는 죄 사함을 받으면서 내 손을 살며시 잡는 감촉을 느꼈다. 그리고 약간 들뜬 기분으로 할머니 댁으로 돌아갔다.

다음 날 다시 성당에 갔다. 얼마 동안 자리에 앉아 있을 때 신부님이 오셔서 다시 물었다.

"잠시 걸을까요?"

우리는 다시 밖으로 나와 성당 주위를 걸었다. 그러는 내내 내 손을 잡은 예수님을 느낄 수 있었고, 나의 내면을 더 깊이 들여다볼 수 있게 되었다. 또다시 걸음을 멈추었을 때 나를 바라보시는 분은 인간이 아니셨다. 나를 비운 자리에 주님께서 훨씬 더 좋은 것을 채워 주셨다. 그날 나는 뛰어서 할머니 댁으로 갔다. 집에 돌아와서 본당 신부님을 만나기로 약속했다. 신부님에게 가기 전에 나는 예수님께 손을 내밀며 내 손을 잡아 달라고 했다.

"잠시 걸으실래요?"

| 워싱턴 타코마에서 리사 A. 웨어맨

빠른 출세

나는 가톨릭 신앙 교육을 받고 자랐지만 정말 괴로운 성사가 한 가지 있었다. 그것은 바로 고해성사였다. 어렸을 때는 해야 한다고 해서 했지만 자라서는 죄를 고백한다는 것이 불편하고 싫었다. 신부님도 사람이니까 나를 판단하실 거라는 생각으로 내 생각을 합리화했다.

고등학교를 졸업하고 나서 친구들과 함께 살기 위해 와이오밍주의 작은 마을에서 캘리포니아주의 베벌리힐스로 옮겼다. 그곳 삭스 5번가에서 일하며 모델 일도 했다. 내 나이에 비해 많은 것을 성취했다는 우월감이 있었다. 특히 여동생이 고향의 포스터 가게에서 내 사진을 담은 포스터를 가져왔을 때 그 느낌은 배가 되었다. 이제 엄청난 출셋길에 접어들었다고 생각했다.

매주 미사 참례는 했지만 마음속에 왠지 모를 공허한 기분이 들기 시작했다. 이름이 알려지고 있던 때라서 그런 기분이 들 이유가 없었는데 참 이상한 일이었다. 마음속에서 삶에는 내가 모르는 다른 무언가가 있다는 소리가 자꾸 들려왔다.

그리고 내가 사람들에게 너무 많은 것을 기대하고 있음을, 그러다 내 기대에 못 미치면 그들에게 속은 것만 같다고 생각한다는 것을 깨달았다. 이런 깨달음에 이르자 고해성사를 봐야겠다는 결론을 내렸다. 거의 10년 동안 고해성사를 보지 않아 죄책감을 안고 있었고, 혼자 그 죄책감을 떨쳐 보려고 애써도 그렇게 되지 않았다. 나는 신부님을 찾아가기로 마음먹었다.

성당에 도착해서 신부님을 만나 나에 대해 말씀드렸다. 신부님은 아주 친절하고 상냥한 분이었다. 마음이 조금 편안해지면서도 나를 완전히 드러내지 못하고 있다가 조금씩 경계를 풀고 지난 10년 동안 쌓인 죄를 모두 펼쳐 보였다. 고백을 계속하는 중에, 신부님이 놀란 기색을 감추려 애쓰시면서 침착하고 상냥하게 성사를 주신다는 것을 알았다. 내 죄를 사해 받은 다음 나는 다른 사람이 되어 성당을 나왔다. 그 기쁨은 말로 표현할 수 없었고 그토록 죄 많은 삶을 살면서 주님의 마음을 아프게 한 데 대한 슬픔 또한 이루 말할 수 없었다.
그 후 일을 그만두고 가족과 가까운 와이오밍으로 돌아와 대학에 다녔다. 이것이 20년 전의 일이다. 나는 그 신부님의 진심에서 우러나온 친절함과 측은하게 여기시던 마음을 절대로 잊지 못할 것이다. 신부님은 내가 주님을 찾을 힘을 주셨고 세상 것이 아닌 것을 찾을 용기를 주셨다. 그분께 영원한 감사를 드리며, 혹시 그 신부님이 내 죄를 들으시고 사하시고 올바른 길로 나를 인도하시려고 하늘나라에서 오신 분이 아닐까 하는 생각을 한다.

| 콜로라도 센테니얼에서 켈리 M. 웨스트오버

식탁에서 고해성사를

여러분은 고해소에 갈 때마다 자신이 계속 같은 죄를 고백하고 있다는 것을 깨달은 적이 있는가? 내 경우를 간략하게 말한다면 이렇다. 어떤 사람이 말이나 행동으로 내게 상처를 주었을 때, 속상한 마음을 안고 집으로 돌아와 그때의 상황과 그 사람이 내게 했던 말을 하나도 빼놓지 않고 전부 남편에게 말한 다음, 그 사람이 얼마나 나쁜 인간인지를 증명하기 위해 그의 잘못을 장황하게 늘어놓곤 했다. 하지만 그런 말이 내 입에서 터져 나오는 순간 비참한 기분이 들곤 했다. 죄를 범하는 내 행동에 남편까지 끌어넣고 있다는 것을 알았기 때문이다. 어떻게 하면 이 습관에서 벗어날 수 있을까? 몇몇 신부님이 참아 주시고 자상하게 이끌어 주신 덕택에, 비록 완벽하지는 않지만 내 생각을 고치고 부정적인 태도를 기도와 은총의 순간으로 돌릴 수 있었다.
우리 부부는 주님의 특별한 은총으로 일리노이주 졸리엣 출신의 가르멜수도회의 루이스 P. 로게 신부님과 잘 알고 지낸다. 그 신부님의 아버님이 1930년대에 우리 집 바로 맞은편에 작은 여름 별장을 지으셨고, 그 별장 한쪽 벽에 걸린 옛날 사진에는 아주 큰 낚싯대를 들고 있는 귀여운 소년이 보이는데, 그 소년이 성장해 사제가 되어 20여 년간 우리와 절친하게 지내는 친구이기도 하다. 여름이 막바지에 접어들 무렵, 낮고 천천히 흘러가는 태양빛이 아직 따뜻하고 매혹적인 시간이면, 루이스 신부님과 어릴 적부터 알고 지낸 친구인 브레드가 일리노이에서 차를 몰고 일주일 동안 낚시와 휴식, 방문을 겸해서 우리 집으로 온다. 사슴 고기 스튜 냄비와 갓 구운 파이(내가 가장 정성을 들인 음식이다)를 앞에 놓고 우리는 서로의 일상을 이야기한다. 루이스 신부님은 가르멜수도회의 도서와 출판에 관여하면서 로마에서 편집과 저술 활동을 하기도 했다. 벽난로에서 부드럽고 따뜻한 불빛이 피어오르면, 우리는 신부님이 영원한 도시 로마에서 요한 바오로 2세 교황님과 공동 집전한 미사와 여러 다른 추억들에 귀를 기울이곤 했다.

신부님이 그렇게 우리 집을 방문한 어느 날, 주방 뒷문으로 들어오신 신부님께 모닝커피를 드시라고 식탁으로 안내했다. 우리는 호수에서 빛나는 햇살을 바라보며 아름다운 자연을 창조해 주신 주님께 감사드리고 잠시 말없이 앉아 있었다. 그때 내가 신부님께 다른 사람들을 용서하지 못하고 되풀이되는 내 습관에 대해 말씀드렸다. 그러자 신부님은 깊은 뜻이 담긴 이런 멋진 대답을 주셨다. 우리는 거의 매일 다른 사람들 때문에 상처를 입는데, 누군가와 어떤 문제로 다툼이 있게 되면 반드시 그를 위해 기도하고 그가 생각날 때마다 용서하라는 것이었다.

아주 단순했지만 강한 설득력이 있는 말씀이었다. 그러고 나서 소금과 후추와 냅킨이 놓인 식탁에서 신부님이 고해성사를 보겠느냐고 물으셨다. 나는 그러겠다고 대답했고, 우리는 고개 숙여 예를 갖추어 예수님께서 세우신 가장 아름다운 성사의 신비를 거행했다. 나는 그 어느 때보다 마음이 가벼웠고 행복했다. 보속으로 기도를 올리고 나서 우리는 파이를 한 조각씩 들고 축하하며 우리 두 사람을 위해 두 배의 은총을 청했다.

우리 본당의 조지 제크 신부님도 내게 답을 주셨다. 미네소타주의 피퀫 레이크에 있는 성 엘리스 성당에서, 조지 신부님은 1998년부터 주임 신부님으로 사목하고 계신다. 신부님은 용서하지 못하는 마음에 대해 나에게 몇 가지 해결책을 알려 주셨다. 어떤 사람이 말이나 행동으로 상처를 줄 때는 마음으로 얼른 그를 용서하라는 것이다. 신부님의 다음 지시는 "기도하라, 기도하라, 또 기도하라."였다. 우리의 마음이 기도로 완전히 채워지면 적의가 들어설 자리가 없다는 말씀이었다. 고해성사를 통해 우리는 용서하고 잊는 은총을 받게 될 것이라고 하셨다. 조지 신부님은 우리 부부에게 은총이 가득 채워지는 고해성사를 보는 처방전을 주셨다.
"성실하게 고해성사를 보기로 결심하라."

| 미네소타 피쿼트 레이크에서 메리 조 맥카시

평화로운 소년

우리 가족은 위스콘신주 뉴런던에 살고 있고 주님 성혈 성당에 다닌다. 본당의 데이비드 루이스 신부님은 우리의 여덟 아이들에게, 그중에 특히 TJ에게 참으로 훌륭한 선생님이고 귀감이 되는 분이다.
TJ는 자폐증을 앓고 있다. 그러나 감사하게도 자폐증이 아이를 지배하지는 못한다. 하느님께서는 우리에게 부모로서 TJ를 키우면서 매일 마주하는 도전을 이겨 낼 수 있는 은총을 주시고 TJ를 보살펴 주신다는 것을 잘 알고 있다.
우리에게 고해성사는 믿을 수 없을 만큼 큰 위안의 도구가 되어 왔다. 우리는 TJ가 무슨 고백을 하는지 전혀 알 수 없고 어떤 보속을 받는지도 알지 못한다. 우리가 아는 것은 아이가 고해소에 들어갔다 나올 때마다 전혀 다른 아이가 된다는 것이다. 평화로운 소년, 덜 혼란스러워 하는 소년, 그리고 전보다 나아진 행동을 하는 소년이 된다. 이 아이도 인간이기에 의지가 꺾일 때도 있지만 우리는 아이가 절망하도록 내버려 두지 않는다. 이때 우리는 곧바로 고해성사를 보러 간다!

TJ가 보여 주는 놀라운 행동은 즉흥적이기는 하지만 이제 일상이 되었다. TJ는 고해소를 나와 우리가 기대하며 기다리는 곳으로 오면서 손뼉을 치며 기쁘게 소리치곤 한다.

"내 죄를 사해 주셨어요!"

처음에는 눈물을 참았지만, 우리 모두가 고해성사를 보고 나서는 지붕 꼭대기에라도 올라가서 소리쳐야 할 것처럼 이 발달 장애 아이가 기뻐하고 축하하는 모습을 보며 나도 모르게 기쁨의 눈물을 흘렸다. 아이의 반응이 비록 우리의 평소 행동과는 다르지만 그것이 무슨 문제인가! 우리는 아이와 함께 기뻐하지 않을 수 없고 그렇게 하는 것이 당연하지 않겠는가. 하늘나라에서는 회개하는 죄인 한 사람 한 사람을 기뻐한다고 배웠고 그렇게 믿고 있다. 마침내 고해성사는 우리를 평화로운 가족으로, 덜 혼란스러운 가족으로, 우리를 향한 주님의 사랑에 감사하는 가족으로 만들어 준다.

| 위스콘신 뉴런던에서 모린 E. 오즈민카우스키

제 생각엔 …

저는 성당에서 성인 예비신자 교리반을 맡고 있습니다. 우리는 예비신자들에게 자신의 삶을 들여다보고 주님과의 관계, 다른 사람들과의 관계를 깨뜨리는 원인이 무엇인지 스스로에게 물어보라고 권합니다. 그것으로 무엇 때문에 고해성사가 필요한지 그 근거를 알 수 있습니다.

우리가 권하는 또 한 가지는 "내 마음을 제일 무겁게 하는 것이 무엇인가?" 하고 자신에게 묻는 것입니다. 거의 모든 것이 이에 해당됩니다.

마지막으로 고해성사 후에 죄책감을 버리는 것입니다. 주님께서 용서하셨으니 우리도 자기 자신을 용서해야만 합니다.

| 셰리 윌슨

명쾌한 생각

개신교 신자 친구들은 우리와 똑같은 '사람'에게 죄를 고백한다는 생각만으로도 몸서리를 친다. 어렸을 때는 나도 그 친구들과 같은 느낌을 가졌던 것 같다.
"왜 그런 두려운 일을 감수해야 하는 거야?"
그때는 친구들에게 무슨 대답을 해야 할지 몰랐다. 그러나 성숙한 어른이 된 지금, 고해성사로 받은 그 많은 은총이 나를 영적으로 성장하게 했고, 예수님의 마음을 깊이 탐구하는 힘이 되었다는 것을 안다. 고해성사로 내가 자주 그리스도께 돌아가지 않으면 과연 나는 어디에 있게 될까?
내게는 아직도 이렇게 묻는 친구들이 있다.
"넌 왜 그냥 하느님께 죄를 고백하지 않고 그렇게 하고 있냐?"
그런 친구들에게 고해성사로 내가 다른 사람을 용서하고 그로 인해 고양되는 느낌은, 통회의 기도만으로 얻을 수 있는 그 어떤 것을 훨씬 능가한다는 것을 설명하기가 쉽지 않다. 그것은 도저히 말로 설명할 수 없는 신비다. 그 은총은 너무나 확실한 동시에 말로는 전달할 수 없을 정도로 너무나 추상적이다. 다른 가톨릭 신자들과 이야기해 보면, 그들 역시 성실하고 솔직한 고해성사를 한 후에 자신이 주님의 사랑을 받고 있고 다른 사람을 사랑하는 마음을 느끼게 되어 영혼의 자유로움과 기쁨을 주신 하느님께 감사하게 된다고 말한다. 심리학을 전공하는 나는 고해성사를 본 후에 나의 사고가 놀랄 만큼 명쾌해지는 것에 경이로움을 느끼곤 한다.
삶의 어느 시점에서 나는 몹시 흔들렸다. 나의 믿음과 기도, 영적 수련 등에서 심한 갈등을 겪었다. 그런 시간을 보내고 나서 마음이 침울하게 가라앉고 열의가 사라진 것을 알았다. 앞날의 계획을 제외하고는 사랑하는 가족과 아이들이 있는데도 불구하고 모든 것이 중요하지도 않고 의미도 없어 보였다. 현실에 대한 일종의 무기력함과 짜증스러움, 이런 것이 나의 욕구와 목표를 전부

잠식해 버린 것만 같았다.

그리고 뒤를 이어 알 수 없는 불안감이 찾아왔고, 가족과 친구, 동료, 심지어 내가 만나는 사람들 모두를 참을 수 없게 만들었다. 내게 은총이 필요하다는 것을 깨달았지만 어떻게 해야 할지 알 수 없었다. 그래서 고해성사를 보았다. 그러자 즉시 웃고 있는 내 모습을 찾을 수 있었다! 기쁨이 한없이 솟아났다. 모든 일에 명쾌한 생각을 갖게 된 것은 참으로 놀라웠다. 집에서나 직장에서나 내가 하는 일은 개선되고 향상되었다. 어렸을 때 낙제를 받았던 미적분 I 과 II에서 놀랍게도 A+와 A를 받기도 했다.

사제의 죄 사함을 통해 예수님께서 주신 선물은 헤아릴 수조차 없다. 넘치도록 쏟아지는 그분의 은총은 그 깊이를 잴 수조차 없다. 죄인이었을 때 죄가 나를 유혹한다는 사실을 깨달았다. 그러나 죄를 하나씩 범할 때마다 내가 어리석다는 것을 성령을 자각하면서 알게 되었다. 나는 넘어진다. 그럴 때마다 예수님께서 나를 다시 일으켜 세우신다.

한 개인으로서 내 정신과 마음과 영혼이 그리스도를 통해 치유받아야 할 때 이 놀라운 고해성사가 절실히 필요하다.

| 캐나다 온타리오 브러말리아에서 데일 T. 비산티

성스러운 순간

「가톨릭교회 교리서」 1548항은 이렇게 밝히고 있다.
"사제가 성품성사에 힘입어 머리이신 그리스도를 대신하여 행한다."
정확한 날짜는 모르겠지만 마치 어제 일처럼 생생하게 기억난다. 1970년대 말인가 1980년대 초였는데, 노스다코타의 작은 마을인 앨런데일의 성 헬레나 성당에서 **공동 참회 예절**이 거행되고 있었다. 그리고 이어서 개별 고백을 하는데 신자들이 너무 많아 다른 곳에서 오신 네다섯 분의 신부님들이 우리 본당 신부님과 함께 고해성사를 베풀어 주실 예정이었다.

참회 예절이 끝나자 고해소마다 길게 신자들이 늘어섰는데 펠릭스 신부님이 계신 고해소 앞에는 신자가 한 명도 없었다. 폴란드 출신인 펠릭스 신부님은 거의 100km나 떨어진 곳에서 우리 본당까지 와 주신 분이었다. 몇몇 사람들은 폴란드 신부님의 영어를 잘 알아들을 수 없다는 이유로 우리 교구에서 사목하는 것을 불만스러워했다. 나는 펠릭스 신부님이 추운 겨울 저녁에 이렇게 먼 곳까지 운전하고 오셨는데 고해성사를 보려는 사람이 몇 명 되지 않는다면 얼마나 속상하실까 하는 마음이 들어, 신자 세 명이 서 있는 신부님의 고해소 앞에 마지막으로 줄을 섰다.

다른 고해소에서는 많은 사람들이 재빨리 들락거렸지만 나는 편안하게 기다렸다. 마침내 내 차례가 되어 고해소로 들어가 칸막이가 있는 곳으로 가지 않고 신부님 앞에 놓인 의자에 앉았다. 죄를 고백하면서 나도 모르게 눈물이 뺨을 타고 흘러내렸다. 그러자 펠릭스 신부님은 손가락 끝으로 내 뺨의 눈물을 받으시더니 참으로 경건한 모습으로 이렇게 말씀하셨다.

"이 눈물 한 방울은 펠릭스 신부를 위해 봉헌하세요."

지금도 그 성스러운 순간을 생각하면 눈물이 난다. 아주 오래 전, 그 겨울 저녁에 그리스도의 손이 내게 닿았다는 것을 나는 믿어 의심치 않는다.

| 노스다코타 뉴 록퍼드에서 산드라 L. 니콜라이

예수님과 담소를

어릴 때 화해성사 혹은 고해성사로 알고 있던 이 성사는 나를 참 두렵게 했다. 매주 교리반에 참석하면서도 고해성사가 무엇인지, 고해성사를 보면 어떻게 되는지 이런 것들을 제대로 이해하지 못했다.
그저 떨리고 싫은 마음뿐이었고, 컴컴한 곳에서 보이지도 않는 신부님께 내가 잘못한 일들을 전부 말씀드려야 한다는 것이 정말 내키지 않았다. 그래도 좋은 쪽으로 생각해 보면, 그 창피한 이야기를 말하는 사람이 누군지 신부님은 모르신다는 것이었다.

1980년에 가톨릭 신자가 아닌 이혼남과 결혼했는데, 그는 첫 번째 혼인에 대한 원인 무효 판결을 받으려고 무진 애를 쓰고 있었다. 그런데 불행하게도 그 판결을 받으려고 세 번이나 시도하면서 결국 남편은 낙담하여 포기하고 말았다. 나도 절망하며 교회를 떠나게 되었다. 우리 이야기는 「101가지 묵주기도 이야기101 Inspirational Stories of the Rosary」라는 책에 '사랑의 표시'라는 제목으로 실려 있다.

비록 교회를 떠났지만 나는 계속 기도했고, 예수님과 그분의 사랑하는 어머니 성모님과 담소를 나누었고, 내 삶에 현존하시는 그분들을 항상 느낄 수 있었다. 교회에 나가지 않는 것도 조금 부끄러웠지만 내 처지와 죄 사함을 받을 수 없다는 것이 더욱 부끄러웠다.

1999년 여름, 나는 네브라스카주 오마하에서 개최된 호주 출신 치유사 앨런 에임스의 치유 미사와 강연에 참석했다. 앨런의 강연은 깊고 강한 호소력을 지녀서, 치유의 시간이 끝나자 참석자들은 거의 모두 고해성사를 보고자 했고 여러 신부님들이 대기하고 계셨다.

나는 고해성사를 보고 싶었고 신부님에게 내 상황을 상의하고 싶은 마음이 강하게 일었다. 고해소 앞에서 마치 영원처럼 느껴지는 기다림 중에도 전혀 두렵지 않았다.

마침내 내 차례가 되었다. 먼저 내가 처한 상황을 말씀드리자 신부님은 교회법에 어긋나므로 내 죄를 사해 주실 수 없다고 하셨다. 그러나 상담을 하고 함께 기도할 수는 있다고 하셨다. 나는 신부님께 개인적인 다른 문제들을 말씀드렸다. 그때 신부님은 물었다.

"오늘 치유 미사와 강연 내내 자리를 지켰습니까?"

내가 그랬다고 대답하자 신부님은 큰 소리로 감탄하시며 말씀하셨다.
"자매님은 정말 거룩한 신자군요!"
나는 그때 더 이상 눈물을 참을 수 없었다. 신부님의 감탄 어린 말씀에 이런 생각을 했다. '이렇게 죄 많은 내가, 죄 사함도 받지 못하는 이 죄인에게 이 훌륭한 신부님께서 거룩하다고 하시다니. 죄 사함을 받을 수도 없는 여인인 내가 어떻게 거룩할 수 있단 말인가?'
터져 나오는 울음을 참을 수 없었고, 신부님은 참으로 편안하고 친절하게 대해 주시며 혼인 무효 판결을 위해 내가 할 수 있는 것과 찾아가야 할 곳을 알려 주셨다. 우리는 함께 기도했다. 신부님께 감사드리고 계속 울음을 그치지 못한 채 고해소를 나왔다. 그리고는 남편을 설득해 다시 한 번 혼인 무효 판결을 신청하도록 했고 도와주실 만한 본당 신부님과 상의했다. 마침내 판결이 진행되었다.
어느 날 밤, 잠들기 전에 그날 하루를 뒤돌아보는 시간을 가져야겠다고 생각했다. 죄를 범한 날에는 내 방에서 무릎을 꿇고 예수님께 죄를 용서해 달라고 진심으로 간청했다. 그랬더니 놀랍게도 따뜻한 기운이 나를 감싸고 깊은 평화와 사랑이 느껴졌다. 그 후로 매일 밤 그런 시간을 가졌다.
2002년 사순절에 내가 다니는 네브라스카 파필리온에 있는 성 콜럼킬 성당의 스티브 신부님이 사순 시기에 실천할 사항과 고해성사를 주제로 말씀하셨다. 우리가 이따금 고해성사를 보는 것에 편안함을 느끼지 못한다는 사실에 덧붙여 어떻게 하면 편안하고 쉽게 고해성사를 볼 수 있는지를 알려 주셨다.
신부님은 우리에게 토요일 밤 잠자기 전에 무릎을 꿇고 성령께 자신이 일주일 동안 범한 잘못을 전부 드러내 보여 주시기를 청하라고 하셨다. 그리고 예수님께 우리의 잘못을 용서해 주시기를 청하는 진실한 기도를 올리라고 하시면서 말씀하셨다.
"여러분은 따뜻한 기운이 자신을 감싸는 것을 느끼고 예수님께로부터 오는 깊은 평화와 사랑을 느낄 수 있을 것입니다."
이것으로 고해성사를 대신할 수는 없지만 고해성사를 준비하는 데 도움이 될 거라는 말씀을 덧붙이셨다. 나는 놀라움을 금할 수가 없었다. 내가 성령의 인도를 받고 있다는 사실이 얼마나 기쁘던지.

2002년 11월 23일, 마침내 남편은 첫 번째 혼인에 대한 원인 무효 판결을 받았고 우리는 교회법에 따라 혼인성사를 거행했다. 드디어 나는 고해성사를 볼 수 있게 되었다. 몹시 흥분되었지만 전혀 떨리지는 않았다.

고해성사를 보러 가기 전에 지난 20년 동안 범한 모든 죄를 내 의식에 드러내 보여 주시기를 성령께 청했다. 그리고 정말 그렇게 되어 얼마나 감사하고 행복했는지! 그러나 동시에 성령께서 나에게 그렇게나 많은 죄를 보여 주셔서 얼마나 슬펐는지 모른다. 혹시 빠뜨리거나 당황하지 않도록 그것을 전부 쪽지에 적었다. 그리고 '스티브 신부님, 죄송해요! 고백하는 데 적어도 한 시간은 걸리겠어요!'라고 혼잣말을 했다.

눈물을 흘리며 모든 죄를 고백했다. 스티브 신부님은 인자하고 상냥한 분이었다. 신부님께서 내 모든 죄를 사한다고 말씀하시는 순간, 나는 순수한 기쁨으로 눈물을 흘렸고 그 무거운 죄가 전부 씻겨 사라진 것을 느꼈다. 나는 완전히 치유되었다.

요즘도 고해성사를 보고 죄 사함을 받으면 기쁘기 그지없다. 정말 깨끗해진 느낌을 갖는다. 모든 사람들이 이 좋은 기분을 느끼고 이 멋진 성사를 겁내지 않기를 바란다.

| 애리조나 카사 그랜드에서 테레사 캐롤 페티스

제 생각엔 …

고해소로 들어가서, 내가 화를 냈다고 고백했더니 신부님께서 즉각 이렇게 말씀하셨습니다.

"인간의 감정은 죄가 아닙니다. 화가 났을 때 어떻게 처신했는지, 어떤 식으로 대응했는지에 따라 죄가 될 수도 있고 죄가 안 될 수도 있습니다. 화가 났을 때 심한 말을 퍼부었습니까? 심한 말을 입 밖에 냈다면 그건 죄입니다."
이 말씀 덕분에 나는 양심 성찰을 잘하게 되었습니다.

| 루이즈 A. 해이던

나만의 불신

몇 년 전 우리 본당에서 사순절 복음화 교육이 있었다. 가야겠다는 생각이 없었는데, 친구가 혼자 가고 싶지 않다고 해서 같이 가기로 했다. 주님께서 나를 부르시기 위해 내 친구를 쓰셨다고 생각한다.
교육을 담당하신 예수고난회 소속 신부님은 신앙심이 아주 뜨거웠고 주님을 향한 사랑이 굉장히 깊은 분이었다. 나는 그 신부님의 말씀을 삼키듯 받아들였고 그 말씀의 진실함에 가슴이 떨렸다.
내가 참 보잘것없는 존재라는 느낌이 들어 한참 동안 고해성사를 보지 않았다. 주님께서 다른 모든 사람들을 나보다 더 사랑하시는 것만 같았다. 때로는 주님께서 같은 죄를 자꾸 범하는 나를 싫어하시는 것은 아닐까 하는 생각도 들었다. 그날 교육 중에 신부님이 그리스도 수난 십자가를 가리키며 단호하고 진지한 목소리로 이렇게 말씀하셨다.
"만일 이것이 여러분이 범한 잘못을 용서하기에 충분하지 않다고 생각한다면 여러분의 죄가 용서받을 길은 없습니다."
그 말씀을 듣는 순간 집채만 한 바위가 나를 덮치는 느낌이었다! 내가 하찮은 존재라는 느낌 때문에 주님께서 내 죄를 용서하지 못하시는 걸까? 예수님께서 그러실 마음이 없어서가 아니라 나 자신의 불신 때문에 내가 용서받지 못하고 있단 말인가? 나는 정신이 번쩍 드는 것 같았다. 주님의 용서를 내가 막고 있다니!

지금은 전과는 전혀 다른 마음으로 고해성사를 본다. 물론 쉽지만은 않다. 내 잘못과 생각 없는 행동들을 인정하기가 아직도 수치스럽다. 그러나 내 모든 죄를 던져 버리고 깊은 감사로 나를 채울 수 있는 넓고 깊은 자비의 바다가 있다는 것을 나는 안다.

언제나 기댈 수 있고 내 슬픔을 속삭일 수 있는 사랑 가득한 주님의 마음이 있다는 것을 이젠 안다. 아직도 주님을 사랑하는 완전한 삶보다 내 욕구를 채우려는 삶에서 벗어나지 못하고 있지만, 그렇기 때문에 계속 은총을 받으려고 애쓰고 있다.

| 코네티컷 뉴잉턴에서 앤 B. 카론

영혼과 정신의 청소

나이지리아의 코넬리아 코넬리 대학에 다닐 때 2주에 한 번 신부님이 오셔서 정기적으로 고해성사를 볼 수 있었다. 그런데 1986년인가 그 다음 해인가 어느 순간, 내가 그런 규칙적인 성사 생활에서 벗어나 있다는 것을 깨달았다. 뭔가 잘못되고 있었던 것이다.

그래서 어느 날 주님께 기도하며 다시 그런 신앙생활을 할 수 있도록 도와달라고 청했다. 주님께서는 내 기도에 응답해 주셨다. 고해성사를 생각할 때마다 느끼던 두려움이 사라지고 기쁜 마음으로 기다리게 된 것이다. 내가 다시 고해성사를 보기 시작했을 때 선교 사제인 라이언 신부님이 고해 사제였다.

다시 착실한 고해성사를 보기 시작하자 놀라운 일들이 일어났다. 고해성사를 볼 때마다 마음 깊은 곳에서 이전에 몰랐던 기쁨이 느껴졌다. 영적으로나 신체적으로 용기와 힘을 얻었고 두려움이 완전히 사라졌다. 그때 이후 나는 2주에 한 번씩 고해성사를 보는 것을 의무로 삼고 있다.

나는 주님께서 공짜로 주신 이 위대한 성사를 사랑하는 신자가 되었다. 이 성사로 나 자신은 물론 친구들과 화해하는 것이 참 쉬워졌다. 나는 정말 이 성사를 좋아한다! 나에게 고해성사는 영혼과 정신을 청소하는 도구다. 이를 경험한다면 당신도 은총 받은 사람이다.

| 나이지리아 카라바 아쿠와 이봄에서 마가렛 J. 애크판

널 위해 여기 있다

두려움과 절망, 외로움과 배신감에 진저리를 치며 내가 살던 곳에서 500km나 떨어진 곳에 와서 홀로 앉아 있었다.
'쉰다섯의 나이에 내가 어쩌다가 여기까지 오게 된 걸까?'
나는 두 번째 이혼을 하고 가족과 오랜 친구들을 뒤로한 채 딸이 사는 곳 근처로 이사했다. 너무나 외로웠고 배신의 고통과 상처로 아파하고 있었다. 고통에서 벗어날 수 있을 것 같지가 않았다.
미사 시각보다 조금 일찍 도착해서 어두컴컴한 성당 안에 홀로 앉아 있었다. 시간이 되자 불이 켜지면서 주위가 환하게 밝아졌다. 천천히 고개를 드는 순간 내 시선은 제대 뒤편에 있는 십자가의 부활하신 예수님 상을 향하고 있었다.
그때 갑자기 예수님께서 나에게 "내가 너를 안아 주마. 나는 널 위해 여기 있다. 아무 걱정 마라." 하시는 것을 느꼈다. 그분께서는 팔을 벌리고 나에게 오라며 손짓하고 계셨다. 거기 그분이 계셨고 나는 혼자가 아니었다. 내 마음에 아픔이 사라졌다. 그러나 앞으로 어떻게 살아야 할지 자신이 없었고 어떤 구원이 나를 기다리고 있는지 확신할 수 없었다. 나는 미사 중에도 예수님 상에 시선을 고정했다. 그리고 주님의 기도를 올릴 때 이런 응답을 받았다. "저희에게 잘못한 이를 저희가 용서하오니 저희 죄를 용서하시고…"라고 기도하는 순간 영혼 깊은 곳에 그 말이 닿았다. 나는 고해성사를 생각했고 그것이 내 새로운 삶을 위해 필요하다는 것을 알았다. 미사가 끝나 성당을 나오면서 내 삶이 바른 길로 돌아가기 위해 내가 할 수 있는 일은 고해성사를 보는 것이라고 느꼈다. 그 다음 주 내내 토요일 오후의 고해성사를 준비하며 기도했다. 그러면서 이런 생각이 들었다. '무슨 말을 해야 할까? 눈물을 흘리지 않고 고해성사를 마칠 수 있을까? 신부님께서 나를 인생에 실패한 사람이라고 생각하지는 않을까?'
몇 년 동안 고해성사를 보지 않았고, 새로 다니게 된 본당에서 신부님과 마주 앉아 고해성사를 본다는 것이 내키지 않았다. 유아 세례를 받은 신자로서 첫 고해 때처럼 칸막이가 있는 고해소가 마음이 편했다.
토요일이 되어 성당에 가서 최근에 성품을 받으신 러스 신부님을 찾아 고해소에 마주 앉았다. 몹시 두려웠다. 그러나 신부님은 아주 침착한 분이었고 나에게 위로와 용기를 주셨다. 통회의 기도를 하고 죄 사함을 받고 보속을 받았다. 그러자 수년 동안 느껴 보지 못했던 안도감이 찾아왔다. 이제 걱정할 필요가 없다는 것을 알았다. 주님께서 항상 내 곁에 계시니 앞으로 잘 될 거라는 생각에 마음이 편안해졌다.
내 영혼이 다시 태어난 그 특별했던 순간을 생각할 때 내 마음 깊은 곳에서 느껴지는 감정은 뭐라 말로 설명할 수가 없다. 그날 고해성사를 본 것이 얼마나 감사한 일인지. 그 덕분에 내 삶과 신앙을 바로 세울 수 있었다. 이제는 신부님과 마주 앉아 고해성사를 보는 것도 편안해졌고 이 특별한 성사의 도움을 자주 받고 있다.

| 인디애나 브라운스버그에서 캐시 A. 블룸

공기보다 가벼운

1987년, 나는 스무 살이었다. 유아 세례를 받은 신자였지만 수년 동안 성당에 나가지 않은 채 세상의 즐거움에 빠져 있었다. 그러나 내 속마음은 행복해 보이는 겉모습과 달랐다. 무언가가 계속 나를 신앙생활로 돌아가라고 재촉하고 있었다. 결국 나는 교회로 돌아가기로 마음먹었다. 그리고 먼저 깨끗한 마음으로 시작해야 한다는 생각에 고해성사를 보기로 했다. 사실은 정말 하기 싫었지만 마음 깊은 곳에서는 반드시 해야 한다고 말하고 있었다. 나는 두렵고 떨리고 무척 창피했다. 하지만 내가 저지른 그 모든 속되고 추하고 비뚤어지고 부도덕한 일들을 소리 내어 고백해야만 했다. 정말 쉽지 않은 일이었다.

메릴랜드 랜함씨브룩에 있는 성 마티아 성당에 고해성사를 보러 갔다. 고해 신부님은 키가 작고 나이 드신 분으로 언제나 온화한 미소를 짓고 계셨다. 내 죄가 오물보다 더 더럽게 여겨져서 고백하기가 너무나 힘들었다. 그렇지만 신부님은 그 어떤 비난의 말씀도 없이 잠자코 미소만 지으셨다. 그리고 내가 교회로 돌아온 것과 신앙 여정을 새롭게 시작하는 것이 얼마나 아름다운 일인가를 말씀해 주셨다.

그리고 그 순간 세상에서 제일 아름다운 일이 생겼다. 죄를 사한다는 신부님의 말씀을 듣자마자 온몸이 텅 비는 느낌이 들었다. 온갖 더러움으로 가득 차 무겁기만 했던 내 몸이 갑자기 공기보다 가벼워졌다. 누군가 그 더러움을 전부 가져간 것만 같았다. 그런 기분은 생전 처음이었다.

고해소를 나왔을 때 내 발이 바닥에 닿지 않고 둥둥 떠 있는 것만 같았다. 마치 헤엄을 치듯, 공중을 날아다니듯. 하느님의 놀라운 힘이 나에게 작용한 것이었다. 오늘도 나는 고해성사를 보러 뛰어 간다!

| 메릴랜드 엘크리지에서 에릭 G. 스몰

마음의 변화

만남이 짧아지고 드물게 만나다 보니 어느새 관계는 약화되고 있었다. 이탈리아계 미국인 1세대인 집안의 외동아들이었던 내 임무는 주로 전통과 네 번째 계명을 충실하게 지키는 것이었다. 그러나 나는 이것이 못내 불만스러웠다.

네 아이의 아버지로서, 경력과 책임감을 지닌 장교 군인으로서 나는 우리 아버지의 불필요한 잦은 비평과 즉각적인 지시가 전혀 고맙지 않았다. 아버지의 기대를 결코 만족시키지 못할 것만 같았고 아이들과 아내의 기대에도 그런 회의적인 느낌이 들었다. 우리 가족이 부모님을 방문할 때면 긴장감에 말다툼이 생겨 좌절감만 있었다. 그러다 결국 일이 벌어지고 말았다.

나이 드신 아버지가 아이들 가운데 한 녀석에게 무슨 잘못에 대해 주의를 주시는 것을 본 나는 그만 불같이 화를 내고 말았다. 내 생애 처음으로 아버지에게 목소리를 높이고 원색적인 말을 퍼부었다. 그것은 아버지의 심장에 칼을 꽂는 행위였다. 우리 아이들은 충격을 받았고 아버지는 상처를 받으셨다. 그리고 나는 몹쓸 자식이 된 것 같았다. 일이 수습이 안 된 채로 우리는 그 어느 때보다 서먹하게 헤어졌다. 최악의 상황이었던 것만은 분명했다. 시간과 거리가 상황을 나아지게 하지는 않았고 내 죄책감은 점점 커져만 갔다. 전화 통화로 심한 언쟁이 오갔고 승자는 없었다.

어느 주일 미사에서 집회서의 말씀을 들었을 때 내 아픈 상처에 뜨거운 숯덩이가 닿는 것만 같았다.

"너는 네 아비가 늙었을 때 잘 보살피고 그가 살아 있는 동안 슬프게 하지 마라. 그가 설혹 노망을 부리더라도 잘 참고 그를 대하고, 네가 젊고 힘이 있다고 해서 그를 업신여기지 마라."

나는 죄책감과 불안으로 고통스러웠다. 그 다음 주말에 우리 가족은 자주 가던 장소로 캠핑을 갔고 그 근처 성당에서 미사에 참례했다. 미사 전에 고해성사를 볼 수 있었고 내가 성사를 봐야 한다는 것을 알았다. 더 이상 죄책감에 시달리고 싶지 않았다.

그 본당의 마이크 윌슨 신부님은 언제나 열정적으로 미사를 집전하셨고 강론은 이해가 쉽고 감동적이었다. 무거운 마음으로 고해소에 들어가 신부님께 40년이 넘는 세월의 비참한 심정과 독선, 그 모든 것을 털어놓았다. 신부님이 어떤 말씀을 하실지 전혀 알 수 없었다.

일단 비난의 시선이나 엄한 말씀이 없어서 안심이 되었다. 마이크 신부님은 나를 이해한다는 눈빛으로 고개를 몇 번 끄덕이셨다. 그리고 신부님과 당신 아버지의 관계에 대해 언급하셔서 내 마음을 편안하게 해 주셨다. 또한 간략한 몇 마디 말씀으로 내 문제의 전체를 올바른 관점으로 보게 해 주셨다.

내가 느끼는 고통에 아버지에 대한 나의 사랑을 불어넣게 하셨고, 나에 대한 아버지의 관심에서 아버지의 사랑을 생각하게 해 주셨다. 마이크 신부님은 깊은 고통은 우리가 사랑하는 사람만이 주는 것이라고 보았다. 옳은 말씀이었다. 그리스도인의 위대한 역설의 한 부분을 깨닫게 되는 순간이었다. 왜 전에는 이것을 깨닫지 못했을까?

마이크 신부님은 인내하면서 조금 더 비판적이지 않도록 애쓰라고 하셨다. 죄를 사한다는 신부님의 말씀은 내게 위안을 주는 향기처럼 나를 씻어 주었다. 오랜 세월 나를 힘들게 했던 영혼의 짐을 벗어 던진 나는 완전히 변화되어 고해소를 나왔다.

그 이후 나는 아버지의 관계에 새로운 자세를 갖게 되었다. 물론 완전지는 않았지만 서서히 치유가 이루어졌다. 아버지의 황혼에 나와 아버지의 역할은 뒤바뀌었다. 내가 아버지의 지지자, 절친한 동료, 그리고 무엇보다 친구가 되었다는 점이다. 우리 부자의 마지막 만남은 웃음과 눈물과 기쁨의 시간이었다.

몇 년의 세월이 흘렀을 때, 마이크 신부님께 아버지와 나의 관계는 10여 년 전의 고해성사가 새로운 전환점이 되었다고 믿는다는 말씀을 드렸다. 신부님들은 고해성사에서 보여 주신 관심과 배려가 신자들의 마음의 변화를 가져오게 한다는 사실을 잘 모르는 것 같다. 나는 내 삶이 달라졌다는 이야기를 신부님이 듣고 싶어 하신다고 생각했다.

나는 종신 부제가 되어 요양원과 약물 및 알코올 중독 치료 센터에서 봉사하고 있다. 이곳에서 어려움을 겪고 있는 부모와 자녀의 관계를 볼 때면 내 이야기를 들려주고 그들의 이야기를 들으며 용기를 북돋아 준다. 오래 전에 마이크 신부님이 해 주신 지혜로운 말씀이, 서로의 관계로 힘들어 하는 사람들에게 희망과 화해의 씨앗을 끊임없이 심어 주고 있다.

| 메릴랜드 노스 비치에서 유진 K. 매스트란젤로

아이들에게 고해성사의 선물을 알려 주기

| 크리스티 게리스

열두 아이의 엄마로 남편 휴고와 26년 동안 행복한 결혼 생활을 하고 있는 크리스티는 1991년부터 홈스쿨링을 하고 있으며, 그 과정에서 아이들에게 성사를 가르치면서 많은 경험을 갖게 되었다. 이 글에서 그녀는 이론을 떠나 고해성사에 대한 효과적인 가르침을 알려 주고 있다.

내가 가톨릭 신앙을 받아들이기로 최종 결정을 내린 것은 우리 큰아이의 첫 고백을 준비할 때였다. 나는 십대부터 이따금 미사 참례를 했는데, 스물여덟 살이 되었을 때 고해성사를 통해 죄를 용서받고 은총을 얻는다는 말을 듣고 그런 성사를 보고 싶다는 생각이 간절해졌다. 그때 나는 네 아이의 엄마였고 다섯째를 임신하고 있었다. 첫아이의 세례 때 남편과 합의한 대로 아이들은 아빠의 종교를 따르고 있었다. 그로부터 얼마 지나지 않아 나는 막내에게 이 성사의 개념을 설명해야 할 현실과 마주쳤는데, 결과는 성공적이지 못했다. 그때 나는 모든 지식을 총동원해서 죄가 무엇이며 고해성사가 어떤 치유와 도움을 주는가를 열심히 설명했다. 나중에 홈 스쿨을 시작하면서 고해성사에 대해 더 많은 것을 알게 되었고 잘 가르칠 수 있는 효과적인 방법들을 찾아내게 되었다. 이 글의 말미에서 그 이야기를 여러분과 나눌 것이다.

• **타이밍이 중요하다**

우선 아이들이 죄에 대해, 죄가 마음에 어떤 나쁜 영향을 주는지에 대해 배워야 할 때가 되었다고 판단했을 때 내가 어떻게 했는지를 말하고자 한다.

아이들마다 그 시기는 달랐다. 그러나 아이들의 반응은 거의 비슷했는데 예수님이 자기 마음을 깨끗하게 해 주셨으면 좋겠다는 갈망이었다. 한 아이는 꽉 찬 세 살 나이에 첫 고백을 하기도 했다. 형제들이 고해성사하는 것을 유심히 지켜본 그 아이는 자기가 잘못한 것을 신부님께 꼭 말씀드려야 한다고 졸랐다. 신부님은 아이가 그렇게 원한다면 할 수 있다고 하셨다. 신부님은 제대 옆에 걸려 있는 성화 앞에 앉아서 우리 아이가 혀 짧은 소리로 작은 입술을 움직이며 고백하는 마음의 괴로움을 진지하게 들어주셨다. 나는 물론 그 아이가 무슨 말을 했는지 알 수 없지만 어린 고해자의 심각한 고백을 듣는 신부님의 두 눈이 빛나던 것은 기억하고 있다!

고해성사는 단순한 개념이지만 다루기 힘든 주제이며, 어린아이들에게 그 필요성을 가르치면서 겪는 어려움 앞에서 나는 다소 겁을 주었다. 아이들은 예외 없이 뭔가 잘못한 행동에 대해 자기가 한 것이 아니라고 말할 때, 자기 잘못을 잊은 것이 아니라 순간적으로 거짓말을 하고 있는 것이다. 아이는 어린 동생의 앞머리를 자기가 잘랐다고 시인하면 결과가 어떠리라는 것을 잘 알고 있다. 가위를 사용할 수 없게 되는 것이다. 그래서 아이들은 거짓말을 한다. 그런 거짓말을 하면서 죄를 짓는 것이다. 이것이 얼마나 심각한 것인가를 설명할 때, 나는 예수님이 전부 보고 계시고 전부 알고 계시며 그 때문에 슬퍼하실 거라고 말했다. 이런 방법은 아이가 자신의 행동을 시인해야 한다는 마음을 갖게 하고, 그 어린 나이에 너무 힘들지 않게 뉘우치는 마음을 가질 수 있도록 개선할 수 있는 보다 나은 방법이다.

이런 일을 처음 겪는 부모는 당황하지만, 아이의 나이에 맞게 문제를 단순화하고 간단히 시작할 수 있다.

• **외우기 쉬운 방법**

고해성사를 제대로 하려면 다섯 단계를 마쳐야 한다는 것을 대부분 알고 있다. 어느 교리 선생님이 학생들에게 첫 글자를 따서 외우게 하는 방법을 사용했다. 양·죄·다·신·보.

① 양심을 성찰한다.
② 죄를 범한 것을 후회한다.
③ 다시는 죄를 범하지 않겠다고 다짐한다.
④ 신부님께 죄를 전부 말씀드린다.
⑤ 보속을 받아 행한다.

이 다섯 단계는 고백을 잘하기 위한 기본이며 모두 다 중요하다.

딸아이 하나가 여섯 살이 되었을 때, 고해성사를 처음으로 가르치면서 이 다섯 단계에 따라 자세히 설명한 적이 있다.

나는 아이의 동그란 눈을 바라보고 있었다. 아이가 무슨 잘못을 했는지는 지금 생각나지 않지만 아이는 자기가 하지 않았다는 말을 하고 있었다. 그때 아이가 거짓말을 하고 있다는 것을 알고 마음이 무거웠던 기억이 난다. 나는 거짓말하는 아이의 심정을 잘 알고 있었다. 어렸을 때 초콜릿이 잔뜩 묻은 흰색 셔츠를 화장실 쓰레기통에 버리며 제발 엄마가 모르기를 기도했던 적이 있었다. 합창 연습을 하면서 초콜릿 칩을 먹다가 옷에 묻었는데 밤에 자려고 옷을 갈아입을 때 비로소 발견한 것이다. 그때 난 일곱 살이었고 분별력이 있을 만한 나이였지만, 가톨릭 신자가 아니었던 나는 고해성사라는 것이 있는지도 몰랐고 성사가 내게 어떤 유익함을 주는지도 몰랐다. 잘 준비된 고해성사를 보고 느끼는 좋은 기분과 삶에서 만나는 유혹을 극복하는 데 필요한 많은 은총을 몰랐다. 영혼의 죄를 짓고 비통한 느낌으로 수년 동안 살아왔던 것이다.

딸아이 앞에 쪼그리고 앉아 아이의 눈물 고인 예쁜 눈을 바라보았다. 아이가 죄를 지었다고 고백하도록 도우려면, 고백하고 나서 느끼는 그 해방감을 맛보게 하려면 어떻게 가르쳐야 할까? 아이는 여섯 살이었고 아직 고해성사를 할 만한 나이는 아니었지만 준비할 때가 되었다고 생각했다.

① 양심을 성찰한다
"있잖아, 예수님께서 네 마음 안에 살고 계시다는 건 알고 있지?"
아이는 고개를 끄덕였다.
"근데 너의 마음은 네 영혼의 창문 같은 거야."
나는 어떻게 하면 내 생각을 아이에게 잘 전달할 수 있을지 고민하며 잠시 말을 멈추었다. 그때 갑자기 영감이 떠올랐다.
"만약에 그 창문이 더러워지면, 정말 많이 더러워지면 어떻게 될까?"
"창문으로 아무것도 볼 수 없어."
아이의 목소리는 슬펐다.
"그러면 햇빛이 못 들어오니까 방이 깜깜해지겠지?"
"응, 해가 안 비치면 방은 아주 깜깜해."
내 말에 아이는 심각한 표정을 짓고 고개를 끄덕이며 대답했다.
"그러니까 거짓말을 하면 마음이 더러워진다고 생각해 봐. 네 마음은 영혼의 창문이거든. 엄마 말 안 듣고 집 안에서 막 뛰어다니면 어떻게 될까? 네 마음의 창문이 더 더러워지겠지? 그렇게 자꾸 더러워지면 네 마음 안에 계신 예수님께서 밖을 내다보실 수 없잖아. 예수님께서 어쩌면 이제 너를 떠나야겠다고 생각하실지도 몰라. 그런 일이 안 생겼으면 좋겠지?"
내가 조용히 물었다.

② 죄를 범한 것을 후회한다
　아이의 놀란 눈은 더 커졌다. 그리고 "안 돼, 예수님이 나를 떠나시면 절대로 안 돼!" 하면서 고개를 힘차게 저었다. 어깨 위에서 곱슬머리가 나풀거렸다.

③ 다시는 죄를 범하지 않겠다고 다짐한다
　"그래야지."
　나는 미소를 지으며 아이를 안심시켰다.
　"예수님께서도 너를 떠나고 싶어 하지는 않으실 거야. 그래서 예수님은 우리가 어떤 잘못으로 창문을 아주 많이 더럽게 해도 그걸 다시 깨끗하게 닦을 수 있는 방법을 마련하셨단다. 그게 뭔지 알고 싶니?"
　딸아이는 숨을 한껏 들이쉬고는 천천히 내쉬며 말했다.
　"응, 엄마, 알고 싶어."

④ 신부님께 죄를 전부 말씀드린다
　"그건 우리가 고해성사라는 걸 하면 되는 거야. 신부님께 우리가 지은 죄와 잘못한 걸 전부 말씀드릴 수 있단다. 동생의 머리카락을 잡아당긴 일, 엄마 이불을 가위로 잘라 구멍 낸 일, 또 어쩌다 거짓말한 일, 그런 걸 전부 말씀드리는 거야. 그러면 예수님께서 신부님을 통해 우리를 용서해 주시지. 그렇게 용서를 받으면 우리 마음은 다시 완전히 깨끗해지는 거야. 고백을 하고 나면 우리 마음은 반짝반짝 빛나게 되고 예수님께서는 다시 잘 보실 수 있게 되는 거란다. 예수님의 사랑이 우리에게 넘치도록 흘러서 우리는 아주 강해지고 다시는 쉽게 죄를 범하지 않게 해 준단다."
　"그럼 난 언제 고해성사를 할 수 있어?"

"이제 곧 할 수 있어. 조금만 기다리면 된단다. 그때까지 잘못한 게 있으면 예수님께 말씀드려. 그러면 용서해 주실 거야. 얼마 안 있으면 너도 고해성사를 볼 수 있고 그러면 예수님께서 네 마음을 깨끗하게 닦아 주실 거야."
딸아이는 거짓말을 했던 일이 곧 생각났는지 내 목을 껴안더니 귀에 대고 속삭였다.
"지금 예수님한테 용서를 빌고 싶은데 엄마가 도와줄 테야?"
우리는 함께 조용히 기도드렸다. 그때서야 아이는 안도의 한숨을 내쉬고 얼굴 가득 웃음이 피어올랐다.
"기분이 아주 좋아졌어, 엄마. 고마워! 그렇지만 예수님께서 내 마음을 빨리 깨끗하게 닦아 주셨으면 좋겠어!"
나도 딸아이가 하루빨리 고해성사를 볼 수 있기를 고대했다. 아이는 성사를 준비하면서 기뻐하고 신나 하며 그 아름다운 성사 안에서 예수님을 만나러 갔다. 그리고 고해소를 나오는 딸아이의 얼굴에서 나와 똑같은 기쁨을 엿볼 수 있었고, 이제 예수님의 집인 아이의 작은 마음은 세상에서 제일 깨끗한 창문을 갖게 되었다.

⑤ 보속을 받아 행한다

이 아이의 첫 고해성사에 이어서 동생들도 때가 되면 차례로 고해성사를 보게 되었고, 나는 예수님께서 내다보실 수 있고 우리의 영혼을 들여다보실 수 있도록 마음의 창문을 언제나 깨끗이 해야 하는 것이 중요하다는 이야기를 나머지 아이들에게도 해 주었다. 이런 설명은 아주 단순해서 아이들 모두가 쉽게 알아듣고 실천하는 데 도움이 되었다. 그러나 여러분의 아이들에게는 적용할 필요가 없을지도 모른다. 나는 상상력이 풍부한 사람이 아니어서 이 정도의 예를 들었지만, 이제 여러분에게 도움이 될 다른 이야기들을 나누고자 한다.

죄에 대한 비유를 선택하는 기본은 죄란 아주 나쁜 것이고 영혼에 상처를 주는 것이라는 데 초점을 두었고, 아이들이 더럽거나 아주 싫어하는 것과 관련된 것으로 택했다. 예를 들면 쓰레기 같은 것이다. 예수님께서 아이의 마음을 통해 밖을 보실 수 있다는 이야기 대신에 아이에게 죄를 지을 때마다 쓰레기가 하나씩 마음을 채우게 되고, 쓰레기 때문에 예수님이 네 마음을 떠나시기 전에 죄가 있는 마음을 비워야 한다는 것과 고해성사가 그렇게 하도록 도와주는 것이라고 설명하는 방법이다.

아이들이 커 가면서 우리는 양심 성찰에 대한 이야기로 이어지게 된다.

• 양심 성찰

아이들이 죄와 대죄, 소죄의 차이를 잘 인식하고 양심 성찰을 충실히 하도록 부모는 어떻게 도와줄 수 있을까? 전형적인 방법으로는 십계명을 가르치는 것이 좋다고 생각되며, 철저하고 분별 있는 양심 성찰의 기초로 적용할 수 있는 좋은 방법이 될 것이다.

「새로운 성 요셉 볼티모어 교리서The New St. Joseph Baltimore Catechism」 제1권과 2권에는 십계명에 대한 설명이 자세히 나와 있고, 제5권 「거룩한 믿음Our Holy Faith」의 '그리스도 안에서 그리스도처럼 살아가기Living like Christ, in Christ'에도 같은 설명이 되어 있다. 이들 교리서를 쉽게 구하지 못하는 사람들의 편의를 위해, 십계명이 아이들의 양심 성찰을 지도하는 데 어떻게 적용될 수 있는지를 간략하게 알려 주고자 한다.

십계명을 가르칠 때 우선 옳고 그름을 판단하는 데 도움이 되는 양심과 우리가 어떻게 양심을 갖게 되었는가에 대해 이야기를 시작하는 것이 좋다. 또는 아이에게 잘못인 줄 알고 저지른 일에 대해 아이가 어떻게 느끼고 있는가를 이야기하는 것도 좋을 것이다. 이것은 아이들이 우리가 설명하는 것을 더욱 구체적으로 이해하는 데 도움이 될 것이다.

다음으로 십계명이란 양심의 목소리를 더욱 힘 있게 하기 위한 하느님의 선물이라는 것을 말해 준다. 이 설명으로 아이는 십계명이 고해성사 전이나 잠자리에 들기 전에 하루를 생각해 보는 자기 성찰을 할 때 얼마나 훌륭한 기준이 되는가를 잘 이해할 것이다.

예수님께서 이 땅에 계실 때 우리에게 알려 주신 많은 진리들 가운데 두 가지 위대한 계명이 있다.

그 첫째는 "네 마음을 다하고 네 목숨을 다하고 네 정신을 다하여 주 너의 하느님을 사랑해야 한다." 이며, 둘째는 "네 이웃을 너 자신처럼 사랑해야 한다." (마태 22,37-39)이다.

예수님께서 이 두 가지 가르침 안에 십계명 전체를 완벽하게 함축시키셨다는 사실을 잘 모르는 사람들도 있다. 예수님께서 가장 중요하다고 분명히 말씀하신 첫째 가르침 안에는 처음 세 가지 계명이 포함된다.

① 한 분이신 하느님을 흠숭하여라. - 너희는 다른 신에게 경배해서는 안된다.

② 하느님의 이름을 함부로 부르지 마라.

③ 주일을 거룩히 지내라.

그리고 나머지 일곱 계명은 사랑의 계율로 간략하게 정리하셨다.

④ 부모에게 효도하여라.

⑤ 사람을 죽이지 마라.

⑥ 간음하지 마라.

⑦ 도둑질을 하지 마라.

⑧ 거짓 증언을 하지 마라.

⑨ 남의 아내를 탐내지 마라.
⑩ 남의 재물을 탐내지 마라.
아이들과 양심 성찰에 대해 말할 때 우리는 미사에서의 참회 예절을 생각하게 된다. 우리는 이렇게 기도한다.
"전능하신 천주와 형제들에게 고백하오니, 생각과 말과 행위로 많은 죄를 지었으며 자주 의무를 소홀히 하였나이다."(아이들은 대체로 잘못한 일에 생각을 집중하며 '의무를 소홀히 한' 점은 별로 생각하지 않는다.)

① 한 분이신 하느님을 흠숭하여라 - 너희는 다른 신에게 경배해서는 안 된다
아이들 중 한 아이가 부모의 말을 듣지 않으면 그 행동과 관련이 있는 계명을 들어 설명해 주는데, 언제나 첫 번째 계명으로 마무리된다. 하느님의 십계명 가운데 어느 한 가지라도 어긴다면 그것은 곧 우리가 원하는 것, 갈망하는 것을 하느님께 대한 순명보다 우선한 결과다. 그럼으로써 그분이 아닌 우리가 만든 우상과 욕망을 경배한 것이다. 이 개념은 아이들에게 다른 계명을 설명해 줄 때 마음에 새겨 두면 도움이 될 것이다.

② 하느님의 이름을 함부로 부르지 마라
경외심을 가지고 하느님의 이름을 부르거나 호칭을 사용하는 것이 중요하다는 점을 알려 주면서, 기도할 때도 그런 경외심을 갖는 것이 중요하다고 알려 주어야 한다. 그렇게 하지 않았다는 사실을 깨달았을 때는 고해성사를 보고 하느님께 은총을 청해야만, 다음에 더욱 경외하는 마음을 갖게 된다는 점도 말해 주어야 한다.

③ 주일을 거룩히 지내라

아이들에게 이 계명을 잘 이해시키기 위해 다음 몇 가지를 곰곰이 생각하도록 하면 도움이 될 것이다.

- 미사 중에 정말 열심히 하느님께 마음을 집중하려고 노력했는가?
- 쓸데없이 몸을 움직여 미사에 방해가 되지는 않았는가?
- 미사 중에 다른 사람들(예를 들면 형제들)에게 장난을 걸거나 말을 시키지는 않았는가?
- 미사 시간에 맞춰 성당에 갈 준비를 잘했는가, 아니면 나 때문에 식구들이 미사 시간에 늦지는 않았는가?
- 미사에 참례하기 위해 마음을 다해 준비했는가, 아니면 혹시 가지 않을 핑계를 찾지는 않았는가?

이런 질문은 아이들이 미사 중에 마음을 모을 수 있도록 융통성 있게 바꿀 수 있으며, 동시에 아이들이 유혹을 느끼는 것에 더 이상 죄를 범하지 않도록 하느님의 은총을 받을 수 있는 것이 바로 고해성사라는 사실도 알려 줄 수 있다. 미사 중에 아이들이 하는 행동에 따라 위의 질문을 적절하게 선택하면 좋을 것이다.

④ 부모에게 효도하라

이 짧고 단순한 계명에는 많은 것이 포함되어 있다. 아이들에게 부모는 권위를 대표하는 존재다. 오늘날의 사회에는 부모를 대신하는 사람들이 많다. 학교 선생님, 주일학교 선생님, 놀이방이나 탁아소에서 아이들을 돌보는 사람들, 또는 부모가 집에 없을 때 어린 동생을 돌보는 형이나 누나 등이다.

이런 사람들이 부모를 대신한다는 것을 아이들에게 이해시켜야 하며, 이들이 아이들의 행동을 부모에게 반드시 알려야 한다는 점이 중요하다. 그러므로 아이들이 혹시 자신들을 돌보는 사람들의 말을 듣지 않았다는 것은 곧 부모의 말을 듣지 않았다는 것과 같음을 알려 주어야 한다. 그러나 이렇게 말해 주는 것과 동시에 부모라면 시키지 않았을 일을 하라고 요구하는 어른의 말을 무조건 따라야 하는 것은 아니라는 점도 알려 주어야 한다. 만일 아이가 느끼기에 잘못된 것을 시키거나 그것이 둘만의 비밀이라고 한다면 아이에게 반드시 "안 돼요!"라고 말해야 한다는 것도 일러 주어야 한다.

여기에서 우리는 지켜야 할 비밀과 그렇지 않은 비밀을 구분해서 설명해 주어야 한다. 엄마의 생일 선물이 무엇인지는 비밀로 해도 좋지만, 엄마가 없는 사이 넘어져서 머리를 다쳤을 때 베이비시터가 비밀로 하라고 시키더라도 그것은 비밀로 하면 안 된다고 가르치는 것이다.

여러분도 알다시피 이 계명은 보이는 것처럼 그리 단순하지 않아서 시간을 두고 깊이 생각해 봐야 한다.

⑤ 사람을 죽이지 마라

이 계명을 어기는 일은 아이들에게 극히 드문 일이지만 아이들 수준에 맞게 여러 가지로 가르칠 수 있으므로 그냥 건너뛰려고 해서는 안 된다. 우리의 몸은 그리스도의 성전이며, 우리는 각자의 몸을 잘 돌보라는 명령을 받았다. 그러므로 우리는 아이들에게 이렇게 물으라고 가르칠 수 있다.

· 안전하지 않은 놀이를 한 적은 없는가?
· 밥은 잘 먹었는지 그리고 너무 많은 사탕을 먹지는 않았는가?

여기서도 아이들의 습관에 따라 이 계명에 대한 적절한 질문들을 만들 수 있을 것이다. 그리고 우리가 알아야 할 점은 이 계명이 사람을 죽이지 말라고 했지만, 반드시 사람에 한정된 것은 아니라는 점이다. 어린아이들에게 지구상에서 우리 인간은 지구를 잘 보호하고 특히 동물을 잘 보살피라는 명령을 받았다는 점을 알려 주는 것이 좋다. 혹시 아이가 책임지고 키우는 애완동물을 가지고 있다면 그 애완동물을 잘 보살피고 있는지, 못살게 굴거나 다치게 하지는 않았는지 등의 질문을 포함해야 할 것이다.

⑥ 간음하지 마라

아이들에게 이 계명을 어떻게 이해시킬 수 있을까? 얼마나 자세히 설명할지는 아이가 부모의 육체관계를 이해하는 정도에 따라, 이 부분에 대해 아이에게 어디까지 알려 주고자 하는지에 따라 달라진다. 가장 간단한 수준의 설명은 부모가 결혼한 사이이며, 남편은 아내하고만 잠자리를 해야 하고, 아내의 경우도 마찬가지라고 설명할 수 있을 것이다.

청소년기의 아이들이라면 생각과 행동의 정숙과 순결의 필요성과 중요성에 대해 설명해 줄 수 있다. 여기서도 아이들 각자의 상황과 이해 정도에 따라 아이들이 규칙적인 양심 성찰을 할 수 있도록 돕는 질문의 형태가 달라질 것이다. 우리 가족의 경우 딸들에게 그들이 선택해서 입는 옷이 이성에게 미치는 영향에 대해, 그리고 남자의 행동에 책임은 없으나 어떤 옷을 입는가에 따라 죄나 유혹의 원인에 대한 책임이 있다는 교육을 한다.

나이 든 아이들에게 우리는 인터넷에서도 그렇지만 음란한 영화나 잡지 등에 나오는 부도덕한 영상과 사진에 관심을 갖지 않는 것이 중요하다고 말해 준다. 이런 것에 도움이 되는 기도를 할 때 성녀 마리아 고레티는 훌륭한 모범이 된다.

⑦ 도둑질을 하지 마라

이 계명에 대해 아래 몇 가지를 물어보면 좋을 것이다.
- 다른 사람의 장난감이나 옷을 사용하기 전에 빌려 달라는 부탁을 했는가?
- 빌린 것을 조심해서 다루고 빌릴 때와 같은 상태로 돌려주었는가?
- 과자 상자에서 내 몫의 과자보다 더 많이 꺼내 먹지는 않았는가?

⑧ 거짓 증언을 하지 마라

이 계명에 대해 활용해서 사용할 수 있는 질문 몇 가지를 소개한다.
- 창문이 깨졌을 때 내 잘못도 있다고 시인했는가, 아니면 아무 말도 하지 않고 친구들에게 모든 책임을 떠넘기지는 않았는가?
- 친구에 대해 사실이 아닌 이야기를 해서 주의를 끌거나 웃음거리로 만들지는 않았는가?
- 사실이건 아니건 다른 친구의 이야기를 듣고 그 이야기에 포함된 사람의 잘못을 비웃지는 않았는가?

⑨ 남의 아내를 탐내지 마라

이 계명 역시 순결에 대한 이야기를 들려준다. 아이들이 데이트할 나이가 되면 더 깊이 생각해서 이야기해 줘야 한다.

⑩ 남의 재물을 탐내지 마라

마지막으로, 다른 몇 가지 계명은 어린아이들 수준의 양심 성찰에서 설명하기 다소 어렵지만, 이 계명은 그보다는 쉽게 설명할 수 있다. 우리는 누구나 다른 사람이 가진 어떤 것을 부러워한다. 그러나 부러워하는 것과 다른 사람이 가진 것을 내가 가졌으면 하는 바람에는 차이가 있다. 이 계명의 요점은 바로 그것이다.

아이들은 우리가 가진 것으로 행복하기보다 갖지 않은 것에 더 마음을 쓰게 되면 결국 일곱 번째 계명을 어기게 된다는 것을 이해할 필요가 있다. 아이들이 은총을 받은 것들에 감사하고, 자신이 가질 수는 없지만 우리가 좋아하는 것을 다른 사람이 가졌다는 것에 행복해 하는 겸손함을 배우는 것이 매우 중요하다. 손위 형제들과 함께 자라는 아이들에게 아직 나이가 어려서 할 수 없는 것들이 있다는 것을 이해시킬 때 이 계명을 적용할 수 있다.

※ **아이들이 규칙적으로 고해성사를 보도록 격려하는 세 가지 방법**

① 이 소중한 성사를 규칙적으로 받도록 하기 위한 가장 좋은 방법은 우리 자신이 모범이 되어야 한다. 어른인 우리가 고해성사를 자주 보지 않으면서 아이들이 자주 고해성사를 볼 것이라고 기대할 수는 없다.

② 집에서 가까운 성당을 정해 놓고 고해성사를 본다면 너무 멀다는 이유로 고해성사를 미루는 변명은 하지 않게 될 것이다.

③ 어떤 가족들은 칸막이가 있는 고해소를 이용할 수 있는데도 본당 신부님께 고해성사를 보지 않으려고 한다. 이런 생각은 다음번에 신부님이 자기를 보면 어떡하나 하는 식으로, 아직 자신감을 얻지 못한 어린아이들에게 겁을 먹게 하는 결과를 가져올 수 있다. 신부님은 과자 상자에서 과자를 훔쳐 먹었다고 고해한 아이가 몇 번이나 그런 짓을 했는지 기억하지 못할 것이다.

거룩한 문

전화벨 소리에 잠이 깼다. 나는 온몸에 기운이 빠져 일어설 수조차 없었다. 대희년 3월 4일 토요일, 면도를 하고 병원으로 향했다. '네 명의 순교자 언덕The Four Crowned Martyrs'을 올라가며 이런 생각을 했다. '다음 번에는 로마에서 우리 아이들 중 하나가 목이 부러질 것이다. 이번에는 줄리안 차례다.'

병실에 도착해 보니 환자의 아침 식사를 도와주는 가족을 위해 문이 열려 있었다. 레이첼은 보조 기구를 벗고 누워 있었다.

레이첼이 양치질하는 것을 도와주고 있을 때 담당 의사가 들어와서 엑스레이 필름이 들어 있는 하얀 봉투를 내밀었다. 일주일 전에 레이첼이 이곳 로마에서 아피아가도를 건너다가 오토바이에 치였고, 의사는 지금 그 검사 결과를 알려 주고 있다. 의사는 월요일에 레이첼을 미국으로 데려가는 데 필요한 의료 조치로 서류에 서명해야 한다고 말하면서, 레이첼에게 약품이 아닌 부신 피질 호르몬제 프레드니손을 투여했으면 한다고 말했다. 주님의 섭리로 마침 로마에 있는 미국인 외과 의사가 프레드니손 투여를 제의했다는 것이다. 그러나 치료제가 바뀐다는 것이 걱정스러웠다.

면회 시간이 끝날 때까지 레이첼의 머리를 빗겨 주었다. 레이첼의 점심 식사를 도와주러 수녀님들이 오셨다. 면회 시간이 끝나고 수녀님과 함께 샌드위치 가게로 갔다. 딸아이를 집으로 데려가려면 무척 바쁜 일요일이 될 것이며 레이첼의 짐을 꾸리자면 학교 담당자를 만나야 했다. 나는 수녀님께 성 베드로 성당에 토요 특전 미사가 있는지를 물었다.

"아뇨, 미사는 없어요. 그렇지만 고해성사를 보실 수는 있어요. 우리가 레이첼을 목욕시키러 3시에 병원으로 가니까 그때까지 시간이 있어요."

"수녀님, 저는 지난 토요일에 여기 오기 전에 고해성사를 봤고 그때부터 지금까지 죄를 범할 시간도 없을 정도로 바빴어요."

수녀님들은 웃음을 터뜨렸다.
"그러시다면 성사의 은총을 받으셔야죠."
수녀님은 내 쪽으로 몸을 숙이더니 미소 지으며 말했다.
"베드로 성당에는 세상에서 영어를 제일 잘하시는 고해 신부님이 계시거든요."
"정말입니까?"
"그럼요. 거긴 성 베드로 성당인걸요."
잠시 말이 없으시더니 수녀님이 다시 이렇게 말했다.
"그 신부님은 이탈리아어, 영어, 몰타어까지 하시죠. 성 베드로 성당에서 고해소 문에 몰타어라고 쓰여 있는 분은 그 신부님뿐이세요. 거룩한 문으로 들어가셔서 오른쪽 제대로 가세요. 그러면 거기 그분이 계실 거예요."
수녀님은 장난스럽게 손가락을 흔들었다.
"그렇다면 레이첼에게 가서 말한 다음에 가겠습니다. 6시 저녁 면회 시간에 맞춰 돌아와야겠어요."
"시간은 충분할 거예요."
우리는 병원으로 돌아가 레이첼에게 내가 어디에 가는지 설명했다. 딸아이는 기뻐하며 내게 카메라를 건넸다. 나는 택시를 타고 성 베드로 성당에 도착해서 사진을 한 장 찍었다. 필름은 그것이 끝이었다. 그리고 계단을 올라갔다.
'거룩한 문으로 들어가서 왼쪽으로 가면 고해소가 있다.' 혼자 이렇게 중얼거렸다. 그리고 거룩한 문에서 무릎을 꿇고 레이첼을 위해 기도하고 나서 왼쪽으로 갔다. 벌써 4시였고, 고해소마다 사람들이 줄을 서 있었다. '몰타어'라고 쓰여 있는 고해소를 찾다가 나는 미국인 외과 의사 렌의 아내를 우연히 만났다.
"안녕하세요? 렌도 여기 왔습니까?"
그녀는 뒤돌아서 깜짝 놀라며 물었다.
"레이첼한테 무슨 일이 생겼어요?"
"아닙니다. 고해성사를 보러 왔습니다. 그런데 렌에게 할 말이 있어서요."
"우리가 여기 있는 걸 어떻게 아셨어요?"

그들 부부를 거기에서 만난 것은 참 잘된 일이었다. 그녀의 남편 렌은 다른 의사가 레이첼에게 투여하겠다는 약품에 대해서는 들은 바가 없다고 하면서, 미국에서 모든 약물치료를 검토할 내과의를 찾으라고 말했다. 그런 다음 내가 영어를 잘하는 고해 신부님을 찾는다고 하자 그들 부부는 깜짝 놀라며 그 고해소는 제대 '오른쪽'에 있다고 하는 것이었다. 그쪽 고해소에도 사람들이 줄을 서서 기다리고 있었다. 나는 고해소 문마다 기웃거리며 맨 끝에서 두 번째에 이르러 '이탈리아어, 영어, 몰타어'라고 적힌 문을 찾아냈다. 고해소 앞에는 한 사람이 서 있었다. 그 남자의 어깨를 살짝 건드리자 그가 돌아보았다.
"여기서 뭐 하세요? 레이첼한테 무슨 일이라도 있습니까?"
그 남자는 학생 주임이었다.
"아니, 괜찮습니다. 전 여기 고해성사를 보러 왔습니다. 주님께서 전화를 걸지 않아도 되게 해 주셨군요."
딸아이의 짐을 꾸리는 일을 자세히 그리고 신속히 의논했다. 그리고 그에게 물었다.
"이 고해소에서 성사를 본 적이 있습니까?"
"아니오."
"세상에서 영어를 제일 잘하시는 고해 신부님이시랍니다."
그러자 그는 걱정스러운 얼굴로 변했다.
"아무래도 우리, 양심 성찰을 해야 할 것 같은데요."
우리가 2분 쯤 기다린 다음 그의 차례가 되었다. 나는 거기 서서 내가 얼마나 보잘것없는 존재인가를 깨닫고 있었다. 주님께서 나를 이토록 살뜰하게 배려해 주시는데 나는 얼마나 부끄러운 죄인인가. 레이첼이 사고를 당해 고통스러워할 때 나는 왜 하필 내 딸이 그런 일을 당해야 하는가 하며 괴로워했다. 결국 눈물을 흘리며 흐느껴 울기 시작했다. 내 곁에는 아무도 없었다. 나는 성전에 있는 죄인이었다. 울음을 그치려고 애를 썼다. 학생주임이 창백한 얼굴로 고해소를 나왔다. 나는 고해소로 들어가서 무릎을 꿇고 성호를 그으면서도 흐느끼고 있었다. 그리고 내 생전 처음 듣는 낭랑한 목소리가 들려왔다.

"괜찮아질 겁니다."
"신부님, 고해를 하기 전에 제 딸에 대해 말씀드려야겠습니다."
나는 훌쩍거리며 말했다.
"형제님의 따님에 대해서 저도 알고 있습니다. 수녀님이 말해 줬습니다. 매일 따님을 위해서 기도하고 있습니다."
신부님은 노래하는 듯한 목소리로 말씀하셨다. 그 말씀을 듣고 더욱 흐느끼며 지금까지 딸의 진료를 위해 필요한 의사를 수없이 찾아다니며 이탈리아어로 욕설을 퍼부었다는 말씀을 드렸다.
"그 밖에는요?"
한참동안 말을 못하고 있다가 내 마음 깊은 곳에 딸아이를 친 오토바이 운전자를 향한 분노가 자리 잡고 있다는 말씀을 드렸다. 신부님은 나를 설득하듯이 이렇게 말씀하셨다.
"그건 사고였어요, 사고! 주님께서 따님에게 그런 일이 생기는 걸 원하신 게 아니었다고요."
나는 묵주기도 환희의 신비를 바쳐야 하는지 물었다.
"주님께서 원하시는 건 그런 게 아닙니다. 주님께서는 형제님이 후회하기만을 원하십니다. 원하시는 건 오직 그것뿐입니다. 다른 희생이 아니라 형제님의 후회하는 마음입니다. 따님의 일로 더 많은 슬픔이 있을지도 모릅니다. 그런 슬픔이 있더라도 그것을 하느님께 희생으로 봉헌하세요. 이탈리아 말 '코라죠 corragio' (용기)가 무슨 뜻인지 아시죠? 형제님과 따님은 용기를 가져야 합니다. 힘내세요! 코라죠!"
나는 더욱더 흐느껴 울었다. 신부님은 보속을 주시고 천천히 힘주어 말씀하셨다.
"주님을 믿으세요."
나는 여전히 흐느끼며 고해소를 나왔다. 몰타 출신으로 보이는 수녀님 한 분이 서 있다가 내 얼굴을 보더니 깜짝 놀라는 표정을 지으셨다. 나는 무릎을 꿇고 보속을 했다. 사람들이 나를 보고 속으로 '주님, 저 사람만큼 죄를 짓지 않게 해 주셔서 감사합니다!' 하는 것처럼 보였다. 주님의 기도를 하는 중에 "땅에서도 이루어지소서!"라고 기도하는 순간 눈물이 멈추었다. 그리고 아픈 마음이 사라졌다.

이렇듯 예상치도 못하게, 대희년에 거룩한 문을 통과하고 진실한 고해성사를 보았던 것이다. 좋으신 주님께서는 그 무서운 사건으로 그분의 나라를 보게 하셨고 지난날의 죄에 대한 처벌을 면해 주셨다.

그날 성 베드로 성당에서 몸져누워 있는 딸의 치유를 빌며 무릎을 꿇은 오늘날의 야이로는 그리스도를 만났고 이러한 사실을 발견했다 (루카 8,40-56 참조).

'두려워하지 마라. 필요한 것은 믿음이다.'

그 순간 나는 고해성사의 은총을 가득히 받았다.

| 오클라호마 브로큰 애로우에서 마이클 F. 루소

나는 용서받았다

남편과 약혼했을 때였다. 그는 군대를 따라 독일로 가게 되어 우리는 언제가 될지 모를 시간 동안 헤어져 지내야 했다. 그가 떠난 뒤에 임신한 사실을 알게 된 나는 이를 알리고자 편지를 보냈지만 아주 오랫동안 아무런 답장이 없었다. 할 수 없이 부모님께 임신했다는 말씀을 드렸고 부모님은 임신 중절 수술을 강력히 권하셨다. 당시 나는 열아홉 살이었고 너무나 두렵고 혼란스러워 결국 부모님이 원하시는 대로 하고 말았다.

수술을 받고 나서야 그에게 연락이 왔다. 내가 임신했다는 편지를 보냈을 때 야전 중이어서 한참 후에야 내 편지를 받았다고 했다. 또한 나를 사랑하고 있으며 돌아가는 대로 빨리 결혼식을 올리자고 했다. 나는 수술받은 것을 후회하며 아이가 유산되었다고 했다. 그가 돌아왔을 때 우리는 결혼식을 올렸다.

그러나 가톨릭교회에서 혼인성사를 받지는 않았다.

유아 세례를 받았지만 신앙생활을 하지 않았던 남편은 1997년 가톨릭교회로 다시 돌아왔다. 나는 예비신자 교리를 받았고 가톨릭 신자가 될 수 있었다. 그러나 내 신앙 여정이 계속되기 위해서는 오랫동안 나를 괴롭히던 죄를 고백해야 한다는 것을 알았다.

남편은 내가 고해성사를 두려워한다는 것을 이해했고 내 마음을 편안하게 해 주려고 애를 썼다. 마침내 떨리는 마음으로 고해소로 들어가 신부님 앞에 앉았다. 나는 신부님께 고백하며 울음을 터뜨리고 말았다. 낙태한 사실과 혼전 관계, 그리고 남편에게 거짓말한 것을 깊이 후회한다고 고백할 때 다시 열아홉 살로 돌아간 것 같았다.

신부님이 앉아 계신 곳에 마치 예수님께서 앉아 계신 것만 같았고 나에게 죄를 용서한다고 말씀하시는 것 같았다. 지난 일은 모두 잊으라 하시고 내 죄를 사해 주시는 것처럼 느껴졌다. 마치 "환영한다!"라고 말씀하시는 것만 같았다. 그 순간 말할 수 없는 평화가 나를 감쌌다. 남편은 내가 고해소를 나올 때 빛에 감싸인 것처럼 보였다고 하면서, 예수님께 고백을 성실히 했기 때문이라고도 했다.

나는 1997년 부활 대축일 전야에 세 아이와 함께 가톨릭 신자가 되었고 우리 부부는 혼인성사를 받았다. 아주 오랫동안 마음에 남아 있던 죄에서 풀려났기에 정말 행복했다. 우리 부부는 29년 동안 결혼 생활을 하며 세 아이와 일곱 손자를 두었다. 우리 모두는 가톨릭교회의 일원이다.

| 오클라호마에서 익명의 신자

반짝이는 눈동자

가톨릭으로 개종한 지 9년쯤 되었을 때였다. 어느 날 책꽂이에서 먼지가 잔뜩 쌓인 책 한 권을 꺼냈다. 제목은 「성모님의 여러 모습Many Faces of Mary」이었다. 성모님께서 어디에서 어떤 모습으로 발현하셨는지를 상세히 기술한 흥미로운 책이었다. 한 여인이 다양한 모습으로 나타났다는 이야기는 무척 흥미로운 동시에 궁금증을 자아내기도 했다.

이것은 주님의 은총이었다. 아내는 성모님의 기사가 나오면 내가 볼 수 있는 곳에 놓아두곤 했다. 내가 성모님에 관한 또 다른 책을 읽고 있는 것을 알고 있던 아내는, 시애틀에서 북쪽으로 40km쯤 떨어진 에버렛에서 성모 마리아를 주제로 강연이 있다는 소식을 주보에서 보았다고 했다. 그것도 주님의 뜻이었다. 내가 읽고 있던 책의 저자도 그 강연에 참석했던 것이다.

강연은 잘 진행되었고 주요 발표자 가운데 한 분이 덕망 높은 스테판 바함 신부님이었다(주님, 그 사제의 영혼에 안식을 주소서). 그 신부님은 상냥하고 재미있는 분이었고 심각한 청중들을 즐겁게 해 주셨다. 그분이 웃으면 모두가 웃었다. 그 웃음은 퍼져 나가는 음악이었다. 동·서방 교회를 꿰뚫고 계신 신부님은 어떤 것에도 거리낌이 없으셨다.

강연 휴식 시간에 아내는 내게 고해성사를 보라고 권했다. 아내 자신도 고해성사를 본 지 오래되었다고 하면서 나도 고해성사를 보는 편이 좋을 것 같다고 조심스레 설득했다.

말없이 줄을 서 있는 사람들이 50명가량 되었는데 여러 신부님들이 성사를 주고 계셔서 내 순서는 놀랄 만큼 빨리 다가오고 있었다. 신부님들은 두 개의 작은 방에 칸막이를 한 작은 공간에 계셨다. 기다리는 중에 눈이 반짝반짝 빛나는 키 작은 수녀님과 짧게 이야기를 나누었는데, 수녀님은 이 성사로 많은 은총을 받게 된다면서 특별히 나를 위해 기도하겠다고 했다. 메리언 고이키 수녀님, 감사합니다(영원한 안식을 주소서).

내 차례가 되어 고해소로 들어가니 바함 신부님이 앉아 계셨다.
"용서하세요, 신부님. 저는 가톨릭으로 개종한 이후 한 번도 고해성사를 보지 않았습니다. 이번이 첫 고백입니다."
신부님은 아버지처럼 성사를 주셨고 마지막에 미소 지으시며, 조금 전에 만난 메리언 수녀님처럼 반짝이는 눈동자로 죄 사함을 주셨다. 그리고 나서 무릎을 치시며 장난스럽게 아주 큰 목소리로 말씀하셨다.
"너무 뜸하게 고해성사를 보지 마세요. 그러면 고백할 게 많지 않을 겁니다!"
그러시더니 큰 소리로 웃으셨다. 나는 너무도 당황스러웠다. 나중에 다른 사람들이 그 큰 웃음소리에 대해서 이런저런 말들을 할 정도였다. 웃음소리가 얼마나 컸던지 온 방을 울리고, 아래층 홀을 울리고, 강당까지 울려 퍼졌다고. 이따금 그날 일을 생각하면서 그 작은 수녀님이 나를 위해 어떤 기도를 하셨는지 궁금해진다. 그 주말은 나를 순례자가 되게 했고 아름다운 가톨릭 신앙 안에서 계속 성장할 수 있는 마음의 개종이 시작된 날이었다. 하느님의 은총은 지금도 신비로운 방법으로 내게 작용하고 고해성사를 보는 것은 언제나 즐거운 일이 되었다.

| 워싱턴 커클랜드에서 론 벨터

주님의 평화를 청하며

내 이름은 브리언 곤잘레스이며 캘리포니아 레이크 엘시노어에 살고 있다. 가톨릭으로 개종한 지 19년이 되었고 '로마의 성 프란치스카 성당'에 다니는 다섯 아이의 엄마다.
22년간의 결혼 생활 동안 시어머니를 모시고 산 지는 20년 6개월이 되었다. 힘든 날도 있었지만 좋을 때도 있고 그렇게 긍정적인 면을 보며 살려고 애쓴다.

2003년 2월에 나는 심각한 심리적 고통을 겪었다. 겉으로 보기에는 항상 즐겁고 행복해 보였지만 내 마음의 상처는 아주 깊었고, 나는 속으로 눈물을 삼키고 있었다. 시어머니는 기분이 좋을 때는 내게 잘해 주셨지만 화가 나면 심술을 부리며 아이들에게까지 나에 대한 막말을 서슴지 않으실 정도였다.

어쨌든 남편의 어머니이고 남편의 기분을 생각해서 오랫동안 참고 지냈다. 그러나 그해에는 정말 참기 힘든 지경까지 이르면서 마음의 고통을 겪게 된 것이었다. 나는 시어머니에게 맞서거나 앙심을 품을 만큼 독한 성격은 아니었고 그저 집안이 평화롭고 화목하기를 바랄 뿐이었다. 그래서 고해성사를 보기로 했다. 마틴 신부님 앞에 앉자 감정이 북받쳐 올라 울음이 터져 나왔다. 신부님께서는 말없이 고백을 들어주셨다. 시어머니에 대한 불만을 토로하지는 않았다. 그러나 시어머니에 대한 내 감정에 죄책감을 느낀다는 말씀을 드렸다. 고백이 끝나자 신부님은 많이 놀라신 표정으로 말씀하셨다.

"겉으로는 행복해 보이는 사람이 그런 괴로움을 안고 있다니 상상도 못할 일이에요!"

신부님은 주님께 평화를 청하라는 말씀을 하셨고 나는 고해소를 나왔다. 하지만 모든 감정과 괴로움을 고백하고 죄 사함을 받았는데도 내 마음은 여전히 무거웠다. 그렇게 멍한 상태로 성당을 나오려다 주님께 평화를 청하는 기도를 깜빡 잊었다는 생각이 들었다.

나는 무릎을 꿇고 기도했다. 그리고 기도를 끝내고 일어서는 순간 내 몸은 완전히 달라졌다! 평화가 온몸을 가득 채우고 가슴을 아프게 하던 통증이 사라진 것이었다! 그날의 행복감과 평화로움을 절대로 잊지 못할 것이다. 그렇게 치유된 나는 다시는 그리 마음이 아프지 않았다.

| 캘리포니아 레이크 엘시노어에서 브리언 L. 곤잘레스

잊을 수 없는 날

2005년의 성금요일, 그날은 내 인생이 바뀐 날이었다. 그날 고해소를 나올 때 20년 동안 내 영혼을 괴롭히던 고통을 더 이상 느낄 수 없었다. 완전히 사라졌다. 전에는 한 번도 느껴 본 적이 없는 평화 그 자체였다. 형언할 수 없는 평화로움이 나를 압도했고, 그런 내면의 고요함은 처음 맛보는 것이었다.

그날 아침 주님의 자비로움을 만난 것은 너무나도 현실적이어서, 내 삶이 그 순간을 위한 것이었다 해도 나는 주님과 마주하는 것을 두려워하지 않았을 것이다. 나는 용서를 받았고 그분의 사랑이 나를 감싸 안으신다는 것을 알았다. 그날 고해성사를 보기 전에 내 죄가 어느 정도로 내 삶을 조종하고 나를 무력하게 하는지 깨닫지 못했다.

그 잊을 수 없는 날에 주님께서는 수년 동안 나를 짓누르던 무거운 죄를 솔직하게 고백하는 데 필요한 힘을 주셨다. 신부님이 보속을 주시며 내 죄를 사해 주셨다. 깊은 평화를 갖기 위한 열쇠는 이처럼 간단했다.

고해소를 나오면서 많은 세월 동안 범한 내 죄에 비해 보속이 너무 가볍다는 생각을 했다. 며칠 혹은 일주일 정도는 해야 할 보속을 주실 것이라 예상했는데, 신부님은 그날 저녁 성금요일 예절에 참석해서 십자가에 손을 대고 내 죄를 그곳에 두고 오라 하셨던 것이다. 너무 쉬운 보속인 것 같았다. 그렇지만 그 보속이 내 삶을 바꿀 또 다른 중요한 역할을 하리라는 것을 곧 깨달았다.

그날 성당에서 십자가 경배를 하려는 사람들과 함께 줄을 섰다. 내 차례가 되어 그 거친 나무에 손을 올려놓았다. 바로 그 순간 눈물이 쏟아지면서 나를 너무나도 사랑하시는 주님께서 나를 위해 무엇을 해 주셨는지를 이해할 수 있었다.

그 순간을 생각하면 지금도 눈물이 흐른다. 우리를 향한 주님의 사랑은 너무나도 깊어서, 우리가 아무리 극악한 죄를 범해도 그분께서는 언제나 우리를 용서할 준비를 하고 계신다. 우리가 해야 할 일은 깊이 후회하는 마음으로 그분께 가서 우리에게 쏟아지는 그분의 자비로움을 받기만 하면 된다. 그날 십자가를 가슴에 안았을 때 베드로 성인의 말씀이 현실이 되었다.
"그분의 상처로 여러분은 병이 나았습니다."(1베드 2,24)

| 펜실베이니아 이리에서 수잔 루터런

왼쪽 고해소

1960년대 말, 일곱 살이었던 나는 첫 고해를 했다. 성 보니파시오 성당 고해소는 무척 캄캄했고 나는 잔뜩 겁을 먹고 있었다. 기도문을 전부 외웠고, 고해성사를 보는 순서도 기억하고 있었지만, 도저히 내 죄를 고백할 수 없어서 한 가지 **죄를 지어냈다.**

다음 학년 동안 부모님은 내가 율동반 아이들과 고해성사를 보고 있다고 생각하셨지만 나는 계속 피하고 있었다. 고등학교 2학년이었을 때, 친구 수잔이 고해성사를 보고 와서 얼마나 기분이 좋은지를 말해 주었다. 그러더니 용서받는 그 느낌을 나도 알아야 한다면서 고해성사를 보라고 강력히 권했다.

그래서 고해성사를 보러 갔지만 그곳은 변함없이 너무 어둡고 추운 곳이었다. 무슨 말을 해야 할지 잊었고 통회의 기도조차 생각나지 않았다. 고해성사를 보고 나서도 수잔이 그토록 좋다고 말하던 그 기분은 맛볼 수 없었다. 그렇게 나는 대학 2학년이 될 때까지 고해성사를 보지 않았다.

미네소타주 오나미아에서 TEC 주말 피정 중에 고해성사를 보았다. 신부님과 마주한 고백이었고, 밝은 곳이었지만 그 어두컴컴한 고해소보다 나을 것도 없다는 생각이 들었다. 대학 재학 중에 몇 번 더 고해성사를 보긴 했지만 고해성사의 중요성에 대해 더 이상 생각하지 않게 되었다. 결혼 전에 약혼자와 함께 고해성사를 보라는 신부님의 말씀도 듣지 않았다.

그리고 8년 후, 성당에서 알게 된 친구 카렌이 고해성사의 의무를 다하고 성탄 미사에서 성체를 모셔야겠다고 했다. 나는 아무 말도 할 수 없었다. 일곱 살 때부터 주일 미사에 빠지지 않았고 영성체도 거르지 않았지만, 성체를 모시기 전에 내가 은총 중에 있어야 한다는 점에서 나는 뭔가 잘못하고 있었던 것이다. 깊이 생각하게 되었다. 죄를 짓고 고해성사를 보지 않으면서 어떻게 영성체를 할 수 있는가? 나는 용기를 청하는 기도를 하고 주일을 기다렸다. 그리고 친구에게 고해성사 보는 순서를 잊었다고 말하자, 그 친구는 고해소에는 고해자가 볼 수 있도록 순서를 적은 안내문이 붙어 있으니 그것을 읽으라고 했다.
"그렇지만 고해소가 어두운데 어떻게 그걸 볼 수 있어?"
"왼쪽 고해소는 밝으니까 읽을 수 있을 거야."
우리는 일주일에 미사가 한 번 거행되는 아주 작은 본당의 신자였다. 신부님은 다른 마을에서 차를 타고 오셔서 미사 전에 고해성사를 주시곤 했다. 당시 나는 아이가 셋이었고, 남편은 어디에도 제시간에 맞춰 가는 법이라곤 없는 느러터진 사람이었다. 주일 미사도 마찬가지였다. 성당에 일찍 가서 내가 고해성사를 보는 15분 동안 아이들과 함께 기다려 달라는 말을 남편에게 하고 싶지 않았다. 한 번도 그런 적이 없었으니까.
고백을 하기로 결심한 후 첫 주일에 나는 고해성사를 볼 수 있을 만큼 여유롭게 성당에 도착하지 못했다. 나는 영성체를 하지 않았고 예수님을 모시지 못한다는 것이 나를 무척 힘들게 했다.
다음 주에 나는 용기와 기회를 청하는 기도를 했고 응답을 받았다. 왼쪽 고해소로 들어갔더니 카렌이 말했던 고해성사의 순서가 적힌 종이가 있었다. 나는 무릎을 꿇었다. 내 등 뒤의 유리창은 스테인드글라스도 아니었고 투명한 유리도 아니었다. 그러나 아무도 들여다볼 수 없는 창이었다. 그 창으로 햇빛이 쏟아져 들어와 고해소는 밝았고 따뜻한 느낌이 들었다. 칸막이가 열리는 소리가 들렸을 때 나는 심호흡을 하고 고백을 시작했다.
"고해성사를 본 지 얼마나 됐는지 생각나지 않습니다. …"
신부님께서 내가 눈물을 흘리고 있다는 것을 아셨는지 모르겠다. 나는 마침내 친구 수잔이 20년 전에 말했던 용서받은 그 기쁜 마음을 느낄 수 있었다. 지금도 티슈를 몇 장 챙겨 가서 고해성사를 본다. 고해성사 때마다 눈물이 나기 때문이다. 10년이 지난 지금도 그날 그 용서를 받았을 때의 기쁨이 생생하게 느껴진다.

우리 본당은 리모델링을 했고 창문이 있던 '왼쪽 고해소'는 지금 창고로 사용하고 있다. 남아 있는 고해소는 신부님이 들어가시면 불이 켜진다. 나는 고해소가 어두워도 이제 상관하지 않는다. 말씀이 중요하다는 것을 알고, 무엇보다 주님의 사랑으로 내가 안전하고 주님의 용서가 얼마나 따스한지를 알고 있다. 고해성사는 내게 큰 변화를 가져다준 것이다.

| 사우스다코타 블런트에서 린다 S. 로윈

이제 모든 게 끝났습니다!

형제가 많은 집안의 막내로 태어난 나는, 어렸을 때 학대받으며 자랐고 여러 번 심각한 경험을 했다. 그 결과 자아 분열 증세로 괴로움을 겪게 되었다. **다중 인격** 장애로 알려진 이 증세는, 사실 영화에서처럼 한 사람 안에 존재하는 여러 인격체가 수시로 모습을 달리하고 드러나듯이 그렇게 심한 것은 아니다.

치료를 받으러 다니면서 내가 어떻게 살아왔는지를 총체적으로 볼 수 있게 되었다. 내가 어떤 끔찍한 일을 당했는지, 어떤 무서운 짓을 했는지 보게 되었고 나는 그에 대한 책임을 져야 했다.

치료가 끝날 무렵인 6년 전, 나는 신앙과 삶의 조화를 원했고 본당 신부님을 찾아가 면담하게 되었다. 참 좋으신 신부님과 면담하면서 겸손해지는 동시에 말할 수 없이 나 자신이 부끄러웠다.

신부님과 몇 차례 더 면담한 후 더 이상의 면담이 필요 없어졌다. 내가 어떻게 해야 하는지를 확실히 알게 된 것이다. 지난 세월 나 자신에게 했듯이 다른 사람들에게 해를 끼쳤던 일들을 고백해야 한다는 것을 깨달았다.
나는 그 신부님께 고해성사를 보았다. 신부님은 내 죄를 사해 주시고 마지막으로 내가 이 세상에서 처음 듣는 가장 아름다운 말씀을 해 주셨다.
" … 이제 모든 게 끝났습니다!"
아직도 나의 지난 삶을 뒤돌아볼 때가 많고 그때마다 견디기가 힘들다. 그럴 때 "이제 모든 게 끝났습니다!" 하신 신부님의 말씀은 버팀목이 되고 위안이 되어 준다. 이 글을 쓰면서도 그 생각을 하면서 눈물을 흘린다. 그 신부님은 나를 치유해 주셨고 내가 죽음의 문턱까지 갔을 때 주님과 마주할 힘을 주셨다. 그날 나는 진정한 자비를 경험했다.

| 펜실베이니아 필라델피아에서 익명의 신자

약상자

첫 고해를 나는 잘 기억하고 있다. 내가 여덟 살인가 아홉 살이었던 1970년, 텍사스 버몬트의 성 안나 성당에서 첫영성체를 하게 되었다. 나는 우리 반에서 제일 나이가 많았고 키도 제일 컸고 몸집도 커서 소외감과 자격지심이 많았다. 게다가 다른 사람들은 전부 미사 때 나보다 훨씬 열심히 기도한다는 생각에 열등감까지 느끼고 있었다. 미사에 집중하려고 애를 써도 영성체하는 사람들이 무슨 신발을 신고 왔는지 자꾸 눈길이 가곤 했다.
남동생과 자주 싸웠던 나는 첫 고해를 잘해서 열등감을 떨쳐 버리고 싶었다. 우리가 '할아버지 신부님'이라 불렀던 헤너핀 신부님이 고해성사를 잘 보려면 어떻게 해야 되는지 자세히 알려 주셔서 열심히 들었다. 신부님을 보면 할

아버지가 생각나서 우리는 그렇게 불렀다. 고해성사를 잘못해서 예수님께서 실망하시고 혹시 내가 지옥에 가게 될까 봐 정말 두려웠다.

고해소 앞에서 내 차례를 기다리고 서 있을 때 고해소 안에서 고백하고 있는 친구의 말이 너무 잘 들려서 안 들으려고 애써야 했다. 당시 우리 성당 고해소에는 문이 없었고 작고 어두운 상자 같은 곳에 커튼이 쳐져 있을 뿐이었다.

안으로 들어가 무릎을 꿇고 신부님과 나 사이의 칸막이를 통해 고백을 했다. 막상 고백하고 나니 그렇게 두려워할 필요가 없다는 것을 알게 되었다. 내 자리로 돌아와 보속을 하면서 그 무거운 죄가 전부 사라져 얼마나 마음이 가벼운지를 느끼며 몸과 마음이 자유로워지는 것을 경험했다.

그로부터 33년이 흘렀어도 첫 고해 후에 느꼈던 그 아름다운 순간이 아직도 생각난다. 주님께서 나를 당신 품에 안아 주시고 당신의 사랑과 용서로 나를 위로해 주심을 믿는다. 세상사가 내 어깨를 무겁게 짓누를 때면 나는 약상자로 들어간다. 그러면 주님께서 귀를 기울여 주시고 나를 도와주신다.

| 텍사스 버몬트에서 재니스 M. 헤어그로브

장미 향기

특별한 은총으로 1년 이상 성체 분배자로 봉사할 기회가 있었다. 그 덕분에 거룩한 성체 안에 현존하시는 그리스도의 힘을 깊이 느낄 수 있었다. 그러다가 시내로 이사하게 되어 집 정리다 뭐다 바쁘다는 핑계로 몇 주 동안 미사를 빠지게 되었다.

그래서인지 마음에 통증이 느껴지고 영혼에도 아픔이 밀려왔다. 나는 성체 안에 계신 그리스도의 현존을 그리워하고 있었다. 미사에 빠질 때마다 주님과 나 사이가 점점 멀어지고 있다는 것을 알았다. 그러나 내가 주님과 다시 가까워져야 한다는 깊은 갈망을 모른 척하면서 계속 마음의 불편함을 안고 지냈다. 6주 동안 연속해서 미사를 빠지고 나니 마음이 텅 빈 것만 같았다. 다시 주님을 받아 모시려면 내가 주님과 화해해야만 한다는 것을 알고 있었다. 하지만 내가 나태하고 이기적이었다는 사실을 주님 앞에서 인정하기가 쉽지 않았다. 하지만 결국 나는 고백을 준비하는 마음으로 무릎을 꿇고 성모님과 데레사 성녀께 나를 위한 기도를 청했다.

이사 후 우리 가족이 다니게 된 본당으로 들어가는데 아는 자매가 나를 반겼다. 그녀가 알려 주는 쪽으로 가니 고해소가 있었고 망설임 없이 들어갔다. 이사 오기 전에 다니던 본당에서는 신부님과 얼굴을 마주하고 고해성사를 보았다. 개종 신자인 나는 가톨릭 신자가 된 지 10년이 지나도록 영화에서나 보았던 칸막이가 있는 고해소에서 성사를 본 적이 한 번도 없었다.

영화에서 본 장면은 전혀 도움이 되지 않았다. 고해소 문이 닫히면서 칸막이 앞에 무릎을 꿇으니 온통 캄캄한 어둠에 휩싸였다. 그런데 그 순간 세상의 모든 문제가 사라졌다. 주님께서 나와 함께 계심을 알았다. 후회의 눈물이 소리 없이 뺨을 타고 흘러내렸다. 주님을 그리워하고 주님과 다시 하나가 되기를 나는 간절히 원했다.

"성부와 성자와 성령의 이름으로, 아멘."

성호를 긋자 칸막이 저편에서 빈첸시오 로저스 신부님의 다정하고 부드러운 목소리가 들려왔다. 고백을 마치자 신부님께서 주님의 자비하심이 무한하시며 미사에서 내가 그분과 하나가 되기를 그리스도께서 얼마나 간절히 원하시는지, 그리고 내가 다시 새롭게 시작할 수 있다는 것을 일깨워 주셨다.

신부님은 미사에 빠지면서 내가 주님과 멀어졌다는 것을 아셨고 그로 인해 깊은 슬픔이 자리 잡았다는 것도 아셨다. 그리고 주님께서 나를 대신하여 참아 내신 고통을 상기시키며, 그리스도께서 내게 다시 돌아오라고 청하시는 일주일에 단 한 시간이 그렇게 무리한 것이었는지를 생각해 보라고 하셨다. 그렇지 않다는 것을 모르고 있었던 것은 물론 아니었다.

죄 사함을 받는 순간에도 눈물이 흘러내렸다. 고해소를 나오자 슬픔과 후회의 눈물은 기쁨의 눈물이 되었다. 내게 쏟아진 은총이 얼마나 큰지 알았기 때문이다. 나는 함박웃음을 지으며 기쁨에 가득 차서 성당을 나섰다. 그리스도 안에서 새 삶을 살게 되었고 그것을 당연하게 여기는 일은 또다시 없을 것이었다. 그로부터 몇 주 후, 신부님이 성체를 축성하시는 동안 나는 장미 향기를 맡았다. 어쩌면 주위에 앉아 있던 어느 자매님의 향수 냄새였는지도 모르지만, 그렇게 생각하지 않는다. 성모님과 데레사 성녀께서 나와 함께 계셨고, 고해소에서 나를 감싸던 어둠처럼 그분들의 향기가 나를 감쌌다고 믿는다.

| 미주리 에이전시에서 라라 뮤즈

제 생각엔 …

아내와 나는 본당에서 유년부 아이들을 가르쳤습니다. 우리는 매년 아이들을 데리고 성전을 돌아보며 각각의 시설이 어떤 용도로 쓰이는지 설명하는 시간을 갖곤 했습니다. 어느 해, 아이들에게 고해소를 보여 주며 설명하려는데 한 아이가 물었습니다.

"어느 칸이 남자용이고 어느 칸이 여자용이에요?"

| 앤서니 R. 디마지오 신부

5분

유타 대학교의 뉴먼 센터에서 사목하던 중에 이웃 본당인 성 테레사 성당 아이들의 첫 고해 요청을 받았다. 많은 아이들이 기다리고 있었고 인원수에 맞춰 도와주러 온 사제들도 많았다. 그 가운데 군종 신부(군인과 군속의 신앙생활 전반을 지도하는 신부)로 사목했던 엄격하고 말이 거친 분이 있었다.

성당 이곳저곳에 임시 고해소가 설치되었고 나는 고해소 자리를 배정받았다. 몇 명의 아이들이 고백한 다음 아주 작은 남자아이가 들어왔다. 반갑게 맞아 주며 주님께서 자비롭게 용서하신다는 말로 아이를 격려했다. 아이가 고백을 시작했다.

"신부님, 저는 고해성사를 본 지 5분 되었습니다."

"5분이라고?"

나는 깜짝 놀라 물었다.

"아니, 5분 사이에 무슨 죄를 범했단 말이냐?"

"첫 고백을 그(군종 신부 출신) 신부님께 봤는데요, 그 신부님 때문에 너무 화가 나서 다시 고백을 하는 게 좋겠다고 생각했어요."

아이는 진지한 얼굴로 말했다. 나는 아이에게 군대에서 사목한 신부님들은 군인들과 지내다 보면 다른 신부님들보다 좀 거칠 수도 있다는 것과, 고해성사는 우리를 기쁨으로 이끌어 주며 주님께서 우리 죄를 용서하시기 때문에 우리가 기쁨을 느낀다고 설명해 주었다.

"너는 두 번째 고해성사를 잘 보았다. 그리고 주님께서 너를 용서하시고 평화를 주실 것이다."

아이는 용서받았다는 것에 안도감을 느끼고 기쁘게 미소 지었다.

"보속으로 사제를 위한 기도를 하거라."

아이가 고해소를 나가고 나서 나는 첫 고해성사를 보고 금방 다시 두 번째 고해성사를 본 그 어린 고해자가 얼마나 큰 위로를 받았을까를 생각하며 고해성사의 아름다움을 다시 한 번 느꼈다. 주님을 굳게 믿은 그 아이에게 주님께서는 평화와 기쁨을 주셨다.

그러나 나는 터져 나오는 웃음을 참을 수가 없었다. "고해성사를 본 지 5분 되었습니다." 하는 고백은 내 생전 처음 들었기 때문이다.

| 워싱턴 시애틀에서 토마스 크라프트 신부, 도미니코수도회

결코 포기하지 않으셨다

나는 루터교회 신자로 교육받으며 자랐지만 신앙생활을 하지는 않았다. 우리 가족은 교회에 가지도 않았고 교리에 따른 예식 같은 것도 별로 하지 않았다. 내가 여덟 살이 되었을 때 고모가 성당에서 결혼했는데, 그 아름다운 미사 예식이 무척 인상적이었다. 가톨릭교회를 처음 접하는 순간이었다. 신부님은 학교생활에 대해 여러 가지를 물어보셨는데 신부님의 관심과 따뜻한 마음에 나는 환영받는 기분이 들었다. 신부님의 깊은 배려가 오래도록 마음에서 지워지지 않았다. 그때부터 나는 가톨릭 신자가 되어야 한다는 것을 알았다.

그러나 뜻밖에 엄마의 반대에 부딪쳤다. 엄마는 내가 가톨릭에 대해 긍정적인 말이라도 하면 무척 싫어하셨고, 당신 두 눈에 흙이 들어가기 전에는 절대로 안 된다고 못을 박았다. 그래서 이 문제에 대해 점차 엄마에게 아무 말도 하지 않게 되었다.

고등학교 졸업반이었던 열여섯 살이 되었을 때 다른 동네로 이사를 가게 되어 전학을 했다. 그러나 낯선 환경에 아는 친구도 선생님도 없이 이틀을 지내고 나서 도저히 참을 수 없게 된 나는, 엄마에게 만일 학교에 가라고 한다면 차라리 자퇴해 버리겠다고 선언했다.

부모님은 내 남자 친구의 집에서(남자 친구는 군대에 가고 없었다) 전에 다니던 학교에 계속 다니게 해 주셨다. 남자 친구의 엄마는 신앙심이 깊은 가톨릭 신자였고 주일마다 미사 참례를 하셨다. 그렇게 규칙적인 신앙생활을 하는 가족을 본 적이 없었던 나는 그 모습이 무척 아름답게 보였다. 그래서 친구의 엄마와 함께 미사 참례를 하게 되었고 정말 좋았다. 남자 친구와 결혼 약속을 했기 때문에 시어머니가 되실 친구의 어머니는, 내가 가톨릭 신자가 되고 싶다면 교리를 받을 수 있다는 말씀을 하셨다.

엄마에게는 아무 말도 하지 않았지만 나는 예비신자 교리를 받고 가톨릭 신자가 되었다. 고해성사를 보는 것도 아무런 문제가 되지 않았다. 루터교회에서는 개인적으로 하느님께 고백을 했지만, 가톨릭성당의 고해소도 역시 개인적인 것이라고 생각하니 내게는 별 차이가 없어 보였다.

가톨릭 신앙은 내게 아주 중요했다. 그런데 불행하게도 그 후 나에게 많은 문제가 생겨 술을 마시기 시작했고 도저히 끊을 수 없는 지경에 이르렀다. 술로 인해 생각이 흐려지고 판단력과 사회생활에도 지장이 왔다. 어느 땐가는 임신한 것 같아서 낙태하러 병원에 간 적이 있었다. 임신이 아닌 것으로 판명되었지만, 후에 올바른 하느님과의 관계를 위해 노력했을 때 마치 낙태한 것만 같은 죄책감이 들었다. 그래서 나는 고해성사를 보아야겠다고 마음먹었다.

고해 신부님은 그날 좋지 않은 일이 있었다고 한다. 그것은 몇 년이 지나 다른 신부님이 내게 말씀해 주셨다. 어쨌든 그날 주님 앞에서 올바른 사람이 되고 싶었던 나는 죄를 깊이 뉘우치며 떨리는 마음으로 고해소에 들어갔다. 신부님은 내 고백을 끝까지 듣고 계시다가 내가 낙태하려고 했다는 말씀을 드리자 불같이 화를 내셨다. 그리고 죄를 사해 줄 수 없다고 하셨다. 그 죄는 내가 심판의 날까지 가지고 가야 할 것이라며 소리치셨다.

나는 엄청난 충격을 받고 절망에 빠졌다. 고해소에 들어갈 때보다 더 큰 문제를 안고 나온 것이다! 그 후에도 다른 몇 분의 신부님께 그 일을 말씀드렸고, 신부님들은 깊이 뉘우치는 마음으로 고백했을 때는 죄 사함을 거절할 수 없다고 말씀해 주셨지만 다시 고해성사를 볼 용기가 나지 않았다. 공동 참회 예절에서 고백한 적이 한 번 있었고, 그때 신부님께서 강복을 주시긴 했지만 죄를 사해 주시지는 않았다. 그 후 나는 다른 방법으로 주님의 자비를 구했지만 다시는 고해성사를 보지 않기로 마음먹었다. 그래도 봉사 활동은 계속했다. 성가대에 들어갔고 교사로 일하기도 했다.

주님께서는 결코 나를 포기하지 않으셨다! 마침내 주님의 자비하심과 배려로 남편의 친구가 된 몬시뇰 한 분이 내 삶에 인도되었다. 남편과 몬시뇰께서는 자주 낚시를 갔고 우리 집에서 저녁 식사도 여러 번 하셨다. 두 사람의 우정을 통해 나는 몬시뇰께 고해성사를 청할 수 있었다. 그분은 성당 도서관에서 보자는 약속을 하셨다. 무척 긴장했지만 '그래, 다시 한 번 해 보자. 아무것도 달라진 것이 없으니 한 번 더 해 보는 거야.' 하고 나 자신에게 말했다.

신부님을 친구로 알고 지냈고 가족 안에서 친하게 지내는 분이지만 고해성사를 주실 때는 완전히 다른 분이었다. 신부님은 내 죄를 완전히 사해 주셨다. 그토록 오랫동안 내 마음을 무겁게 했던 것들이 전부 사라졌다. 너무나 행복했고 편안했다.

나는 이제 고해성사를 보러 가는 데 아무 문제가 없다. 괴로움과 힘든 것들을 규칙적으로 나에게서 비울 수 있다는 것이 얼마나 위안이 되는지 모른다.

좋으신 주님!

| 캘리포니아 선시티에서 캐롤 A. 러쉬

신비로운 방법으로 용기를 주시다

이 이야기는 내가 미시건 디트로이트 교외에 있는 둔스 스코투스 대학의 프란치스코 신학교에서 학생들을 가르치던 1970년 말에 실제로 있었던 일이다. 성 안토니오 성당과 대학 건물은 아시시의 프란치스코 대성당과 수도원을 본떠서 세워졌다.

우리 성당에서 가장 중요한 사목 가운데 하나는 고해성사였다. 주일을 제외하고는 매일 아침 9시부터 11시까지, 오후 2시부터 5시까지, 저녁에는 7시부터 8시까지 고해성사를 주었다. 고해성사를 보려는 사람들이 주변 지역과 전국 각지에서 찾아왔다.

이 이야기는 어느 자매가 자신의 고해성사 체험을 내게 말해 준 것이다. 그녀는 여러 해 동안 고해성사를 보지 않다가 얼마 전부터 **새롭게 시작해야 한다**는 마음이 자꾸 들었다고 했다. 그런 마음이 사라지지 않아 어느 여름날 용기를 내서 고백을 하기로 마음먹고 성당으로 차를 몰았다. 그런데 성당이 가까워질수록 더 두려워지기만 했다.

차를 주차하고 성당으로 향하는 그녀 앞에는 열두 개의 넓고 긴 계단이 있었는데 그녀에게는 그것이 교수대로 올라가는 계단 같기만 했다. 다른 길은 없었다. 그녀는 계단을 올라가는 대신 성당과 대학 건물 주위로 뻗어 있는 아름다운 숲길로 들어섰다. 산책은 금방 끝나지 않았다. 그녀는 걷고 또 걸었다. 갔다가 돌아오고, 다시 발걸음을 돌려서 갔다가 돌아오는 긴 산책 동안 그녀의 머릿속에 이런 생각이 오갔다. '내가 정말 고해성사를 하고 싶은 걸까? 좀 기다렸다가 다음 주에 하는 게 좋지 않을까? 아니면….'

그러나 마침내 그녀는 용기를 냈고 계단을 올라갔다. 정말 자신이 고해성사를 볼 것인지도 확신하지 못한 채 어쨌든 계단을 올라간 것이다! 그것만으로도 첫 임무는 완성했다. 오후 다섯 시가 넘어서야 그녀는 성당에 들어갔다. 두 사람이 자리에 앉아 성사를 기다리고 있었다. 사실 차례가 되어서도 고해소로 들어갈지 자신이 없었다. 첫 번째 사람이 끝나고 두 번째 사람이 고해소로 들어가고 나니 그녀 혼자 성당에 있게 되었다.

"그런데요, 신부님. 저는 그렇게 혼자 앉아 있었고 두 번째 사람이 고해소를 나왔는데 누군가 제 왼팔을 건드리는 거예요. 팔꿈치로 살짝 찌르는 것 같았어요. 그러면서 '자, 이제 당신 차례예요.'라고 말하는 소리가 들렸어요."

그녀는 나중에 말하기를, 누군가 그렇게 자신을 살짝 찌르고 자기 차례라는 목소리가 들려왔을 때 망설임 없이 고해소로 들어갔다고 했다. 아주 오랫동안 냉담을 했는데도 고해성사가 오래 걸리지 않은 것은 뜻밖이었다. 고해소를 나와서 그녀는 자신을 쿡쿡 찔렀던 사람을 찾았지만 아무도 없었다.

"신부님, 주차장에는 차도 없었어요. 성당에도 사람이 하나도 없었고요. 도대체 누구였을까요?"

나는 주님께서 신비로운 방법으로 그녀가 당신을 느끼고 당신의 목소리를 듣게 하셨다고 확신한다. 어떻게? 그것은 아무도 모른다. 은총은 신비로운 방법으로 다가온다. 그날 그녀가 운전하고 집으로 갈 필요가 있었는지 나는 그것이 궁금하다. 그녀는 너무나도 행복해서 날아서 집까지 갈 수 있었을 테니까.

| 오하이오 신시내티에서 짐 반 버스트 신부, 작은형제회

올빼미 대장에게 공동 참회를

내가 사제로서 소명을 다하며 가장 보람 있었던 날 가운데 하나는 멕시코 국경 근처 애리조나에서 인디언 신자들과 지내며 사목하던 때였다. 인디언들은 모든 사람들에게 별명을 붙여 주는 것을 아주 좋아해서 나에게도 몇 개 붙여 주었는데 그중 하나가 '올빼미 대장'이었다. 내가 병자 방문 등 상황에 따라 밤중에도 불쑥 그들 마을을 방문하곤 했기 때문에 붙여진 별명이었다.

내가 이 멋진 별명대로 어떻게 살았는지를 잘 보여 주는 한 가지 특별한 이야기가 있다. 공동 참회 예절이 일반적이지 않던 그 시절에 나는 긴급한 상황에 필요한 절차를 따랐다.

어느 늦은 밤, 잠자리에 들어 평화롭게 잠을 자던 나는 내 거처로 가까이 다가오는 미친 듯한 말발굽 소리에 잠을 깼다. 침대에서 황급히 내려와 무슨 일인가 내다봤더니, 어떤 젊은이가 걱정스런 얼굴로 숨을 헐떡이며 조부모님이 몹시 편찮으셔서 신부님이 필요하니 빨리 함께 가자는 것이었다.

얼른 옷을 갈아입고 성무 집행용 가방을 챙겨든 다음, 픽업트럭에 올라타면서 말에게 너무 심하게 채찍질하지 말고 천천히 뒤따라오라고 그에게 말했다. 나는 그 동네를 잘 알고 있었다. 문명의 흔적이라곤 없는, 산 쑥과 선인장이 자라는 메마른 사막에 있는 마을이었다. 그곳까지는 꽤 시간이 걸렸지만, 내가 흙벽돌로 만든 작은 오두막에 도착했을 때까지도 날이 밝지 않아 주변을 분간할 수 없을 정도였다. 나는 안으로 들어갔다.

그 집은 두꺼운 흙벽돌로 지어진 전형적인 인디언 집이었다. 널따란 방 한쪽은 부모와 아이들이 지내는 공간이며 주방이 있었다. 맞은편 벽에 커다란 2인용 침대가 놓여 있었는데 그곳이 할아버지와 할머니가 생활하는 공간이었다. 두 노부부는 침대에서 내려오지 못할 정도로 병세가 심각했다. 방 안은 숯을 피워 넣은 등불 하나가 한쪽 구석에서 따뜻한 빛을 비추고 있어서 반대편 벽에 흔들리는 그림자를 만들고 있었다. 노부부는 고해성사와 병자성사를 받기를 원했다. 몸이 너무 쇠약해진 상태여서 한 사람이 고해성사를 볼 때 다른 사람이 침대에서 내려와 자리를 비켜 줄 수가 없었다. 나머지 가족들도 어두운 밖으로 피해 나갈 형편이 아니었다.

'그래도 고해성사를 보기 원하시니 좋아, 그렇게 해 드려야지.' 나는 혼잣말을 했다. 먼저 할머니의 고백을 들었다. 그동안 할아버지가 한쪽 팔꿈치를 힘겹게 괴고 앉아 들으면서, 아내가 죄를 한 가지씩 고백할 때마다 고개를 끄덕이며 "그렇지, 그렇지." 하는 소리로 동감을 표하셨다. 할머니가 혹시 잊은 것이 있으면 알려 주시기라도 할 것 같았다. 할머니의 죄를 사해 드리고 이번에는 할아버지의 고백을 들었다. 그동안 할머니는 할아버지가 하셨던 것처럼 한쪽 손으로 턱을 괴고 앉아 귀를 기울여 들었다. 그리고 이번에도 할아버지가 죄를 한 가지씩 고백할 때마다 똑같이 고개를 끄덕이고 "그렇지, 그렇지." 하며 남편의 부당한 모든 행위에 동의를 나타내셨다. 두 분의 고해를 끝내고 병자성사를 드리며 성유를 도유했다.

그러자 참으로 아름다운 일이 일어났다. 내가 두 분의 혀에 성체를 놓아 드리자 성체가 너무나도 아름답고 부드러운 모습으로 변하는 것이었다. 방 안 가득 주님의 현존이 빛나는 심오한 변화였다.

병자를 위해 할 수 있는 임무를 다하자 나머지 가족들이 내게 좀 더 머물면서 음식을 먹으라고 청했다. 불에 올려진 사슴 고기 요리가 맛있는 냄새로 나를 반겼고 숯불 램프에서 피어오르는 연기와 기분 좋은 대조를 이루고 있었다. 나는 배가 고팠고, 큰 접시에 담긴 사슴 고기와 옥수수 빵을 정말 맛있게 먹으며 가족들과 화목한 분위기를 맛보았다. 음식을 다 먹기도 전에 어떤 이가 들어와서 자기 집에 가서 가족 누군가에게 강복을 해 달라는 부탁을 했다. 아직 캄캄한 밤이었지만 '올빼미 대장'은 할 일을 해야 했다.

| 캘리포니아 샌타바버라에서 모러스 켈리 신부, 작은형제회

101가지 고해성사 이야기

엮은이 : 파트리시아 프락터 수녀
옮긴이 : 장말희
펴낸이 : 서영주
펴낸곳 : 성바오로
주소 : 서울특별시 강북구 오현로7길 20(미아동)
등록 : 7-93호 1992. 10. 6
초판 발행일 : 2009. 1. 12
1판 8쇄 : 2019. 7. 30
SSP 853

취급처 : 성바오로보급소
전화 : 944--8300, 986--1361
팩스 : 986--1365
통신판매 : 945--2972
E-mail : bookclub@paolo.net
인터넷 서점 : www.paolo.kr
www.facebook.com/stpaulskr

값 11,000원
ISBN 978-89-8015-691-7